Emily Ruete
Leben im Sultanspalast

Emily Ruete
geb. Prinzessin Salme von Oman
und Sansibar

Leben im Sultanspalast

Memoiren aus dem 19. Jahrhundert

Herausgegeben und mit einem Nachwort
versehen von Annegret Nippa

Die Hanse

Mit freundlicher Genehmigung der Erben leicht bearbeiteter Neudruck
der Ausgabe *Memoiren einer arabischen Prinzessin*, Berlin (1886).

Die Deutsche Nationalbibliothek verzeichnet diese Publikation in der
Deutschen Nationalbibliografie; detaillierte bibliografische Daten
sind im Internet über http://dnb.d-nb.de abrufbar.

Die Hanse / CEP Europäische Verlagsanstalt, Hamburg 2013
Die Hanse / EVA Europäische Verlagsanstalt, Hamburg 2007
© 1989 Athenäum Verlag, Frankfurt am Main
Umschlagmotiv: Emily Ruete, geb. Salme
Alle Rechte, insbesondere das Recht der Übersetzung, Vervielfältigung
(auch fotomechanisch), der elektronischen Speicherung auf einem
Datenträger oder in einer Datenbank, der körperlichen und unkörperlichen
Wiedergabe (auch am Bildschirm, auch auf dem Weg der
Datenübertragung) vorbehalten.
Printed in Germany

ISBN 978-3-86393-043-1

Informationen zu unserem Verlagsprogramm finden Sie im Internet unter
www.die-hanse.de oder www.europaeische-verlagsanstalt.de

Inhalt

Bet il Mtoni	7
Bet il Watoro	19
Ein Tag in Bet il Sahel	29
Aus unserem Leben in Bet il Watoro und Bet il Sahel	39
Übersiedlung nach Bet il Tani	44
Das tägliche Leben in unserem Hause	48
Unsere Mahlzeiten	56
Geburt und erste Lebensjahre eines Prinzen oder einer Prinzessin	60
Die Schule im Orient	70
Jährliche Ausstattung, Toilette und Mode in unserem Hause	77
Auf einer Plantage	83
Die Reise des Vaters	91
Die Todesnachricht	98
Unsere Trauer	102
Charaktere und Geschichten aus dem Kreise meiner Geschwister	107
Stellung der Frau im Orient	131
Arabische Eheschließung	143
Ein arabischer Damenbesuch	149
Die Audienz. Verkehr der Herren untereinander	156
Die Fastenzeit	160
Ein Opferfest an der Quelle Tschemschem	177
Krankheiten und ärztliche Behandlung; Besessene	184
Die Sklaverei	193
Der Tod meiner Mutter. Eine Palastrevolution	199
Kisimbani und Bububu	222
Mein letzter Aufenthalt in Sansibar	231
Große Wandlungen	236
Sejjd Bargasch in London	240
Das Wiedersehen der Heimat nach neunzehn Jahren	247

Nachwort von Annegret Nippa 269
Literaturauswahl 287
Bildnachweis 288
Karte vorn: Indischer Ozean von Oman bis Sansibar

Bet il Mtoni

In Bet il Mtoni, unserem ältesten Palaste auf der Insel Sansibar, bin ich geboren und dort habe ich bis zu meinem siebten Jahre gewohnt.

Bet il Mtoni liegt am Meere, etwa acht Kilometer von der Stadt Sansibar entfernt, in überaus lieblicher Umgebung, ganz versteckt in einem Haine prächtiger Kokospalmen, Mangobäume und anderer Riesen der tropischen Pflanzenwelt. Ihren Namen »Mtonihaus« hat meine Geburtsstätte von dem kleinen, einige Stunden weit aus dem Inneren kommenden Flusse Mtoni, welcher in zahlreichen, beckenartigen Erweiterungen den ganzen Palast durchströmt und unmittelbar hinter seinen Mauern in den herrlichen, verkehrsreichen Meeresarm einmündet, der die Insel von dem Festlande Afrikas trennt.

Bet il Mtoni: Hofansicht mit Wasserbecken

Ein einziger weiter Hofraum dehnt sich zwischen den zahlreichen Gebäuden, aus denen Bet il Mtoni besteht. In Folge der Verschiedenartigkeit dieser Bauten, welche wohl allmählich und je nach Bedürfnis errichtet worden sind, ist das Ganze mit seinen zahllosen, den Uneingeweihten verwirrenden Gängen und Korridoren eher häßlich als schön zu nennen.

Ebenso ungezählt sind die Zimmer unseres Schlosses. Ihre Raumeinteilung ist meinem Gedächtnisse entschwunden, dagegen weiß ich mich noch vollkommen genau der umfangreichen Badeeinrichtungen in Bet il Mtoni zu entsinnen. Ein Dutzend Bassins lagen, alle in einer Reihe, im Hofraum an dessen äußerstem Ende, so daß bei etwaigem Regenwetter diese gern besuchten Stätten der Erfrischung nur mit Hilfe eines Schirmes zu erreichen waren. Abseits davon lag das sogenannte »persische« Bad, in Wirklichkeit ein türkisches Dampfbad, ganz für sich allein, das in seiner kunstvollen Bauart einzig in Sansibar dastand.

Jedes Badehaus enthielt zwei Bassins von ungefähr vier Meter Länge und drei Meter Breite. Die Tiefe des Wassers war so bemessen, daß es Erwachsenen bis an die Brust reichte.

Diese erquickenden Bäder standen bei allen Bewohnern des Hauses sehr in Gunst; die meisten derselben pflegten mehrere Stunden des Tages hier zuzubringen, betend, schlafend, arbeitend, lesend oder gar auch – essend und trinkend. Von vier Uhr Morgens bis zwölf Uhr Nachts hörte hier der Verkehr nicht auf; Tag und Nacht konnte man Leute aus und ein gehen sehen.

Sobald man in eines der durchweg gleich gebauten Badehäuser durch die Tür eintritt, erblickt man rechts und links zwei erhöhte Ruheplätze, mit den feinsten buntfarbigen Matten belegt, auf denen man betet oder auch sich ausruht. Teppiche und alles andere, was Luxus heißt, ist aus diesen Räumen verbannt. Zum Beten braucht jeder Muslim ein besonderes, vollkommen reines Gewand, das nur zu diesem Zweck benutzt werden soll, und zwar, wenn möglich, ein ganz weißes. Selbstverständlich wird diese etwas unbequeme Satzung der Religion nur von den Allerfrömmsten ganz genau befolgt.

Schmale Säulengänge trennen diese Ruhestätten von den Badebassins, welche sich völlig unter freiem Himmel befinden. Zwei gewölbte steinerne Brücken mit Stufen führen dann weiter, von den Bassins allmählich ansteigend, hinauf zu anderen, vollständig für sich abgesonderten Räumen.

Jedes Badehaus hatte sein besonderes Publikum, und wehe dem, der es mit den Unterschieden in dieser Beziehung nicht genau nahm! Es herrschte eben in Bet il Mtoni ein großer Kastengeist und zwar dermaßen, daß derselbe vom Höchsten bis zum Niedrigsten in aller Form gepflegt wurde.

Orangenbäume von einer Höhe wie die größten Kirschbäume hier blühten in dichten Reihen die ganze Front der Badehäuser entlang; in ihren Zweigen haben wir als kleine Kinder aus Furcht vor unserer entsetzlich strengen Lehrerin häufig genug Schutz und Zuflucht gesucht.

In dem ganzen mächtigen Hofraum waren Menschen und Tiere recht gemütlich bei einander, ohne sich gegenseitig im Geringsten inkommodieren zu lassen. Pfauen, Gazellen, Perlhühner, Flamingos, Gänse, Enten und Strauße liefen frei umher und wurden von jung und alt gehegt und gefüttert. Für uns Kleinen war es stets eine hohe Freude, die so zahlreich hier und dort liegenden Eier, namentlich die großen Straußeneier, aufzusammeln und dem Oberkoch zu bringen, der uns dann für unsere Mühe mit allerlei Naschwerk zu belohnen pflegte.

Zweimal am Tag, und zwar am frühen Morgen und am Abend, hatten wir Kinder vom fünften Jahre an bei dem Eunuchen in diesem Hofraum Reitunterricht, während jene Bewohner unseres kleinen zoologischen Gartens ganz ungeniert weiter ihren Umgang hielten. Sobald wir in dieser Kunst genügend ausgebildet waren, bekam jedes von uns sein Reittier vom Vater geschenkt. Die Knaben durften sich selbst ein Pferd im Marstall aussuchen, wogegen wir Mädchen große, schneeweiße Muskatesel erhielten, die oft kostspieliger waren als gewöhnliche Pferde. Diese schönen Tiere waren selbstverständlich auch mit vollständigem Geschirr versehen.

Das Reiten bildet ja in derartigen Familienhäusern ein Hauptvergnügen, da es dort weder Theater noch Konzerte zur Unterhaltung gibt. Nicht selten wurden auch Wettrennen im Freien veranstaltet, die leider ziemlich oft mit einem Unfall endeten. Mich selbst hätte ein solcher Wettlauf beinahe das Leben gekostet. In vollem Eifer, um nicht von meinem Bruder Hamdan überholt zu werden, übersah ich eine mächtige, krumm gewachsene Palme, welche mir urplötzlich den Weg versperrte. Das unerwartete Hindernis fiel mir erst auf, als der Stamm schon unmittelbar vor meiner Stirn war. In jähem Schrecken warf ich mich rückwärts und entging so wie durch ein Wunder der drohenden Gefahr.

Eine Eigentümlichkeit in Bet il Mtoni waren die zahlreichen Treppen, ohnegleichen an Steilheit und mit Stufen, die für einen Goliath bestimmt zu sein schienen. Dabei ging es zumeist geradeaus in die Höhe, ohne Unterbrechung, Wendung oder Absatz, so daß man kaum anders hinaufkommen konnte, als indem man sich an dem ziemlich primitiven Geländer in die Höhe zog. Der Verkehr auf denselben war so lebhaft, daß die Geländer fortwährend repariert werden mußten. Ich erinnere mich noch des Schreckens, der sich aller Bewohner unseres Flügels bemächtigte, als eines Morgens an unserer steinernen Treppe, welche ohnehin schon schwierig zu ersteigen war, über Nacht beide Geländer zugleich zusammengebrochen waren, und ich wundere mich heute noch, daß kein Mensch auf diesen Treppen zu Schaden kam, trotz des enormen Verkehrs bei Tag und Nacht.

Da die Statistik in Sansibar ein unbekanntes Ding ist, so wußte selbstverständlich auch niemand, wie viele Seelen eigentlich das Haus bewohnten. Will ich eine Schätzung versuchen, so glaube ich in der Tat nicht zu hoch zu greifen, wenn ich die Bewohner von Bet il Mtoni alles in allem auf tausend Köpfe veranschlage. Um dies zu verstehen, muß man nicht außer acht lassen, daß es im Orient überall Brauch ist, außerordentlich viele Hände zu beschäftigen, wenn man für vornehm und reich gelten will. Nicht weniger Einwohner zählte auch der andere, in der Stadt gelegene Palast unseres Vaters, Bet il Sahel oder »Strandhaus« genannt.

Den dicht am Meere gelegenen Flügel von Bet il Mtoni bewohnte mein Vater, Sejjid Said, der Imam von Muskat und Sultan von Sansibar, mit seiner Hauptfrau, einer entfernten Verwandten. Doch nur vier Tage in der Woche hielt er sich hier auf dem Lande auf, die übrige Zeit residierte er in seinem Stadtschlosse Bet il Sahel. Der Titel »Imam« ist eine religiöse Würde, welche höchst selten einem Regenten zu Teil wird. Diese Auszeichnung verdanken wir ursprünglich meinem Urgroßvater Ahmed. Seitdem ist dieser Titel für unsere ganze Familie auch erblich geworden, denn jeder von uns ist dazu berechtigt, denselben in seiner Unterschrift zu führen.

Da ich zu den jüngeren Kindern meines Vaters gehörte, so habe ich ihn nie anders, als in seinem ehrwürdigen, schneeweißen Vollbarte gesehen. Über mittelgroß an Gestalt, besaß derselbe in seinem Antlitz etwas außerordentlich Gewinnendes und Wohlwollendes, dabei war er eine in jeder Hinsicht Respekt gebietende Erscheinung. Trotz seiner Freude an Krieg und Eroberungen war er als Oberhaupt der Familie sowohl wie auch als Fürst das Muster von uns allen. Er kannte nichts Höheres als die Gerechtigkeit, und bei einer etwaigen Übertretung gab es für ihn keinen Unterschied zwischen seinem eigenen Sohn oder einem einfachen Sklaven. Vor allem war er die Demut selbst vor Gott dem Allerhöchsten; er kannte keinen aufgeblasenen Stolz, wie so viele Hochgeborene. Nicht selten kam es vor, daß er, wenn ein gewöhnlicher Sklave, der durch langjährige, treue Dienste sich seine Achtung erworben hatte, Hochzeit machte, sein Pferd satteln ließ, um ganz allein hinzureiten und dem jungen Ehepaare persönlich seine Glückwünsche darzubringen. – Mich nannte er nicht anders als »Alte« wegen meiner Liebhaberei für kalte Milchsuppe (arab.: *farni*), die bei uns von zahnlosen alten Leuten mit Vorliebe gegessen wird.

Meine Mutter war eine Tscherkessin von Geburt und schon früh ihrer Heimat entrissen. Friedlich hatte sie mit Vater, Mutter und zwei Geschwistern gelebt, wo ihr Vater sich von der Landwirtschaft nährte. Da brach ein Krieg aus; räuberische Scharen durchzogen das Land und die ganze Familie flüchtete sich in einen unterirdischen Ort, wie meine Mutter sich ausdrückte; sie meinte wohl einen Keller, die wir in Sansibar nicht kannten. Indeß auch in diese Zufluchtsstätte drang eine wilde Horde ein, hieb Vater und Mutter nieder und drei Albaner führten die drei Geschwister im Galopp auf ihren Pferden davon. Der eine mit ihrem älteren Bruder entschwand bald ihren Blicken; die beiden anderen mit meiner Mutter und ihrer jüngeren dreijährigen Schwester, die unaufhörlich nach der Mutter schrie, hielten sich bis zum Abend beisammen, dann trennten auch sie sich und nie hat meine Mutter wieder etwas von ihren Geschwistern gehört.

Noch als Kind war sie in den Besitz meines Vaters gelangt, wahrscheinlich schon in dem zarten Alter von sieben oder acht Jahren, da sie in unserem Hause ihren ersten Zahn verlor. Sie wurde sogleich, bis zu ihrer Entwicklung, zweien meiner Schwestern, welche in ihrem Alter standen, zur Gespielin gegeben und gleich ihnen erzogen und behandelt. Auch das Lesen lernte sie mit ihnen, eine Kunst, die sie über ihresgleichen nicht wenig hoch erhob, da dieselben meist mit sechzehn bis achtzehn Jahren, wenn nicht noch älter, zu uns kamen und dann natürlich keine Lust mehr empfanden, mit ganz kleinen Kindern zusammen auf der harten Schulmatte zu sitzen. Sie war wenig hübsch, aber groß und kräftig von Gestalt und hatte schwarze Augen und schwarzes Haar, das ihr bis an die Knie reichte. Von Natur sanft, konnte sie über nichts so herzliche Freude empfinden, als wenn sie in der Lage war, anderen helfen zu können. Wurde jemand krank, so war sie die erste, die sich um den Erkrankten kümmerte und ihn, wenn es nottat, auch pflegte. Ich sehe sie heute noch vor mir, wie sie mit ihren Büchern in der Hand von einem Kranken zum anderen ging, um ihnen religiöse Abschnitte vorzulesen.

Bei dem Vater hatte sie stets einen Stein im Brett und ihre Wünsche, die aber meist anderen galten, wurden von ihm niemals abgeschlagen; auch ging er, wenn sie zu ihm kam, ihr regelmäßig entgegen, eine Auszeichnung, die sehr selten war. Von Gemüt gut und fromm, besaß sie ein höchst bescheidenes Wesen und war in allem aufrichtig und offen. In geistiger Beziehung war sie nicht gerade hervorragend beanlagt, dagegen war sie sehr geschickt in Handarbeiten. Kinder hat sie nur zwei gehabt, nämlich außer mir noch eine ganz jung verstorbene Tochter. Für mich war sie eine zärtlich liebende Mutter, wodurch sie sich aber durchaus nicht abhalten ließ, wenn es nötig war, mich auch tüchtig zu bestrafen.

In Bet il Mtoni besaß sie viele Freunde, was sonst in einem arabischen Frauenhause selten ist. Ihr Vertrauen zu Gott war so unerschütterlich und fest, wie es überhaupt nur sein kann. Ich erinnere mich noch eines Brandes, der, als ich vielleicht höchstens fünf Jahre alt war, bei mondheller Nacht in dem sehr nahe liegenden Marstall und dessen Umgebung ausbrach, während der Vater samt Gefolge sich in der Stadt befand. Als nun ein falscher Lärm durch unser Haus ging, daß auch dieses in unmittelbarer Gefahr schwebe, vom Feuer ergriffen zu werden, da hatte die Gute nichts Eiligeres zu tun, als mich auf einen Arm zu nehmen und auf den anderen ihren großen geschriebenen Koran und so ins Freie zu eilen. Das Übrige hatte für sie, in dieser Stunde der Gefahr, keinen besonderen Wert.

So viel ich mich erinnern kann, hatte mein Vater zu meinen Lebzeiten nur eine einzige *Horme* (Mehrzahl: *Harim*) oder ebenbürtige Frau; die übrigen Frauen oder *Sarari* (Einzahl: *Surie*), bei seinem Tode fünfundsiebzig an Zahl, waren sämtlich nach und nach von ihm gekauft worden; seine Hauptfrau nun, Azze bint Sef, eine geborene Prinzessin von Oman, war die unumschränkte Gebieterin im Hause. Obwohl sehr klein von Gestalt und äußerlich höchst unbedeutend, besaß sie über meinen Vater eine unglaubliche Gewalt, so daß er sich stets willig ihren Anordnungen fügte. Gegen andere Frauen und ihre Kinder war sie überaus herrisch, hochmütig und anspruchsvoll. Zum Glück für uns besaß sie selbst keine Kinder, denn deren Tyrannei wäre gewiß unerträglich gewesen. Sämtliche Kinder meines Vaters – bei seinem Tode nicht mehr als 36 an Zahl – stammten von seinen Nebenfrauen ab. Wir waren somit alle untereinander gleich und brauchten auch über die Farbe unseres Blutes keine Untersuchung anzustellen.

Bibi (Gebieterin, Herrin) Azze, die von jedermann »Hoheit« *(Sejjide)** angeredet werden mußte, war von jung und alt, von hoch und niedrig gefürchtet, aber von niemandem geliebt. Noch heute kann ich mich ihrer so gut entsinnen, wie sie so steif an jedem vorüberging und selten jemanden freundlich anredete. Wie ganz anders mein guter, alter Vater! Jedem wußte er etwas Freundliches zu sagen, mochte der Betreffende nun einer hohen oder niedrigen Rangstufe angehören. Die ihr zukommende Stellung verstand meine hohe Stiefmutter außerordentlich zu behaupten und niemand wagte ihr zu nahe zu kommen, wenn sie ihn nicht selbst dazu ermutigte. Ohne Gefolge sah ich sie nie gehen, ausgenommen, wenn sie mit dem Vater das Badehaus besuchte, das ausschließlich nur für sie beide bestimmt war. Alle die ihr im Hause begegneten, waren so von Respekt überwältigt, wie hier der Rekrut gegenüber einem General.

So war der von ihr ausgehende Druck von oben für alle sehr fühlbar, ohne doch im Ganzen dem Leben in Bet il Mtoni für seine Bewohner allzuviel von seinem Reize zu nehmen. Die Sitte erforderte, daß meine sämtlichen Geschwister, jung und alt, alle Morgen zu ihr gehen mußten, um ihr guten Morgen zu wünschen. Aber so sehr waren alle gegen sie eingenommen, daß nur selten einer zu ihr ging, bevor das Frühstück aufgetragen war, welches in ihren Gemächern eingenommen wurde; so benahm man ihr den Genuß, sich an der ihr allseitig, wie sie verlangte, dargebrachten Ergebenheit zu erfreuen.

In Bet il Mtoni wohnten die ältesten meiner Geschwister. Einige von ihnen, wie zum Beispiel Schecha und Zuene, konnten einfach meine Großmütter sein. Denn die Letztere

---

* Bibi ist suahilisch, Sejjide arabisch; beide Wörter bedeuten »Hoheit«.

hatte schon einen Sohn, Ali bin Suud, den ich nie anders als mit meliertem Barte gesehen habe; dieselbe war Witwe und hatte nach dem Tode ihres Gatten wieder im elterlichen Hause eine Zuflucht gesucht.

In unserem Familienkreise kannte man das nicht, was so viele hier annehmen, daß die Söhne vor den Töchtern besonders bevorzugt wurden. Mir ist nicht ein einziger Fall bekannt, wo der Vater oder die Mutter einen Sohn lieber hatten, als eine Tochter, oder ihn gar vorzogen, bloß weil er eben ein Sohn war. Nichts von alledem. Wenn auch das Gesetz den Knaben in vielem seinen Schwestern gegenüber begünstigt und ihm bedeutende Vorteile einräumt, zum Beispiel bei Erbteilungen, so werden die Kinder doch überall gleich geliebt und gleich behandelt. Daß auch dort im Süden, ebenso wie hier, ein Kind, gleichviel ob es nun ein Knabe oder ein Mädchen, dem andern, wenn auch nicht öffentlich, doch im Stillen, vorgezogen wird, ist natürlich und gewiß auch menschlich. So war es auch bei unserem Vater; nur standen ihm als Lieblingskinder keineswegs Söhne am nächsten, sondern gerade zwei seiner Töchter und zwar Scharife und Chole. Einst erhielt ich, ich war wohl neun Jahre alt, von der Hand meines sehr übermütigen Bruders Hamdan, der etwa in gleichem Alter mit mir stand, einen Pfeilschuß in die Seite, welcher glücklicherweise nicht sehr gefährlich ausfiel. Als der Vater von der Geschichte erfuhr, sagte er zu mir: »Salme, gehe und rufe mir Hamdan.« Kaum war ich mit meinem Bruder angekommen, als er sofort für seinen Leichtsinn die fürchterlichsten Scheltworte zu hören bekam, deren er sich noch lange zu erinnern hatte. In diesem Punkte also ist man hier sehr schlecht unterrichtet. Es kommt ja überall auch natürlich viel auf die Kinder selbst an, und es wäre doch sicherlich mehr als Unrecht, lieblose Kinder ebenso zu behandeln, wie die braven, und zwischen beiden keinen merklichen Unterschied zu machen. –

Der schönste Platz in Bet il Mtoni war die dicht am Meere vor dem Haupthaus gelegene Bendile, ein mächtiger runder Balkon, auf welchem man mit Bequemlichkeit hätte einen großen Ball geben können, wenn dergleichen bei uns bekannt oder üblich gewesen wäre. Das Ganze glich einem Riesenkarussell, denn auch die Decke der Bendile war, dem Bau entsprechend, rund. Das gesamte Gerüst, Fußböden, Geländer, sowie auch die zeltförmige Decke, alles bestand aus gemaltem Holz. Hier pflegte mein guter Vater gedankenvoll und gebückten Hauptes oft stundenlang auf und ab zu gehen. Er hinkte ein wenig; eine im Kriege erhaltene Kugel, welche sich im Schenkel festgesetzt hatte und ihm häufig Schmerzen verursachte, hemmte den Schritt des stattlichen Mannes.

Ringsum in der luftigen Bendile standen eine Menge Rohrstühle, gewiß einige Dutzend, und außerdem fand sich noch ein mächtiges Fernrohr zu allgemeiner Benutzung vor, sonst aber weiter nichts. Die Aussicht von der hohen Bendjle aus war überwältigend schön. Hier pflegte der Vater, Azze bint Sef und seine sämtlichen erwachsenen Kinder täglich mehrere Male den Kaffee einzunehmen. Wer den Vater ungestört sprechen wollte, der suchte ihn nirgend auf als gerade hier, wo er zu gewissen Stunden meist allein war.

Gegenüber der Bendile lag das ganze Jahr über ein Kriegsschiff, »il Rahmani«, vor Anker, ausschließlich dazu bestimmt, um im Fastenmonat durch einen Kanonenschuß das Signal zum Aufstehen zu geben und um die vielen Ruderboote, die wir brauchten, zu bemannen. Unter der Bendjle befand sich ein hoher Mast, an welchem man Signalflaggen aufzog, um eine größere oder geringere Anzahl von Booten und Matrosen an den Strand zu beordern.

Was die Küche anlangt, so wurde sowohl in Bet il Mtoni als in Bet il Sahel außer auf arabische auch auf persische und türkische Art gekocht. Es wohnten ja in beiden Häusern die verschiedensten Rassen beisammen und war sowohl die bezauberndste Schönheit wie das vollste Gegenteil reichlich vertreten. Aber nur die arabische Tracht wurde bei uns geduldet und bei den Negern die suahilische. Wenn eine Tscherkessin in ihren weitröckigen Kleidern, oder eine Abessinierin in ihrer phantastischen Drapierung anlangte, mußte sie binnen drei Tagen alles ablegen und die ihr zugeteilten arabischen Kleider tragen.

Wie etwa hier eine jede anständige Frau einen Hut und ein paar Handschuhe besitzen muß als unbedingt notwendige Dinge, so steht bei uns in gleichem Verhältnis – der Schmuck. Der Schmuck gehört so sehr zur notwendigsten Toilette, daß man mit solchem selbst Bettlerinnen ihrem Gewerbe nachgehen sieht. Der Vater besaß nun in beiden Häusern in Sansibar sowohl wie auch in seinem Schlosse in Muskat im Reiche Oman seine besonderen Schatzkammern, die mit großen spanischen Goldmünzen, Guineen und Louisdors reichlich gefüllt waren; aber außerdem und zum größeren Teile wohl enthielten sie allerhand Frauengeschmeide, vom Einfachsten bis zur diamantbesetzten Krone, alles zum Verschenken angeschafft. So oft nun die Familie einen Zuwachs erhielt, sei es nun durch den Ankauf von Sarari, sei es durch die häufigen Geburten von Prinzen und Prinzessinnen, so wurde die Tür der Schatzkammer geöffnet, um den neuen Ankömmling je nach Rang und Stellung zu beschenken. Wurde ein Kind geboren, so pflegte der Vater erst am siebten Tage Kind und Mutter zu besuchen und nahm dann Schmuck als Geschenk für das Baby mit. Auch eine neu angekommene Surie erhielt gleich nach ihrem Ankauf die notwendigen Schmuckgegenstände geschenkt, wie ihr zugleich der Ober-Eunuche ihre Bedienten zuwies.

Der Vater war, trotzdem er für sich selbst die größte Einfachheit liebte, sehr eigen in betreff seiner ganzen Umgebung. Wir alle durften niemals anders vor seine Augen treten, als in voller Toilette, seine Kinder wie der jüngste Eunuche. Wir kleinen Mädchen trugen unser Haar in lauter dünnen Zöpfchen (oft bis zwanzig) geflochten; die Enden derselben waren von beiden Seiten schräg zusammengebunden und von der Mitte hing ein schwerer, häufig auch mit edlen Steinen besetzter Goldschmuck über den Rücken hinab. Oder es wurden wohl auch an jedem einzelnen der kleinen Zöpfchen je eine goldene Münze mit heiligen Sprüchen angehängt, was bedeutend kleidsamer ist, als die oben beschriebene Haartracht. Beim Schlafengehen wurden uns nur diese Schmuckgegenstände einzig und allein abgenommen und uns dann am andern Morgen wieder angebunden. Auch trugen wir Mädchen, bis die Zeit kam, wo wir von da an beständig maskiert gehen mußten, Ponyhaare, genau so wie man hier jetzt trägt. Eines Morgens nun lief ich, ohne auf diesen Haarschmuck zu warten, unbemerkt zum Vater, um mir die französischen Bonbons zu holen, die wir Kinder regelmäßig alle Morgen von ihm zugesteckt erhielten. Aber anstatt die ersehnte Süßigkeit zu bekommen, wurde ich einfach ob meiner unvollständigen Toilette hinausgeschickt und ein Diener mußte mich *nolens volens* dahin zurückbringen, von wo ich entlaufen war. Seitdem habe ich mich wohlweislich gehütet, jemals wieder ohne volle Toilette mich ihm zu zeigen.

Zu den allerintimsten Freundinnen meiner Mutter gehörten meine Schwester Zejane und meine Stiefmutter Medine.

Zejane, die Tochter einer Abessinierin, stand fast in demselben Alter wie meine Mutter und beide hatten sich ganz unaussprechlich lieb. Meine Stiefmutter Medine war ebenfalls eine Tscherkessin; daher auch ihre Freundschaft, weil sie, meine Mutter und außerdem auch Sara, eine andere Stiefmutter von mir, aus einer und derselben Gegend herstammten. Die beiden Kinder Saras waren mein Bruder Madschid und meine Schwester Chadudsch; der Erstere war um einige Jahre jünger, als seine Schwester. Nun hatte meine Mutter mit ihrer Freundin Sara eine Verabredung getroffen, daß, wenn Sara früher sterben sollte, meine Mutter die weitere Pflege von Madschid und Chadudsch als zweite Mutter übernehmen sollte und umgekehrt. Aber als nun Sara starb, da waren Chadudsch sowohl als Madschid schon ziemlich erwachsen und konnten, so lange sie noch im väterlichen Hause wohnten, die Hilfe meiner Mutter völlig entbehren. Es war bei uns, das heißt in unserer Familie, Sitte, daß Knaben auch noch einige Zeit nach ihrer Entwicklung, bis zum Alter von vielleicht achtzehn bis zwanzig Jahren, mit ihren Müttern im väterlichen Hause wohnen blieben und sie hatten sich bis dahin vollständig der Hausordnung zu unterwerfen. Hatte ein Prinz nun dieses Alter erreicht, so wurde er, je nach seiner guten oder schlechten Führung, früher oder später vom Vater für mündig erklärt. Er durfte sich dann zu den Erwachsenen zählen, eine Würde, der auch dort mit großer Ungeduld entgegengesehen wurde. Bei dieser Gelegenheit erhielt dann jeder Prinz sein eigenes Haus, Bediente, Pferde und alles, was er dazu brauchte, nebst einer ausreichenden Apanage, die monatlich ausbezahlt wurde.

Diese Würde nun hatte mein Bruder Madschid erlangt; er verdiente sie mehr wegen seines ganzen Wesens, als nach seinem Alter. Madschid war die Bescheidenheit selbst; durch sein liebenswürdiges, freundliches Wesen gewann er überall die Herzen aller, mit denen er zu verkehren hatte. Es ging keine Woche vorüber, wo er nicht von der Stadt (denn er sowohl, wie seine Mutter früher, wohnten nicht in Bet il Mtoni, sondern in Bet il Sahel) zu uns heraus geritten kam, und obgleich er circa zwölf Jahre älter war, als ich, konnte er doch mit mir so spielen, als ob wir uns in einem und demselben Alter befänden.

So kam er auch eines Tages freudig erregt zu uns, um meiner Mutter sofort mitzuteilen, daß der Vater ihn für mündig erklärt, ihn auf eigene Füße gestellt und ihm ein eigenes Haus angewiesen. Und dann bat er die Mutter ganz dringend, wir beide, sie und ich, sollten nun auch in seine neue Wohnung ziehen und da für immer mit ihnen zusammen wohnen; Chadudsch ließ uns dieselbe Bitte aussprechen. Meine Mutter gab dem Stürmischen zu bedenken, daß sie ohne die Erlaubnis des Vaters seine Bitte nicht erfüllen könne, mit diesem wolle sie vor allem die Sache besprechen und ihm dann das Resultat mitteilen. Was sie selbst bei der Sache betreffe, so sei sie gern bereit, bei ihnen zu wohnen, so lange er und Chadudsch das eben wünschten. Madschid erbot sich indes selbst mit dem Vater zu sprechen, damit die Mutter keine Weitläufigkeit hierbei hätte. Am andern Morgen brachte er uns denn auch die Nachricht, daß der Vater, der sich gerade in Bet il Sahel befand, auf Madschids Bitten eingegangen wäre. Damit war unsere Übersiedlung entschieden. In längerer Beratung einigten sich meine Mutter und Madschid noch dahin, daß wir erst nach ein paar Tagen einziehen sollten, nachdem er und Chadudsch sich schon etwas in ihrem neuen Hause eingerichtet hätten.

Bet il Watoro

Es fiel meiner Mutter schwer, sich in die bevorstehende Übersiedlung zu finden. Sie war mit Leib und Seele an Bet il Mtoni attachiert; hatte sie doch von ihrer Kindheit an da gelebt. Besonders wurde ihr die Trennung von meiner Stiefschwester Zejane und meiner Stiefmutter Medine nicht leicht. Und überdies liebte sie keine Neuerung. Aber das Gefühl, daß sie vielleicht den Kindern ihrer verstorbenen Freundin in etwas nützlich sein könne, überwog, wie sie mir später selbst erzählte, bei ihr jedes persönliche Bedenken.

Kaum war der Entschluß meiner Mutter, nach der Stadt zu ziehen, bekannt geworden, da rief man ihr überall, wo sie sich auch zeigen mochte, zu: »Dschilfidan (das ist der Name meiner teuren Mutter), hast Du denn kein Herz mehr für uns, daß Du uns für immer verlassen willst?« »O Freunde«, war ihre Antwort, »es ist nicht mein Wille, Euch zu verlassen; aber es ist bestimmt, daß ich gehen soll.«

Ich fühle, gar manche werden beim Lesen des Wortes »bestimmt« mich in Gedanken mitleidig ansehen, mindestens aber nicht unterlassen können, mit den Achseln zu zucken. Vielleicht hielten die Betreffenden Augen und Ohren bisher gegen den Willen Gottes verschlossen und wiesen jede Wahrnehmung desselben hartnäckig von sich, während sie dagegen dem schwachen Zufall desto mehr Gewicht beimessen. Man darf eben nicht außer Acht lassen, daß die Schreiberin Muhamedanerin war und als solche groß geworden ist. Und ich erzähle ja vom arabischen Leben, vom arabischen Hause, in dem vor allem zweierlei noch unbekannt ist, das Wort »Zufall« und der Materialismus. Der Muhamedaner erkennt seinen Gott nicht nur als seinen Schöpfer und Erhalter an, sondern er fühlt auch die Gegenwart des Herrn immerdar; er ist überzeugt, daß nicht sein Wille, sondern der des Herrn geschieht, im Kleinen wie im Großen.

Einige Tage vergingen, während wir unseren Besorgungen oblagen; dann erwarteten wir die Rückkehr Madschid's, der selbst für unsere Fahrt sorgen wollte. Drei Geschwister, zwei Schwestern und einen Bruder, hatte ich in Bet il Mtoni als Gespielen gehabt, welche fast in gleichem Alter mit mir waren. Mir war es sehr leid, diese verlassen zu müssen, namentlich den kleinen Ralub, der sich eng an mich angeschlossen hatte. Hingegen freute ich mich ganz unbeschreiblich, daß ich bei dieser Gelegenheit unserer neuen, ganz unmenschlich strengen Lehrerin auf immer Adieu sagen durfte. –

Ob unserer bevorstehenden Trennung von den vielen Freunden und Bekannten glich unser großes Zimmer einem Bienenkorb. Jeder, je nach seinen Verhältnissen und nach dem Grade seiner Zuneigung, brachte uns ein Abschiedsgeschenk mit. Diese Sitte wird bei uns sehr gepflegt. Und wenn dem Araber auch nur das Allergeringste zur Verfügung steht, so läßt er es sich doch nicht nehmen, zum Abschied seinem Freunde es als Geschenk zu überreichen. Ich kann mich noch eines Falles entsinnen, als ich noch ganz klein war. Wir hatten von Bet il Mtoni aus einen Ausflug nach unseren Plantagen gemacht und waren im Begriff, die zahlreichen Boote wieder zu besteigen, um nach Hause zurückzufahren. Da zupfte mich auf einmal etwas von hinten und ich sah ein altes Negermütterchen mir zuwinken. Sie gab mir etwas, in Bananen-Blätter eingewickelt, mit den Worten: »Diese Kleinigkeit ist für Dich, *bibi jangu* (meine Herrin), zum Abschied; es ist die erste reifere Frucht vor meinem Hause.« Ich machte die Blätter schleunigst auseinander und fand in der Umhüllung einen einzigen, frischgepflückten – Maiskolben. Ich kannte das Negermütterchen gar nicht, aber es stellte sich nachher heraus, daß sie eine alte Protégée meiner guten Mutter war.

Endlich also kam Madschid und teilte der Mutter mit, daß der Kapitän des Rahmani Befehl habe, morgen Abend einen Kutter für uns beide und ein anderes Boot für unsere Sachen zu schicken und für die Leute, welche uns nach der Stadt bringen sollten.

Mein Vater befand sich gerade in Bet il Mtoni, und so ging meine Mutter, als der Tag der Abreise gekommen war, mit mir zu ihm hinauf, um Abschied zu nehmen. Wir fanden ihn auf der Bendjle hin und her gehend und bei unserem Anblick kam er der Mutter gleich entgegen. Bald waren beide über unsere Fahrt in ein eifriges Gespräch vertieft. Für mich befahl er einen in gewisser Entfernung stehenden Eunuchen, etwas Konfekt und Scharbet (Fruchtsaft) zu bringen, wahrscheinlich um den ewigen Fragen, welche ich an ihn richtete, ein Ziel zu setzen. Ich war ja, wie sich leicht denken läßt, aufs höchste gespannt und neugierig auf unsere neue Wohnung und überhaupt auf alles, was das Leben in der Stadt betraf. Denn bis jetzt war ich, wenn ich mich recht erinnere, nur ein einziges Mal in der Stadt gewesen und zwar bloß auf ganz kurze Zeit. Daher kannte ich denn auch weder alle meine Geschwister, noch alle meine zahlreichen Stiefmütter.

Danach begaben wir uns zu den Gemächern meiner hohen Stiefmutter, um uns auch von ihr zu verabschieden. Azze bint Sef geruhte uns stehend abzufertigen, in ihrer Art auch eine Auszeichnung, da sie sonst stets sitzend zu empfangen und zu entlassen pflegte. Meine Mutter sowohl wie ich durften ihre zarte Hand an unsere Lippen führen, um ihr dann für immer den Rücken zu kehren.

Nun gingen wir immer treppauf treppab, um allen Freunden noch die Hand zu drücken, fanden aber kaum die Hälfte in ihren Gemächern; so beschloß meine Mutter zur nächsten üblichen Gebetsstunde, wo jeder anwesend zu sein pflegte, allen auf einmal Adieu zu sagen.

Um sieben Uhr abends hielt unter der Bendjle unser Kutter, ein großes, nur für besondere Gelegenheiten benutztes Boot. Es war mit vierzehn Matrosen als Ruderer bemannt; vorn und hinten schmückte es eine große blutrote Flagge, unsere Flagge, die keine weiteren Abzeichen hat, und über dem hinteren Teil des Schiffes war ein großer Baldachin aufgespannt. Auf den seidenen Kissen darunter konnten zehn bis zwölf Personen Platz nehmen.

Der alte Dschohar, ein treuer Eunuch meines Vaters, kam und meldete, daß alles bereit sei. Er und ein anderer Eunuche sollten auf Befehl des Vaters, der auf der Bendjle unsere Abfahrt beobachtete, uns auf der Fahrt begleiten; Dschohar führte dabei, wie gewöhnlich, das Steuer. Unsere Freunde begleiteten uns unter Tränen bis an die Haustür und das Wort *wedâ wedâ!* »Lebe wohl, Lebe wohl!« klingt mir noch heute in meinen Ohren.

Unser Strand ist ziemlich flach und eine Landungsbrücke gab es nirgends. So hatte man denn drei verschiedene Arten, um in die Boote zu kommen. Man setzte sich auf einen Lehnstuhl und ließ sich von stämmigen Matrosen hineintragen; oder man stieg einfach auf deren Rücken; oder aber man ging auf einem vom Boot zum trockenen Sande gelegten Laufbrett hinüber. Auf letztere bequemere Art stieg meine Mutter in den Kutter, von Eunuchen, die im nassen Sande nebenher gingen, zu beiden Seiten gestützt. Mich trug ein anderer Eunuche auf dem Arm ins Boot und setzte mich an das Steuer neben meine Mutter und dem alten Dschohar. Im Boote selbst brannten einige bunte Laternen, die im Verein mit den glänzenden Sternen einen wahrhaft magischen Schimmer verbreiteten. Und dazu ließen, sobald das Fahrzeug sich in Bewegung setzte, die vierzehn Ruderer, unserer Sitte entsprechend, ihren melancholischen arabischen Gesang im Takte ertönen.

Wir steuerten, wie gewöhnlich, die Küste entlang, während ich, halb auf der Mutter, halb auf meinem Kissen ruhend, bald fest einschlief. Plötzlich wurde ich unsanft aus dem Schlafe erweckt, indem viele Stimmen durcheinander meinen Namen riefen. Heftig erschrocken und noch schlaftrunken, erkannte ich allmählich, daß wir am Ziele angelangt waren und ich somit die ganze Fahrt verschlafen hatte. Wir hielten ganz unmittelbar unter den Fenstern von Bet il Sahel, welche sämtlich erleuchtet und von unzähligen Köpfen besetzt waren. Alle diese Zuschauer waren meine mir meist noch unbekannten Stiefgeschwister und ihre Mütter; viele von diesen Geschwistern waren jünger und auf meine Bekanntschaft nicht weniger neugierig, als ich auf die ihrige. Sie waren es, die, wie mir meine Mutter erzählte, schon von weitem, als unser Fahrzeug in Sicht kam, meinen Namen zu rufen begannen.

Die Landung vollzog sich wie die Einschiffung und ich wurde von meinen jungen Brüdern mehr als lebhaft in Empfang genommen. Nach ihrem Wunsche sollten wir gleich mit ihnen gehen, was meine Mutter selbstverständlich ablehnte, da sonst Chadudsch, die schon am Fenster ihres Hauses stand, noch länger auf uns hätte warten müssen. Ich war freilich äußerst betrübt, nicht gleich zu meinen jungen Geschwistern gehen zu dürfen, worauf ich mich doch schon Tage lang gefreut hatte; aber ich kannte meine Mutter zu gut, um nicht zu wissen, daß das, was sie einmal wollte und sagte, nicht zu ändern war; trotz ihrer unvergleichlichen, selbstlosen Liebe für mich war sie doch stets und in allem sehr fest und bestimmt. Indessen tröstete sie mich damit, daß sie sich, sobald der Vater wieder nach Bet il Sahel käme, mit mir auch den ganzen Tag dorthin begeben wollte.

So gingen wir denn an Bet il Sahel vorbei nach Bet il Watoro, Madschids Haus. Dasselbe lag unmittelbar bei Bet il Sahel und hatte wie dieses eine unbeschränkte Aussicht über das Meer. Beim Eintreten fanden wir meine Schwester Chadudsch unten an der Treppe auf uns wartend. Sehr

Moschee in Sansibar

herzlich hieß sie uns in Bet il Watoro willkommen und führte uns dann hinauf zuerst in ihre Zimmer, wo bald darauf ihr Leibeunuche Eman mit Erfrischungen aller Art eintrat. Madschid befand sich mit seinen Freunden unten im Empfangszimmer und erst auf Chadudsch's Geheiß und meiner Mutter Erlaubnis, durfte er heraufkommen. O, wie war er erfreut, der gute, edle Madschid, uns in seinem Heim begrüßen zu können!

Unser eigenes Zimmer war mäßig groß und hatte die Aussicht auf eine unmittelbar benachbarte Moschee. Eingerichtet war es wie die meisten arabischen Zimmer und ließ uns nicht das Geringste vermissen. Wir brauchten nur ein Zimmer. Da man Tag und Nacht die gleiche Toilette trägt, sind bei der strengen Reinlichkeit der vornehmen Araber besondere Schlafzimmer überflüssig.

Bei den Reichen und Vornehmen haben die Zimmer etwa folgende Einrichtung. Den Fußboden bedecken persische Teppiche, oder die allerfeinsten weichen Matten. Die weißgetünchten Wände, welche eine bedeutende Dicke besitzen, sind durch entsprechend tiefe, vom Boden bis zur Decke reichende Nischen immer in mehrere Abteilungen gegliedert. Grüne bemalte Holzbretter teilen wieder diese Nischen und bilden eine Art von Etageren. Auf diesen finden sich, durchweg symmetrisch aufgestellt, die allerfeinsten und kostbarsten Fabrikate aus Glas und Porzellan. Zum Schmuck dieser Nischen ist dem Araber nichts zu teuer; ein fein geschliffenes Glas, ein schön gemalter Teller, eine geschmackvolle Kanne mag kosten, was sie will; wenn sie nur hübsch aussieht, so wird sie gekauft.

Auch die kahlen, schmalen Wände zwischen den Nischen bemüht man sich zu verdecken. An ihnen werden große Spiegel angebracht, welche von dem nur wenig über den Boden sich erhebenden Divan bis zur Decke reichen; diese Spiegel werden gewöhnlich allemal je nach Höhe und Breite aus Europa verschrieben. Bilder sind als Nachahmung der göttlichen Schöpfung im Allgemeinen bei dem Muhamedaner verpönt, werden jedoch neuerdings hin und wieder geduldet. Dagegen sind Uhren sehr beliebt und oft findet man in einem einzelnen Hause die reichhaltigste Kollektion davon; sie werden teils über den Spiegeln, teils paarweise zu deren beiden Seiten angebracht. – In Herrenzimmern schmücken die Wände Trophäen von allerlei kostbaren Waffen aus Arabien, aus Persien und aus der Türkei, eine Dekoration, mit der jeder Araber, je nach Rang und Reichtum, sein Heim zu zieren pflegt.

In einer Ecke des Zimmers steht das große Doppelbett aus Rosenholz, das mit vielen wunderbar geschickten Schnitzereien bedeckt ist; das ostindische Kunsthandwerk liefert uns dieselben. Weißer Mull oder Tüll umhüllt das Ganze. Die arabischen Betten haben sehr hohe Beine; um bequemer hineinzukommen, steigt man erst auf einen Stuhl, oder bedient sich auch wohl als natürlicher Stufe der Hand eines Kammermädchens oder einer Kammerfrau. So wird denn auch der hohe Raum unter dem Bett häufig noch von anderen als Schlafstätte benutzt, zum Beispiel von Ammen bei kleinen Kindern oder von Wärterinnen bei Kranken.

Tische findet man nur selten und nur bei den Höchstgestellten; dagegen Stühle in den verschiedensten Arten und Farben. Auch Schränke, Kommoden und dergleichen fehlen; dafür besaßen wir eine Art von Laden oder Koffern, die gewöhnlich zwei bis drei Schubladen und im Innern noch ein geheimes Versteck für Geld und Schmuckgegenstände enthielten. Diese Truhen, deren in jedem Zimmer mehrere zu sein pflegten, waren sehr groß, aus Rosenholz gefertigt und mit Tausenden von kleinen gelben, messingköpfigen Nägeln sehr hübsch verziert.

Fenster und bei Tage auch die Türen stehen jahrein jahraus offen, höchstens bei Regenwetter schließt man die ersteren ab und zu für kurze Zeit. So kommt es, daß für jene Gegenden das Wort »es zieht« ganz unbekannt ist. –

Die neue Wohnung gefiel mir anfangs ganz und gar nicht; ich vermißte meine jungen Geschwister zu sehr und sodann kam mir Bet il Watoro im Vergleich zu dem riesigen Bet il Mtoni erdrückend klein und eng vor. Hier sollst Du jetzt für immer leben? fragte ich mich die ersten Tage unaufhörlich; wo willst Du jetzt deine Boote segeln lassen? etwa in einem Waschfaß? Hier gab es ja keinen Mtoni und das Wasser mußte von einem Brunnen geholt werden, der außerhalb der Wohnung lag. Und als meine liebe, gute Mutter, welche am liebsten Alles, was sie besaß, anderen schenken mochte, mir riet, die schönen Segelboote, die ich so sehr liebte, meinen Geschwistern in Bet il Mtoni zu geben, da wollte ich anfänglich gar nichts davon wissen. Kurz ich fühlte mich hier, zum ersten Male in meinem Leben, sehr unglücklich und war bitter betrübt.

Meine Mutter dagegen fand sich gleich in ihren Beruf und war zusammen mit Chadudsch den ganzen Tag mit Ordnen und Einrichten beschäftigt, so daß ich auch von ihr nichts haben konnte. Am meisten bemühte sich der herzensgute Madschid um mich; gleich am anderen Morgen nahm er mich bei der Hand und zeigte mir sein ganzes Haus von unten bis oben. Aber ich konnte an gar nichts Gefallen finden; alles war mir gleichgültig und ich bat meine Mutter inständig, doch ja recht bald wieder mit mir nach Bet il Mtoni zu meinen lieben Geschwistern zurückzukehren. Natürlich war das unmöglich, um so mehr, als sie wirklich für die beiden Geschwister eine große Hilfe war.

Zum Glück entdeckte ich in Madschid einen großen Tierliebhaber und daß er in seinem Hause eine große Sammlung von allerlei lebenden Wesen besaß. Darunter befanden sich massenhaft weiße Kaninchen, zum größten Ärger von Chadudsch und meiner Mutter, da dieselben das neue Haus total verdarben. Dann hielt er eine große Zahl von Streithähnen aus aller Herren Länder; eine so reichhaltige Kollektion habe ich nicht einmal in einem zoologischen Garten wieder beisammen gesehen.

Beim Besuch seiner Lieblinge war ich denn bald der ständige Begleiter Madschids, der mit grenzenloser Gutmütigkeit mich an allen seinen Passionen teilnehmen ließ. Es dauerte auch gar nicht lange, so befand ich mich durch seine Güte im Besitz von fast einer ganzen Kompagnie von Kampfhähnen, welche viel dazu beitrugen, meine Einsamkeit in Bet il Watoro zu erleichtern. Seitdem standen wir beide fast tagtäglich vor unseren Matadoren, die einige Bediente vor- und abführen mußten. Ein Hahnenkampf ist wirklich nicht uninteressant; die Aufmerksamkeit des Zuschauers ist stets in Anspruch genommen und das Ganze bietet ein recht unterhaltendes, oft höchst possierliches Bild.

Später lehrte er mich auch das Fechten mit Säbel, Dolch und Lanze, und als wir zusammen aufs Land gingen, das Schießen mit Gewehr und Pistolen. Kurz, ich wurde durch ihn eine halbe Amazone, zum größten Entsetzen meiner teuren Mutter, die von Fechten und Schießen absolut nichts wissen wollte. Zu Handarbeiten hatte ich infolgedessen natürlich noch weniger Lust; die Handhabung aller möglicher Waffen war mir viel lieber, als ein paar Stunden ruhig am Klöppelkissen zu sitzen.

Alle diese neuen Beschäftigungen im Verein mit vollkommener Freiheit – denn es hatte sich noch keine neue Lehrerin für mich gefunden – belebten mich bald, und so schwand denn auch die anfängliche Abneigung gegen das »einsame« Bet il Watoro. Das Reiten wurde ebenfalls nicht vernachlässigt; der Eunuche Mesrur mußte auf Madschid's Befehl meine weitere Ausbildung darin übernehmen.

Meine Mutter konnte sich im einzelnen nicht allzuviel um mich bekümmern; sie war von Chadudsch zu sehr in Anspruch genommen. So attachierte ich mich mit der Zeit mehr und mehr an eine erfahrene Abessinierin, namens Nuren, von der ich auch etwas Abessinisch lernte. Jetzt freilich ist das alles wieder vergessen. –

Mit Bet il Mtoni blieben wir in stetem Verkehr, und wenn

die Mutter später mit mir hinfuhr, wurden wir von unseren Freunden immer aufs herzlichste empfangen und gepflegt. Außerdem beschränkte sich unsere Verbindung auf mündliche Bestellungen durch unsere beiderseitigen Sklaven. Im Orient liebt nun einmal kein Mensch die Korrespondenz, selbst wenn er schreiben gelernt hat. Jeder angesehene und wohlhabende Mensch besitzt dort einige Sklaven, welche rasch und schnell laufen können und die ausschließlich zu solchen Zwecken verwandt werden. Einige Meilen muß jeder solcher Läufer am Tage zurücklegen; sie werden aber auch besonders gut behandelt und gepflegt. Hängt doch von ihrer Diskretion und Ehrlichkeit, da sie eben die allervertraulichsten Mitteilungen zu überbringen haben, oft das Wohlergehen ihrer Herrschaften, ja noch mehr ab! Denn es passiert nicht selten, daß durch irgend einen Akt der Rache seitens eines solchen Boten Freundschaftsverhältnisse für immer zerstört werden. Aber durch alle diese Not lassen sich doch nur Wenige anspornen, das Schreiben zu lernen und so sich fürs Leben selbständig zu machen. Nirgends hat das Wort »sich gehen lassen« so viel Bedeutung als gerade bei uns.

Meine Schwester Chadudsch liebte sehr die Geselligkeit und so kam es, daß Bet il Watoro häufig geradezu einem Taubenschlage glich. Es verging selten ein Tag in der Woche, wo wir nicht von morgens sechs Uhr bis um zwölf Uhr nachts das Haus voll Gäste hatten. Die Gäste, welche für den ganzen Tag kamen und schon um sechs Uhr früh eintrafen, wurden nur von dem Hauspersonal empfangen und in ein zu diesem Zwecke eingerichtetes Zimmer geführt und erst gegen acht oder neun Uhr von der Dame des Hauses willkommen geheißen. Bis zu dieser Empfangsstunde pflegten die angekommenen Damen ihren unterbrochenen Schlaf in jenem Zimmer fortzusetzen. Über solche Damenvisiten werde ich später noch Gelegenheit nehmen, in einem eigenen Kapitel ausführlicher zu erzählen.

Während ich mich nun dem guten Madschid so bald eng angeschlossen hatte, wollte mir Chadudsch gegenüber dies durchaus nicht gelingen. Von Natur herrisch und streng wie sie war, habe ich es nie über mich vermocht, sie von ganzem Herzen zu lieben. Der Gegensatz zwischen ihr und dem edlen Charakter Madschids war zu groß. In dieser Auffassung stand ich nicht allein; jeder, der die beiden Geschwister genauer kannte, wußte auch klar, wer von beiden der liebenswürdigere war. Namentlich gegen fremde Personen konnte sie sehr kühl, oft sogar abstoßend sein und machte sich dadurch nur um so mehr Feinde. Gegen alles Neue und Fremde bezeigte sie die größte Abneigung und war immer höchst unwillig, trotz ihrer bekannten Gastfreundschaft, sobald sich eine Europäerin bei uns melden ließ, deren Besuch im ganzen doch höchstens eine halbe bis dreiviertel Stunde dauerte.

Sonst war sie, für unsere Verhältnisse, höchst umsichtig und praktisch, saß auch fast nie müßig, und wenn sie nichts anderes zu tun hatte, so nähte und stickte sie eben so emsig an den Kleidern für die kleinen Kinder ihrer verheirateten Sklaven, wie sie sonst an den feinen Hemden ihres Bruders zu arbeiten pflegte. Unter diesen Kindern befanden sich drei allerliebste Jungen, deren Vater, ein Araber, das Amt eines Bauführers in unserm Dienste bekleidete. Selim, Abdallah und Tani, so hießen die drei Knaben, waren ein paar Jahre jünger als ich, wurden aber bald, aus Mangel an Altersgenossen, meine täglichen Gespielen, bis ich dann in Bet il Sahel meine anderen Geschwister kennen lernte.

Ein Tag in Bet il Sahel

Der von mir mit unbeschreiblicher Sehnsucht erwartete Tag war endlich gekommen, da ich mit meiner Mutter und Chadudsch nach Bet il Sahel gehen und von früh bis zum Abend dort bleiben sollte. Es war an einem Freitag, dem Sonntag der Muhamedaner, als wir um halb sechs Uhr früh, gehüllt in unsere großen, schwarzseidenen Tücher mit breiter goldener Borte (*Schele* genannt), das Haus verließen. Wir hatten nicht weit zu gehen, nur etwa hundert Schritte lag unser Ziel vor uns.

Der treue, aber unausstehliche grauköpfige Kastellan empfing uns keineswegs freundlich. Noch mürrischer als sonst, erklärte er, daß er seit einer Stunde schon auf seinen schwachen Beinen stände, um nur Damenbesuche einzulassen. Said il Nubi, so hieß der brummige Pförtner, war wie schon sein Name andeutet, ein nubischer Sklave des Vaters, dessen weißer Bart – anders kann ich mich nicht ausdrücken, weil es bei den Arabern ja Sitte und Brauch ist, den Kopf kahl zu tragen – in unserem Dienste in Ehren ergraut war. Der Vater schätzte ihn sehr hoch, namentlich seitdem Said ihm einst, da er in berechtigtem Zorn eine schnelle Tat verüben wollte, den blankgezogenen Säbel aus der Hand geschlagen und so seinem Herrn Gewissensbisse für's ganze Leben erspart hatte.

Wir kleinen Kinder aber kannten Saids Verdienste eben noch nicht und unser großer Übermut verleitete uns gar oft, dem brummigen, treuen Diener den tollsten Schabernack zu spielen. Besonders auf seine riesigen Schlüssel hatten wir es abgesehen und es gab wohl in ganz Bet il Sahel, glaube ich, keinen Ort, wo wir dieselben nicht einmal versteckt hatten. Namentlich mein Bruder Dschemschid besaß eine ganz besondere Fertigkeit, dieselben vollständig verschwinden zu lassen, ohne daß selbst wir, seine Mithelfer, das Versteck ahnten.

Oben in dem bewohnten Stockwerk angekommen, fanden wir das Haus und seine Bewohner schon in vollem Leben; nur die besonders Frommen waren noch mit ihrer Morgenandacht beschäftigt, also für die äußere Welt völlig unsichtbar. Solche Andächtige wagt kein Mensch zu stören, selbst wenn das Haus in Flammen stehen sollte. Auch unser guter Vater gehörte zu diesen, wir mußten daher auf ihn warten. Mit Rücksicht auf seine Anwesenheit war unser Besuch gerade auf diesen Tag festgelegt worden und aus demselben Grunde waren noch so viele andere erschienen, zum Ärger des alten Said.

Die angekommenen Damen waren nicht etwa sämtlich Bekannte oder gar Freunde von uns; im Gegenteil, viele waren unserm Hause vollständig fremd und unbekannt. Dieselben kamen meist aus Oman, unserm eigentlichen Heimatlande, lediglich zu dem Zwecke, beim Vater eine materielle Hilfe zu suchen, die ihnen auch fast nie versagt wurde. Unser Heimatland selbst ist gleich unseren dortigen Stammverwandten sehr arm, und unsere eigene Prosperität datiert erst seit der Zeit, da unser Vater das reiche Sansibar eroberte.

Wenn auch das Gesetz im allgemeinen einer Frau untersagt, irgendwie mit einem fremden Manne sich zu unterhalten, so macht es doch für zwei Fälle eine Ausnahme: es gestattet ihr Erscheinen vor dem Herrscher und vor dem Richter. Da nun das Schreiben bei Tausenden und aber Tausenden gänzlich unbekannt und somit an Bittschriften nicht zu denken ist, so bleibt schließlich solchen bedürftigen Bittstellerinnen eigentlich nichts anderes übrig, als selbst zu kommen und die kleine Reise von Asien nach Afrika mit in den Kauf zu nehmen. Sie wurden hier nach Rang und Stellung beschenkt, ohne daß man nach all den hundert Dingen fragte, über die man in Europa die armen Petenten auszuforschen pflegt. Jeder erhielt das, was er brauchte und was man ihm geben konnte. Man nimmt dort auch im allgemeinen an, daß kein anständiger Mensch, lediglich aus Vergnügen am Betteln, fremde Hilfe in Anspruch nimmt und in vielen Fällen hat man hiermit gewiß auch ganz recht.

Von meinen bekannten und unbekannten Geschwistern wurde ich sehr herzlich aufgenommen, am besten von meiner unvergeßlichen, geliebten Schwester Chole. Während ich bisher meine ganze kindliche Liebe ausschließlich auf meine teure Mutter konzentriert hatte, fing ich jetzt an, daneben auch diesen Lichtstrahl unseres Hauses aus der Fülle meines Herzens anzubeten. Meine Schwester Chole wurde bald mein Ideal; sie wurde auch von vielen anderen bewundert und war das Lieblingskind des Vaters. Wer gerecht und ohne Neid urteilte, mußte zugestehen, daß sie eine selten schöne Erscheinung war. Und wo fände sich ein

Mensch, den Schönheit ganz ungerührt ließe? In unserem Hause wenigstens war kein solcher Sonderling. Chole war in unserer ganzen Familie ohnegleichen; ihre Schönheit war geradezu sprichwörtlich geworden. Obwohl schöne Augen, wie bekannt, im Orient keine Seltenheit sind, so nannte man sie doch nicht anders, als *nidschm il subh*, das heißt »Morgenstern«. War doch einem arabischen Häuptling, als an einem Festtage wie gewöhlich das bei uns so beliebte Scheinfechtspiel vor unserem Hause stattfand, das Unglück passiert, daß er seine Blicke wie durch unsichtbare Macht auf ein und dasselbe Fenster heftete und weder das aus seinem Fuße quillende Blut noch die dadurch hervorgerufenen Schmerzen achtete, bis ihn einer meiner Brüder darauf aufmerksam machte. Am selben Fenster nun stand unsere Chole. Der Omaner, welcher durch Zufall seine Blicke auf das betreffende Fenster richtete und von der Schönheit Choles ganz überwältigt war, hatte, ohne es zu merken, seine mit spitzem Eisen beschlagene Lanze auf seinen Fuß gepflanzt und so die Wunde verursacht. – Ob dieses Vorfalls hat die so unschuldige Chole noch Jahre lang seitens der Brüder viele Neckereien auszuhalten gehabt.

Bet il Sahel, das verhältnismäßig viel kleiner ist als Bet il Mtoni, liegt ebenfalls hart am Meere; es hat etwas Heiteres und Freundliches und wirkt so auch auf seine Bewohner. Sämtliche Zimmer im Hause bieten die herrliche Aussicht auf das Meer mit seinen Schiffen, ein Bild das sich tief in meine Seele eingeprägt hat. Alle Türen in dem oberen Stockwerke (hier befinden sich die Wohnräume) öffnen sich auf eine lange und breite Galerie, wie ich sie so großartig nie wieder gesehen habe. Die Decke derselben wird von Säulen getragen, welche bis an den Erdboden hinabreichen, und zwischen ihnen läuft ein hohes Schutzgeländer, dem entlang zahlreiche Stühle stehen. Eine große Anzahl bunter Ampeln, die von der Decke herabhängen, lassen beim Dunkelwerden das ganze Haus in magischem Schimmer erstrahlen.

Über das Geländer sieht man in einen Hof, wie man ihn bunter, belebter und lärmvoller wohl nicht so leicht wieder trifft; an das bunte Treiben, das dort herrscht, wurde ich später, wenn auch nur im kleinen, durch das Marktgewoge in der Operette »Der Bettelstudent« erinnert.

Zwei große, ganz freistehende Treppen vermitteln den Verkehr zwischen den Wohnräumen des ersten Stockwerkes und dem Hofe. Tag und Nacht geht es ununterbrochen hinauf und hinunter und oft ist ein solches Gedränge an den beiden Enden, daß man minutenlag warten muß, ehe man sich zur Treppe selbst hindurchzuwinden vermag.

In einer Ecke des Hofes wird Vieh in Menge geschlachtet und ebenso *en gros* abgezogen und gereinigt, alles für den Bedarf unseres Hauses allein, da hier jedes Haus sich selbst mit Fleisch versorgen muß.

Abseits davon sitzen Neger und lassen sich ihre Häupter kahl und blank rasieren. Daneben haben mehrere Wasserträger ihre müden, wohl aber auch faulen Glieder lang hingestreckt und bieten allem Rufen nach Wasser ein taubes Ohr, bis einer der gefürchteten Eunuchen kommt, um sie, bisweilen etwas unsanft, an ihre versäumte Pflicht zu erinnern. Häufig galoppierten diese Herren schon beim bloßen Anblicke ihrer gestrengen Vorgesetzten mit ihrem großen Mtungi (Wasserkrug) in solcher Eile davon, daß ein allgemeines Gelächter entstand.

Unweit davon sonnen sich ein Dutzend Kinderwärterinnen mit ihren Pfleglingen und erzählen ihnen allerlei Fabeln und Historien.

In einer der Säulen des Erdgeschosses ist auch die Küche im Freien untergebracht, deren Hauch, da man seine Schornsteine kennt, lustig emporwirbelt. In ihrer Nähe ist das größte, ganz unbeschreibliche Gewirr. Schier endloser Streit und Kampf herrscht unter der zahllosen Schaar der Küchengeister; Oberkoch sowie Oberköchin sind ungemein freigebig in Verteilung von wohlgezielten Ohrfeigen, falls ihre Gehilfen und Gehilfinnen nicht so schnell von Begriff sind, wie sie es wünschen.

Es wurden hier ganz gewaltige Massen Fleisch und nur in ganzen Tieren gekocht. Oft sah man Fische von einer Größe, daß sie zwei stämmige Neger tragen mußten, in der Küche verschwinden; kleine Fische wurden nur körbeweise angenommen und das Geflügel nur zu Dutzenden. Auch Mehl, Reis und Zucker rechnete man nur *en gros* nach Säkken, und die Butter, welche in flüssigem Zustand aus dem Norden, besonders von der Insel Sokotora eingeführt wurde, nach Krügen von etwa einem Zentner Gewicht. Nur für die Gewürze wendete man einen anderen Maßstab an, das Pfund (*rattil*).

Fast noch erstaunlicher war die Menge Obst, welche bei uns verbraucht wurde. Alltäglich kamen dreißig bis vierzig ja fünfzig Lastträger mit Obst beladen in's Haus, ganz abgesehen von den vielen kleinen Ruderbooten, welche die Lieferungen aus den am Meeresufer gelegenen Plantagen zu bringen hatten. Ich glaube nicht zu hoch zu greifen, wenn ich den täglichen Bedarf an frischem Obst für Bet il Sahel der Ladung eines zweiachsigen Eisenbahnwaggons gleichstelle; indessen gab es auch manche Tage, wie zum Beispiel bei der Ernte der Mango, die wir *Embe* nennen, an denen wohl reichlich das doppelte Quantum verbraucht wurde. Beim Herbeischaffen dieser Obstmassen wurde mit äußerster Sorglosigkeit verfahren. Die damit betrauten Sklaven setzten die weichen, mit reifen Früchten gefüllten Körbe ohne weiteres vom Kopfe mit aller Macht auf die Erde, so daß die Hälfte des Inhalts Flecken bekam und vieles oft ganz zerdrückt wurde.

Um das Haus gegen die Meereswellen zu schützen, war eine lange Mauer von etwa zwei Meter Dicke errichtet, hinter welcher die schönsten Granatäpfel wuchsen und gediehen. Vorn an der Mauer wurden nun täglich zur Zeit der Ebbe einige von den besten Pferden an langen Stricken angebunden, damit sie sich im weichen Sande nach Herzenslust tummeln und wälzen konnten. Der Vater liebte seine aus Oman mitgebrachten Vollblutpferde außerordentlich; täglich wollte er sie sehen, und wenn eines erkrankt, dann sorgte er selbst im Stalle für dessen Bequemlichkeit. Wie zärtlich der Araber mit seinem Lieblingspferde sein kann, dafür eine Tatsache. Mein Bruder Madschid besaß eine kostbare braune Stute und wünschte nichts sehnlicher, als von ihr ein Füllen zu bekommen. Als nun die Zeit kam, daß sein Wunsch in Betreff der »il Kehle« (so hieß die Stute) stündlich in Erfüllung gehen konnte, befahl er seinem Stallmeister, ihn sofort von dem Ereignis Mitteilung zu machen, gleichviel ob bei Tage oder bei Nacht. Wirklich wurden wir dann in einer Nacht, etwa zwischen ein und drei Uhr, wegen dieses frohen Ereignisses samt und sonders aus den Betten aufgeschreckt. Der Stallknecht, welcher die glückliche Botschaft brachte, erhielt von seinem überglücklichen Herrn fünfzig Dollars als Belohnung. Dieses Beispiel steht keineswegs vereinzelt da; im Innern von Arabien soll die persönliche Anhänglichkeit an die Pferde noch viel größer sein.

Als nun die Andachtsstunde beendigt und mein Vater in sein Zimmer zurückgekehrt war, gingen wir drei, meine Mutter, Chadudsch und ich, zu ihm. Wie immer zum Scherzen aufgelegt, wandte er sich nach kurzem an mich mit den Worten: »Salme, sage mir, wie gefällt es Dir hier? Möchtest Du wieder nach Bet il Mtoni zurück? Bekommst du hier auch Deine – Milchsuppe?«

Zwischen halb-zehn und zehn Uhr kamen alle meine älteren Brüder aus ihren Wohnungen, um das Frühstück mit dem Vater gemeinschaftlich einzunehmen. Keine einzige Surie durfte je, und wenn sie im Übrigen noch so sehr den anderen vorgezogen wurde, mit dem Vater zusammen essen. Außer uns, seinen Kindern und Enkelkindern, die übrigens auch erst mit dem siebten Jahr etwa zugelassen wurden, saßen nur seine ebenbürtige Gattin Azze bint Sef und seine Schwester Asche an seinem Tische. Die gesellschaftliche Sonderung der Menschen tritt im Orient bei keiner Gelegenheit so scharf hervor, wie gerade beim Essen; man ist freundlich und liebenswürdig gegen seine Gäste, genauso wie die hohen Herrschaften hier zu Lande, ist oft sogar noch mehr herablassend; aber beim Essen trennt man sich in aller Höflichkeit von ihnen ab. Das ist eine so tiefverwurzelte Sitte, daß niemand eine solche Sonderung etwa als persönliche Beleidigung auffaßt.

Die Sarari haben sogar unter sich wieder eine Klassifikation eingeführt. Die schönen und kostspieligen Tscherkessinnen, die sich ihres besonderen Wertes recht bewußt sind, wollen nicht mit den kaffeebraunen Abessinierinnen zusammen essen. So kam es, daß jede Rasse, einer gewissen stillschweigenden Vereinbarung zufolge, für sich speist. Auf die Kinder freilich fand, wie oben bemerkt, die Sonderung nach Hautfarben nur wenig Anwendung.

Beim Verkehr in Bet il Sahel bekam ich den Eindruck, als ob die Menschen hier viel lustiger und fröhlicher, als in Bet il Mtoni wären. Erst später konnte ich begreifen, woher es kam. Dort hatte ja eigentlich Azze bint Sef allein etwas zu sagen; Sie regierte Mann, Stiefkinder und deren Mütter, kurz alles was in ihrem Bereiche lag. Dagegen hier, in Bet il Sahel, wo Azze nur selten erschien, fühlte sich jeder, mein Vater nicht ausgenommen, ganz frei und unbeschränkt und konnte tun, was ihm eben paßte. Außer dem Vater, der unbeschreiblich gut und mild war, gab es niemanden, der etwas zu befehlen gehabt hätte. Das Gefühl, frei und unbefangen sein zu können, belebt und beglückt ja überall alle Menschen, mögen sie nun im Norden oder im Süden des Erdballs ihren Wohnsitz haben. Das mußte wohl auch der

Vater empfinden; denn seit Jahren schon hatte er niemanden, der es nicht selbst wünschte, zum dauernden Wohnen nach Bet il Mtoni geschickt, obwohl in diesem Hause noch hinreichendende Räumlichkeiten leerstanden, während Bet il Sahel geradezu überfüllt war. Diese Übervölkerung ward schließlich so arg, daß der Vater den genialen Gedanken faßte, auf der erwähnten riesigen Galerie Holzpavillons als weitere Wohnräume errichten zu lassen und schließlich noch ein drittes Haus erbauen lassen mußte, welches den Namen *Bet il Ras* (Kaphaus) erhielt. Dieses lag einige Kilometer nördlich von Bet il Mtoni ebenfalls am Meer und sollte besonders für die junge Generation von Bet il Sahel dienen.

Auf unserer Galerie in Bet il Sahel hätte ein Maler reichen Stoff für seinen Pinsel gefunden. Die hier jederzeit sich bietenden Genrebilder waren überaus mannigfaltig und farbenbunt. Schon die Gesichter der auf- und abwogenden Menge wiesen mindestens acht bis zehn verschiedene Farbenschattierungen auf und ein Künstler müßte mit den grellsten Farben malen, um auch ein getreues Bild all der bunten Gewänder geben zu können. Ebenso verwirrend war der Lärm auf der Galerie. Kinder im verschiedensten Alter liefen, stritten und prügelten sich in allen Ecken. Dazwischen ertönte lautes Rufen und Händeklatschen, welches im Orient die Stelle des Klingelns nach der Dienerschaft vertritt; hierzu kam das Klappern der aus Holz gefertigten Sandalen der Frauen, der *Kabakib* (Einzahl *Kubkab*), welche eine Höhe von fünf bis zehn Zentimeter haben und oft sehr reich mit Silber und Gold verziert sind.

Für uns Kinder hatte namentlich das Durcheinander der Sprachen in dieser Gesellschaft viel Ergötzliches. Eigentlich sollte nur arabisch gesprochen werden und dem Vater gegenüber wurde dies Gebot streng befolgt. Sobald er uns aber den Rücken gekehrt hatte, herrschte eine Art von Babylonischer Sprachverwirrung. Außer Arabisch hörte man Persisch, Türkisch, Tscherkessisch, Suahilisch, Nubisch und Abessinisch durcheinander, ganz abgesehen von den verschiedenen Dialekten dieser Sprachen.

All dieses Lärmen störte indessen keinen Menschen und nur ein Kranker beklagte sich bisweilen darüber. Unser guter Vater war vollkommen daran gewöhnt und gab niemals sein Mißfallen zu erkennen. –

An diesem belebten Platze erschienen heute alle meine

erwachsenen Schwestern, alle festlich geschmückt, teils weil arabischer Sonntag war, teils dem Besuche des Vaters zu Ehren. Unsere Mütter gingen und standen in Gruppen und sprachen eifrig miteinander, sie lachten, scherzten und waren so voll Übermut, daß kein mit den Verhältnissen Unbekannter glauben konnte, nur Frauen eines und desselben Mannes zu sehen. Von der Treppe her aber ertönte das Waffengeklirr meiner zahlreichen Brüder und ihrer Söhne, welche ebenfalls den Vater besuchen wollten und zumeist, nur kurze Unterbrechungen abgerechnet, den ganzen Tag bei ihm blieben.

So herrschte in Bet il Sahel viel mehr Luxus und Aufwand, als in Bet il Mtoni, auch fand ich hier viel hübschere und anmutigere Gestalten, als dort, wo es außer meiner Mutter und ihrer Freundin Medine keine andere Tscherkessin gab. Hier dagegen bestand die große Mehrzahl der Frauen aus Tscherkessinnen, welche ohne allen Zweifel eine viel vornehmere Erscheinung besitzen, als die Abessinierinnen, obwohl sich auch unter den letzteren oft ganz ungewöhnliche Schönheiten finden. Diese natürlichen Vorzüge gaben viel Anlaß zu Neid und Mißgunst; eine mit vornehmem Wesen begnadete Tscherkessin wurde zumeist, ganz ohne ihr Verschulden, von den schokoladenfarbigen Abessinierinnen gemieden und sogar gehaßt, bloß weil sie hoheitsvoll aussah.

Unter solchen Umständen konnte es nicht ausbleiben, daß auch unter uns Geschwistern bisweilen eine Art lächerlicher »Rassenhaß« entbrannte. Die Abessinierin ist bei mancherlei Tugenden fast stets von Charakter haß- und rachsüchtig; ihre einmal entflammte Leidenschaft kennt selten Mäßigung, noch viel weniger aber Anstand. Wir Kinder von Tscherkessinnen wurden von unseren Geschwistern, welche abessinisches Blut in ihren Adern hatten, gewöhnlich »Katzen« genannt, weil einige von uns das Unglück hatten – blaue Augen zu besitzen. Auch wurden wir von ihnen spottweise »Hoheit« tituliert, ein Beweis, wie groß ihr Ärger war, daß wir mit weißer Haut auf der Welt erschienen. Daß unser Vater sich seine Lieblingskinder Scharife und Chole – beide stammten von tscherkessischen Müttern und Scharife hatte sogar blaue Augen – aus dem verhaßten Katzengeschlecht erkoren hatte, wurde ihm natürlich nie verziehen. –

In Bet il Mtoni hatte unter dem Druck von Azze bint Sef immerhin eine Art Klosterleben geherrscht; in Bet il Watoro fühlte ich mich noch einsamer; um so mehr gefiel mir das muntere Treiben in Bet il Sahel. Ich schloß mich bald an meine gleichaltrigen Geschwister an. Zu unserem engeren Kreise gehörten auch zwei meiner ebenso alten Nichten, Schembua und Farschu, die einzigen Kinder meines Bruders Chalid. Dieselben wurden alle Morgen aus ihrem Hause nach Bet il Sahel gebracht und des Abends wieder abgeholt, damit sie mit ihren Oheimen und Tanten zusammen den Unterricht genießen und danach sich im Spiele erheitern konnten. Churschit, Chalids Mutter, eine Tscherkessin von Geburt, war eine ganz besondere Erscheinung. Mächtig groß von Wuchs, besaß sie eine ungewöhnliche Willenskraft, gepaart mit natürlicher, hoher Klugheit; ich habe in meinem Leben keine zweite Frau gesehen, die sich ihr hätte vergleichen können. Man sagte ihr später nach, als Chalid während des Vaters Abwesenheit ihn vertrat, daß sie eigentlich unser Land regierte und daß ihr Sohn nur ihr Werkzeug wäre. Für unsere ganze Familie war ihr Rat unentbehrlich; von ihrer Entscheidung hing vieles ab. Ihre beiden Augen beobachteten und sahen alles im Augenblick ebenso scharf, wie die hundert Augen des Argus; bei wichtigen Dingen bewahrte sie immer eine Art von salomonischer Weisheit. Uns kleinen Kindern war sie unsympathisch und wir vermieden es gern, in ihre Nähe zu kommen. –

Am Abend wollten wir nach Bet il Watoro zurückkehren. Da sagte der Vater zu meinem größten Entsetzen meiner Mutter, daß ich das Lernen, das heißt das Lesen, noch fortzusetzen hätte; bei dem Einwande derselben, daß noch immer keine passende Lehrerin zu finden gewesen, bestimmte er, daß ich alle Morgen wie meine Nichten nach Bet il Sahel gebracht und des Abends wieder abgeholt werden sollte, damit ich mit meinen Geschwistern zusammen den Unterricht genieße. Mir war diese Nachricht höchst unangenehm; ich war viel zu wild, um an dem Stillsitzen Geschmack finden zu können, und außerdem hatte mir meine letzte Lehrerin den Geschmack am Lernen gründlich verdorben. Allein der Gedanke, daß ich nun alle Tage (außer Freitags) vom Morgen bis zum Abend mit meinen Geschwistern zusammen sein dürfte, tröstete mich vorläufig, um so mehr, als meine bezaubernde Schwester Chole bereitwillig sich der Mutter erbot, mich in ihren Schutz nehmen und über mir wachen zu wollen. Das hat sie auch redlich getan und hat wie eine Mutter für mich gesorgt.

Meine liebevolle Mutter dagegen war über den Beschluß des Vaters, daß sie mich sechs Tage in der Woche von sich geben sollte, sehr betrübt; indes sie mußte sich auch hierin finden. Mehrere Male am Tage aber befahl sie mir an einer bestimmten Stelle regelmäßig zu erscheinen, damit sie mich von Bet il Watoro aus wenigstens sehen und mir zunicken konnte.

Aus unserem Leben in Bet il Watoro und Bet il Sahel

Von meiner neuen Lehrerin will ich nur soviel sagen, daß ich auch dafür dem Allmächtigen ewigen Dank schulde, daß er mir schon in meiner Jugend eine so treue Freundin gegeben hat! Sie war mir eine strenge, aber gerechte Lehrerin; ich stand ihr oft ganz allein gegenüber, da meine Geschwister nicht gern in ihr dunkles Krankenzimmer gingen und sich lieber, ihre Hilflosigkeit benutzend, ihrem Bereiche entzogen. Ich konnte es aber nicht übers Herz bringen, sie, die Arme, Elende mich bitten zu sehen und ihre Wünsche nicht zu erfüllen. Mein Gehorsam brachte mir freilich außer ihrer Zufriedenheit auch viel Spott ein seitens meiner entlaufenen Geschwister und oft hatte ich von ihnen auch Prügel dafür zu leiden.

Immer besser gefiel es mir in Bet il Sahel, hier konnten wir uns weit mehr, als in Bet il Watoro, austoben. An dummen Streichen haben wir es auch nicht fehlen lassen; nur kam ich dabei, wenn wirklich Bestrafung dafür folgte, meist am besten weg, indem meine Pflegerin Chole zum Strafen viel zu gutmütig war.

Nur ein paar Proben unserer Streiche.

Es gab im Hause einige prachtvolle Pfauen, von denen der eine sehr störrisch war und uns Kinder durchaus nicht leiden konnte. Eines Tages nun gingen wir, fünf an der Zahl, um die runde Kuppel des türkischen Bades, welches durch eine Hängebrücke mit Bet il Sahel und durch eine zweite mit Bet il Tani, einem Nebenhaus gewissermaßen des Ersteren, verbunden war, als plötzlich jener Pfau wutschnaubend auf meinen Bruder Dschemschid losstürzte. Wir warfen uns mit Windeseile auf das Ungetüm und bezwangen es. Aber unsere, vor allem Dschemschids Wut war zu groß, als daß wir das Tier ohne weiteres loszulassen uns entschließen konnten. Wir beschlossen eine recht grausame Rache an demselben auszuüben und rissen ihm alle seine schönen Federn aus. O wie sah das eben noch so kampflustige, farbenprangende Tier nun erbärmlich aus. Zum Glück befand sich der Vater gerade in Bet il Mtoni und bis zu seiner Rückkehr wurde die Sache glücklicherweise vertuscht.

Inzwischen kamen zwei Tscherkessinnen aus Ägypten zu

uns, und nach einiger Zeit schien es uns Kindern, als ob die eine von ihnen etwas hochmütig wäre und sich gar nichts aus uns machte. Das verletzte unser Selbstgefühl nicht wenig und wir bemühten uns, eine entsprechende Strafe deshalb für sie auszugrübeln. Es war ihr nicht leicht beizukommen, da sie nie unseren Weg kreuzte und wir sonst gar nicht's mit ihr zu tun hatten. Um so mehr wuchs unser Groll, zumal sie nur wenige Jahre mehr zählte als wir. In solcher Stimmung kamen wir einst an ihrem Zimmer vorüber gezogen, dessen Tür gewöhnlich offen stand. Die Ärmste saß auf einem außerordentlich leichten suahilischen Bett, das fast nur aus vier mit Kokosleinen verbundenen Pfosten und einer Matte besteht und sang aus voller Brust einen lustigen Nationalgesang. Meine Schwester Schewane war diesmal unsere Anführerin; ein Blick von ihr genügte und wurde von uns gleichgestimmten Seelen sofort verstanden. Im Nu hatten wir die Leine des Bettes gefaßt, hoben es samt der Insassin so hoch wir vermochten, um es dann plötzlich wieder niederfallen zu lassen, zum Entsetzen des ahnungslosen Wesens. Es war ein recht kindischer Streich, doch er hatte Erfolg; die Betroffene war von ihrer Gleichgültigkeit uns gegenüber für alle Zukunft geheilt, sie war fortan die Liebenswürdigkeit selbst und mehr wollten wir ja gar nicht haben.

Auch allein spielte ich meine Streiche in meinem Übermut; einmal, bald nach unserer Übersiedlung nach Bet il Watoro, war ich bei einer solchen Gelegenheit nahe daran, das Genick zu brechen. Wir waren, wie das öfters geschah, zur Erfrischung auf eine unserer vielen herrlichen Plantagen gegangen. Eines Morgens wußte ich nun meiner Begleitung zu entrinnen und unbemerkt kletterte ich im Augenblick an einer turmhohen Kokospalme empor, behend wie eine Katze und ohne den Pingu, das heißt einen dicken Strick, als Fessel für die Füße, ohne den selbst der geschickteste Kletterer kaum auf eine Palme zu bringen ist, mitzunehmen. Als ich nun etwa die Mitte der Höhe erreicht hatte, da begann ich in vollem Übermut die ahnungslos Vorübergehenden anzurufen und ihnen mit lauter Stimme guten Morgen zu wünschen.

Welch ein Schrecken! Sofort stand ein ganzer Knäuel Menschen unten, die mich baten, doch ja recht vorsichtig herabzukommen. Jemanden zu Hilfe hinaufzuschicken war ganz unmöglich; beim Erklettern von Palmen braucht jeder seine Hände selbst und kann nicht noch ein Kind von sieben bis acht Jahren tragen. Mir jedoch gefiel es da oben sehr gut und erst als meine Mutter verzweifelnd und händeringend unter mir stand und mir allerlei Schönes versprach, glitt ich langsam herab und kam auch glücklich und unversehrt wieder unten an. An diesem Tage war ich lieb Kind bei allen und erhielt ob meiner Rettung nicht wenig Geschenke, obgleich ich doch eigentlich eine rechte Tracht Prügel verdient hätte.

Solche und ähnliche Streiche verübten wir also täglich und keine Strafe konnte uns von neuen abhalten. Wir waren unser sieben, drei Knaben und vier Mädchen, die wir das ganze Haus in ewige Unruhe versetzten und auch leider unsere armen Mütter häufig genug in Unannehmlichkeiten brachten.

Hin und wieder behielt mich meine geliebte Mutter auch außer am Freitag zu Hause in Bet il Watoro und der herzensgute Madschid benutzte diese Gelegenheit auf's eifrigste, um mich recht zu verziehen. Es war an einem solchen Tage, wo er uns in eine grenzenlose Angst versetzte. Der Arme litt nämlich an häufig wiederkehrenden Krämpfen, weshalb er nur selten oder fast niemals ohne unmittelbare Hilfe gelassen wurde. Selbst wenn er im Bade war, standen beständig Chadudsch und meine Mutter, die der Zuverlässigkeit von Sklaven nicht ganz trauten, selbst abwechselnd an der Tür, um von Zeit zu Zeit ein paar Worte mit ihm zu wechseln, wobei er sie dann mit den Worten: »Ich lebe noch« zu necken liebte. So ging eines Tages auch Chadudsch an der Tür des Bades auf und ab, als sie plötzlich innen einen dumpfen Fall vernahm. Wie sie, auf den Tod erschrocken, mit anderen hineineilte, fand sie den geliebten Bruder auf dem erhöhten Gebetplatze in einem ganz entsetzlichen Anfall daliegen; es war der schlimmste, den er je gehabt, und so wurde sogleich ein reitender Bote zum Vater nach Bet il Mtoni geschickt, um ihn herbeizuholen.

Aus Unkenntnis der Krankheiten im allgemeinen sind wir in allen solchen Fällen der leidigen Quacksalberei preisgegeben, und jetzt, nachdem ich die natürliche, vernünftige Behandlung der Ärzte hier kennen gelernt habe, fühle ich mich leider oft versucht zu glauben, daß unsere zahlreichen Toten in vielen Fällen nicht der Krankheit, sondern vielmehr der barbarischen Behandlung zum Opfer gefallen sind. Hätten wir nicht den unumstößlichen, felsenfesten Glauben an unsere »Bestimmung«, ich wüßte wahrscheinlich nicht, wie wir die ach so vielen Todesfälle in unserer Familie und in unserer Umgebung hätten mit Resignation ertragen können!

Der arme Madschid, welcher stundenlang in den schrecklichsten Zuckungen besinnungslos dalag, mußte dabei auf seinem Bette eine Luft einatmen, die selbst einem Gesunden nur schaden konnte. Trotz unserer großen, natürlichen Vorliebe für freie, frische Luft, werden gerade Kranke, namentlich sobald wie hier einiger Verdacht auf den Teufel fällt, hermetisch von der äußeren Luft abgeschlossen und dazu noch das Zimmer wie das ganze Haus gewaltig durchräuchert.

Nach einer Stunde landete unser guter Vater zu aller Erstaunen in einem Mtumbi, einem kleinen, nur eine Person fassenden Fischerboot, um mit schnellen Schritten zu uns ins Haus zu eilen. Mehr als vierzig Kinder nannte der alte Mann sein eigen und so erschütterte ihn die Erkrankung eines einzigen! Helle Tränen liefen ihm über die Backen, als er an Madschids Krankenlager stand. »O Herr! o Herr! erhalte mir meinen Sohn!« betete er unaufhörlich und seine Bitte wurde vom Höchsten erhört, Madschid blieb uns erhalten.

Später fragte ihn meine Mutter, weshalb er denn in einem so elenden Nachen gekommen. »Als der Bote mir die Nachricht brachte«, sagte er, »befand sich kein einziges Boot am Strande; es hätte erst signalisiert werden müssen und ich hatte doch keine Zeit zu warten. Auch mir ein Pferd satteln zu lassen dauerte zu lange. Da sah ich gerade einen Fischer in seinem Mtumbi unter der Bendile dahinfahren; ich griff nach meinen Waffen, rief ihn an und als er ausgestiegen, sprang ich sofort hinein und ruderte mich selbst hierher.« Nun muß man wissen, daß ein solches Mtumbi ein elendes Fahrzeug ist, das nur aus einem ausgehöhlten Baumstamm besteht, selten mehr als eine Person faßt und nicht mit Rudern, sondern mit einer Doppelschaufel vorwärtsgetrieben wird. Es ist schmal, vorn zugespitzt und verhältnismäßig kurz, also in dieser Beziehung den hiesigen sogenannten Grönländern nicht ähnlich.

Für hiesige Anschauungen klingt es gewiß auch sehr eigentümlich, daß ein um das Leben seines Kindes besorgter Vater, welcher jede Etikette hierbei rücksichtslos bei Seite setzt, trotzdem noch Zeit findet, an seine Waffen zu denken. Auch hier gilt das Wort: Andere Länder, andere Sitten. Wie dem Europäer die grenzenlose Liebhaberei der echten Araber für ihre Waffen unbegreiflich erscheint, so umgekehrt ist diesen wieder gar vieles im Norden gar nicht verständlich; ich erinnere nur an das entsetzliche Kneipen der Herren hier.

So besuchte ich denn täglich die Schule in Bet il Sahel, um immer abends nach Bet il Watoro zu meiner Mutter zurückzukehren. Als ich endlich den Koran etwa zu einem Drittel auswendig gelernt hatte, da galt ich, im Alter von etwa sieben Jahren, für der Schule entwachsen; seitdem kam ich nur noch alle Freitage, wenn der Vater in Bet il Sahel anwesend war, mit meiner Mutter und Chadudsch dahin.

Übersiedlung nach Bet il Tani

Etwa zwei Jahre lebten wir in Bet il Watoro gut und friedlich beisammen. Solche Zeiten dauern aber gewöhnlich leider nicht lange; es stellen sich Tage und Verhältnisse ein, die man meist am allerwenigsten erwartet und vorhergesehen hat. So auch bei uns. Der Störenfried in unserer Häuslichkeit war diesmal ein Wesen, wie es liebreicher und freundlicher kaum gedacht werden kann. Asche, eine entfernte Verwandte von uns, war erst vor kurzem aus unserer Heimat Oman nach Sansibar gekommen; es dauerte nicht lange, so wurde sie Madschids Frau. Wir hatten sie alle herzlich lieb und freuten uns über das Glück und die Freude meines Bruders, bis auf seine eigene Schwester Chadudsch. Es tut mir in der Seele leid, gestehen zu müssen, daß Chadudsch Asche gegenüber von Anfang bis zu Ende vollkommen im Unrecht war. Die letztere, wie gesagt, ein in jeder Beziehung entzückendes Wesen, war noch blutjung, und anstatt von Chadudsch allmählich belehrt und zu ihrer Würde erzogen zu werden, wie es eigentlich doch hätte sein sollen, wurde sie von dieser einfach ignoriert, ja geradezu angefeindet. Seit ihrer Verheiratung mit Madschid mußte sie die eigentliche Herrin des Hauses sein und Chadudsch bevormundete sie trotzdem so, daß die arme Asche, so sanft sie war, oft mit strömenden Tränen zu meiner Mutter kam, um ihr das ihr widerfahrene Unrecht zu klagen.

Meine Mutter stand von nun an gleichsam zwischen zwei Feuern und ihre Lage wurde immer schwieriger. Chadudsch wollte von ihrem vermeintlichen Recht nichts aufgeben und behandelte Asche fortwährend wie ein unmündiges Kind. Umsonst bemühte sich meine Mutter, ihr die Rechte und die Stellung von Madschids Frau klar zu machen; umsonst bat sie, doch Madschid zuliebe alles zu vermeiden, was ihm Ärger oder Verdruß bereiten könnte. Alles war umsonst; die einst so angenehmen, glücklichen Verhältnisse in Bet il Watoro wurden immer schlechter, so daß meine Mutter endlich sich entschloß, um nicht Zeuge des ewigen Unfriedens zu sein, das ihr so liebe Haus zu verlassen.

Madschid und seine Frau wollten davon nichts wissen; besonders Asche, welche meine Mutter nicht anders, als Umma (Mama) nannte, war ganz untröstlich; Chadudsch dagegen blieb ganz gleichgültig, was meine Mutter in ihrem Entschluß nur noch mehr befestigte.

Auch Asche konnte es unter Chadudschs Regiment nicht mehr lange aushalten; sie ließ sich von Madschid scheiden. Das arme Wesen nahm sich, trotz seiner Jugend, diese herben Lebenserfahrungen so sehr zu Herzen, daß es von Sansibar und seinen Bewohnern gar nichts mehr wissen wollte. Und als der Südwind sich einstellte, mit dem unsere Schiffe nach dem Norden zu fahren pflegten, da kam Asche zu uns, um Abschied zu nehmen. Sie wollte nach Oman, in die Gegend der Hauptstadt Muskat, zu ihrer alten Tante zurückkehren; sie war eine arme Waise und hatte weder Vater noch Mutter.

Schon vorher hatten wir, meine Mutter und ich, unsern Auszug aus Bet il Watoro bewerkstelligt und waren nach Bet il Tani übergesiedelt. Meine Schwester Chole freute sich herzlich darüber; lebten wir doch nun fast in einem und demselben Hause; sie hatte uns auch das neue Quartier besorgt und eingerichtet.

Bei der Überfüllung in unseren Häusern war es sehr schwer, Zimmer zu bekommen; es hatte sich so allmählich die Sitte eingebürgert, daß die Betreffenden eine Art Vertröstung auf einen etwaigen Todesfall erhielten, ähnlich wie es hier bei manchen Anstalten geschieht. Es war in der Tat oft gottlos, wie infolgedessen die eine oder die andere dem bißchen Husten ihrer Nachbarin nachspürte und gleich die tückische Schwindsucht herauszuwittern glaubte und dann sofort im Geiste das zu erbende Zimmer nach ihrem Geschmacke einzurichten begann. Wahrlich sündhafte Gedanken; aber die Überfüllung war eben zu groß. Wir selbst hatten es ganz wesentlich Chole zu verdanken, daß wir in Bet il Tani sofort ein hübsches, großes Zimmer erhielten, ohne erst auf jemandes Tod warten zu müssen.

Chadudsch sahen wir seitdem nur selten; sie fühlte sich durch unseren Umzug beleidigt und warf der Mutter Mangel an Liebe vor, vollkommen mit Unrecht! Der gerechte Sinn der Mutter konnte und wollte nur diese so unschöne Handlungsweise, einer wehrlosen, unerfahrenen Frau gegenüber nicht mit ansehen, umsomehr als die arme Asche ja keine andere Schuld traf, als daß sie sich eben unterstanden hatte, – Madschids Frau zu werden. Madschid dagegen besuchte uns nach wie vor sehr häufig und er blieb uns wie bisher immer ein guter, treuer Freund.

Bet il Tani lag in unmittelbarer Nähe von Bet il Sahel und war mit dem letzteren, wie schon erwähnt, durch eine Hängebrücke, die über das zwischen beiden Häusern in der Mitte liegende, beiden ursprünglich gemeinsame türkische Bad lief, verbunden. Jetzt wies Bet il Tani nur noch die Reste seiner einstigen Pracht auf. Im ersten Stockwerk dieses Palastes hauste einst, vor vielen Jahren, eine zweite, ebenbürtige Frau meines Vaters, Schesade, eine persische Prinzessin von entzückender Anmut. Man erzählte von ihr, daß sie immer dem Extravagantesten huldigte, nichtsdestoweniger aber ihre Stiefkinder herzlich liebte. Hundertfünfzig Kavaliere, natürlich Perser, die im Erdgeschoß wohnten, bildeten ihre kleine Suite; mit ihnen jagte und ritt sie am hellen Tage, was für arabische Anschauungen doch zu weit ging. Was die körperliche Ausbildung anlangt, so genießen die Perserinnen überhaupt eine Art spartanischer Erziehung; sie sind frei, viel freier als die Araberinnen, aber auch roher im Denken und Handeln.

Der Luxus, den Schesade trieb, soll auch unbeschreiblich gewesen sein; ihre Kleider (sie trug sie immer nach persischem Schnitt) waren buchstäblich von oben bis unten mit echten Perlen bestickt und wenn des Morgens die Sklavinnen beim Reinigen ihrer Gemächer auch eine ganze Menge von abgefallenen Perlen fanden, wollte die Fürstin sie niemals zurücknehmen. Dieselbe hat nicht nur die Kasse unseres Vaters unverantwortlich ausgebeutet, sie hat auch manches ernste Gebot überschritten. Sie hatte den guten Vater nur wegen seines Ranges und Reichtums geheiratet, während ihr Herz schon längst einem anderen zugehörte. An ihr wollte er sich dann, als sie von einem ihrer Ausflüge zurückkehrte, im Eifer des Zornes für immer versündigen; da hatte ihn der treue Said il Nubi vor schneller Tat bewahrt. Nach einem solchen Auftritt war natürlich nur Scheidung möglich; zum Glück war Schesade kinderlos geblieben. Später, nach einigen Jahren, als mein Vater in Persien Krieg führte und dabei die Festung Bender Abbas am persischen Golf zu erobern das Glück hatte, da soll, wie man sagte, auch die schöne Schesade unter den feindlichen Truppen bemerkt worden sein, wie sie auf Angehörige unserer Familie zielte.

Hier, in dem ehemaligen Hause dieser Fürstin, fing ich auch an, mir das Schreiben auf eigene Hand und zwar auf ganz primitive Art und Weise anzueignen. Das mußte selbstverständlich im geheimen geschehen, da Frauen nie Unterricht im Schreiben erhalten und ihre etwaige Kenntnis desselben nicht sehen lassen dürfen. Als Leitfaden nahm ich einfach den Koran vor und bemühte mich, die Buchstaben auf dem Schulterblatt eines Kamels, das bei uns die Stelle der Schiefertafel vertritt, getreu nachzumalen. Es glückte mir und mein Mut wuchs. Ich brauchte zuletzt nur noch einige Anleitung im eigentlichen Schönschreiben. Da erwies ich einem unserer sogenannten gebildeten Diener die seltene Ehre, ihn zu meinem Schreiblehrer zu machen. Als die Sache bekannt wurde, verschrie man mich ganz entsetzlich, was mich indes nicht viel bekümmerte. O wie oft habe ich nicht diesen Entschluß im Laufe der Zeit gesegnet, der es mir möglich gemacht hat, wenn auch mangelhaft, aber doch direkt mit meinen Getreuen in der fernen Heimat zu verkehren!

Das tägliche Leben in unserem Hause

Wie unzählig oft bin ich nicht gefragt worden: »Bitte, sagen Sie mir bloß, wie können denn die Leute bei Ihnen nur leben, ohne sich mit etwas zu beschäftigen.« In einer einzigen größeren Gesellschaft hatte ich wohl sechs bis acht Male das Vergnügen, dasselbe Thema zu behandeln, eine Unterhaltung, die in ihrer Wiederholung natürlich für mich höchst anziehend und reizvoll war. Allerdings ist diese Frage seitens des Nordländers ganz gerechtfertigt, der sich ein Leben ohne Arbeit gar nicht vorzustellen vermag und dabei in der festen Überzeugung lebt, daß eine Orientalin gar nichts tut, sondern im abgeschlossenen Harem ihre Tage verträumt, durch Gegenstände des Luxus höchstens einmal für eine kurze Spanne Zeit etwas ermuntert.

Die natürlichen Verhältnisse sind überall verschieden; nach ihnen entwickeln sich auch unsere Anschauungen, Sitten und Gebräuche in verschiedener Weise. Im Norden muß man arbeiten, wenn man überhaupt existieren will, und noch mehr, um zum Genuß seines Lebens zu kommen; ganz anders ist es bei dem begnadeten Südländer. Ja, ich wiederhole das Wort »begnadet« noch einmal, weil die Genügsamkeit eines Volkes ein großes, unschätzbares Gut für dasselbe ist und der Araber, der in den Büchern so vielfach als träge geschildert wird, eine große Genügsamkeit besitzt, wie sie ähnlich vielleicht nur noch bei den Chinesen zu finden ist. Die Natur selbst bringt es so mit sich, daß der Südländer arbeiten *kann*, während der Nordländer arbeiten *muß*. Die Nordländer sind ja gern von sich eingenommen und blicken mit Stolz und Geringschätzung auf ihre Antipoden herab, eine Eigenschaft, die nicht gerade besonders lobenswert scheint. Und dabei übersieht man hier zu leicht, wie unumgänglich notwendig der nordische Fleiß und die nordische Rührigkeit sind, sollen nicht Hunderttausende zugrunde gehen. Der Nordländer muß arbeiten und man sollte aus dieser Notwendigkeit billig keine allzu große Tugend machen. Ist der Italiener, der Spanier, der Portugiese nicht auch weniger arbeitsam, als der Deutsche und der Engländer? Und woher kommt das? Einfach daher, daß die ersteren viel mehr Sommer haben als Winter, daß sie also auch viel weniger um ihre Existenz zu kämpfen brauchen.

Die Kälte bringt so tausenderlei Not und Bedürfnisse mit sich, daß oft der Tag wie ein kurzer Traum verfliegt unter Verrichtungen, die zum Leben so notwendig sind und von deren Bedeutung, ja Existenz der Südländer überhaupt keine Ahnung hat.

Der Luxus spielt nun einmal überall dieselbe Rolle. Wer nur das nötige Geld und den Sinn dafür hat, der wird allenthalben auch die Gelegenheit finden, solchen Passionen freien Lauf zu lassen, ob er nun im Norden lebt oder im Süden. Deshalb soll auch dies Gebiet hier ganz ausgeschlossen bleiben und nur von den wirklich notwendigen Bedürfnissen des Menschen hier und dort die Rede sein.

Wenn hier schon das neugeborene Kind hunderterlei Dinge braucht, um das schwache Leben gegen die Unbilden der wechselvollen Witterung zu schützen, so liegt der braunhäutige, neugeborene Südländer fast ganz bloß da und schlummert in fortwährend durchströmender warmer Zugluft. Hat ein etwa zweijähriges Kind hier zum Beispiel Schuhe, Strümpfe, Beinkleider, ein Kleid, zwei Röcke, Handschuhe, Paletot, Hut, Halstuch, Gamaschen, Muff und Pelzmüffchen unumgänglich nötig, gleichviel ob es einem Bankier oder einem Handwerker angehört – nur die Qualität ist danach verschieden – so besteht dort auch die Bekleidung jedes Fürstensohnes in diesem Alter nur aus zwei Stücken: aus einem Hemd und der *Kofije*.

Soll nun eine arabische Mutter, welche herzlich wenig für sich und ihr Kind braucht, ebensoviel arbeiten, als eine deutsche Hausfrau? Sie hat ja keine Ahnung vom Ausbessern durchlöcherter Strümpfe und Handschuhe, von allen jenen zahlreichen Arbeiten, für die hier ein Kind in acht Tagen immer reichlich zu sorgen versteht. Namentlich eine große Hauptsache jeder europäischen Haushaltung kennt man gar nicht: die große Wäsche; dort wird täglich das Verbrauchte gewaschen, in Zeit von kaum einer halben Stunde getrocknet, platt gedrückt (nicht geplättet) und weggelegt. Ferner fallen die lästigen, jeden Sonnenstrahl abhaltenden Gardinen dort weg, deren Instandhaltung und Wäsche hier so viel Zeit kostet. Und was eine Orientalin, und sei sie auch die feinste Dame, an Kleidungsstücken zerreißt, ist unglaublich wenig; das erklärt sich ganz natürlich, indem man dort sich nur wenig bewegt, nicht soviel durch die Straßen zu laufen hat und viel weniger Toiletten besitzt.

Alle dies und noch vieles andere trägt dazu bei, das Leben

der Orientalinnen, fast ohne Unterschied der Lebensstellung, bequemer und erträglicher zu gestalten. Man muß aber dort gewesen sein und »längere« Zeit dort gelebt haben, um all diese Kleinigkeiten des häuslichen Lebens kennen zu lernen. Auf Touristen, welche nicht länger dort weilen, die in dieses Detail nicht eindringen können, die ihre Kunde womöglich Hotelkellnern verdanken, darf man sich dabei eben nicht verlassen. Und Europäerinnen, die etwa wirklich in einen Harem gelangt sind, sei es in Konstantinopel, sei es in Kairo, haben immer noch keinen echten Harem, sondern nur dessen äußeren Schein gesehen, gewissermaßen die schon von europäischem Einfluß beleckten Prunkzimmer.

Das herrliche Klima ferner ist so üppig und segensreich, daß man nur äußerst selten für den andern Tag zu sorgen braucht. Daß die Menschen an und für sich dort sehr bequem angelegt sind, bestreite ich nicht; indessen erinnere man sich nur an die Juli- und Augusttage eines heißen Sommers in Europa und man wird ahnen können, welchen Einfluß eine tropische Sonne auf den Menschen auszuüben imstande ist.

Von Haus aus ist der Araber nichts weniger als industriell; Kriegskunst und Landwirtschaft gehen ihm über alles. Nur der allerkleinste Teil ergreift ein bestimmtes Handwerk. Als Kaufmann ist der Araber sehr unbedeutend, wenngleich er viel Tauschhandel treiben muß; von der semitischen Betriebsamkeit ist ihm nicht viel anzumerken. Seine Bedürfnislosigkeit macht es ihm leicht, mit fast Unnennenswertem auszukommen und er sorgt in der Regel nur für die unmittelbare Gegenwart. An Pläne für eine fernere Zukunft, wie man sie hier macht, denkt er nicht; er muß ja auch täglich seiner Abberufung durch den Tod gewärtig sein. Nur selten pflanzt er anderes, als was er selbst ernten kann. Wer nicht so handelt, den hält er für den törichten Landmann (Siehe Lukas 12, 13–30).

Unter weniger Arbeit und ruhiger verfließt also das Leben des Orientalen; das mußte ich hervorheben und begründen, ehe ich einige Details über das tägliche Leben in einem arabischen Hause gebe. Doch ich betone dabei ausdrücklich, daß ich nur von Omanischen und Sansibarischen Verhältnissen spreche, die sich in vielen Stücken von denen anderer orientalischer Länder unterscheiden.

Die Gebete regeln gewissermaßen den Tag für jeden Muhamedaner. Sie finden fünfmal täglich statt und wenn sie mit allem, was dazu gehört, Waschungen und Wechsel der Kleider, der Schrift gemäß ausgeführt werden, so erfordern sie im ganzen mindestens drei Stunden Zeit.

Die Vornehmen werden zwischen vier und halb sechs Uhr früh zum ersten Gebet geweckt, nach dessen Verrichtung man sich noch einmal zum Schlafe hinlegt; der Fromme erwartet aber dabei erst den Sonnenaufgang, der regelmäßig um sechs Uhr erfolgt. Dies gilt natürlich nur für die Vornehmen; für das Volk beginnt auch die Tagesarbeit mit dem ersten Gebete.

In unserem Hause mit seinen Hunderten von Bewohnern konnte nur selten eine feste Regel existieren, da jeder nach seinem Geschmack und nach seiner Bequemlichkeit leben wollte und konnte. Nur die zwei Hauptmahlzeiten und die regelmäßig wiederkehrenden Gebete zwangen die Gesellschaft zu einer bestimmten festeren Ordnung.

Die Mehrzahl also schlief bis gegen acht Uhr weiter, wo Frauen und Mädchen von einer Sklavin durch sanftes, unbeschreiblich angenehmes Kneten zum Toilettemachen geweckt wurden. Inzwischen ist die Badewanne mit frischem Brunnenwasser gefüllt, die Garderobe, welche schon am Abend vorher mit Jasmin- oder Orangenblüten bestreut worden, von der Jungfer oder Kammerfrau mit Ambra und Moschus beräuchert und alles, was zur Toilette gehört, bereit gelegt worden.

Der erste Gang gilt natürlich dem Bad, das man nirgends in der Welt so viel braucht und nirgends so schätzt, als im Orient. Man muß auch selbst in den Tropenländern gewesen sein, um begreifen zu können, welch ein wonniges Gefühl ein kaltes Bad über den ganzen Menschen zu verbreiten vermag. Es erfrischt und stärkt außerordentlich, und die so raffiniert zusammengesetzten feinen Odeurs beleben den Geist in höchst angenehmer Weise.

Nach Vollendung der Toilette, die meist eine Stunde Zeit beansprucht, begab sich jeder zum Vater, um ihm guten Morgen zu wünschen, worauf wir uns bald zum Frühstück, der ersten unserer beiden Hauptmahlzeiten, niedersetzten. Da alles schon vorher aufgetragen war, bevor ein Trommelruf uns zum Essen rief, so dauerte unsere Mahlzeit, bei all ihrer Reichhaltigkeit, viel kürzere Zeit, als die hiesigen.

Von dieser Stunde an beginnt das eigentliche Leben, und die Zeit wird selbstverständlich verschieden ausgenutzt. Die

Herren rüsten sich, um nach dem Audienzzimmer zu gehen; die Frauen, welche nicht nötig haben zu arbeiten, setzen sich an die Fenster, um das Gewoge auf der Straße, besonders die zur Versammlung kommenden Notabeln zu beobachten, wohl auch einen nur für die Empfängerin verständlichen Gruß aufzufangen. Diese Unterhaltungen sind höchst amüsant und wechselreich; nicht selten wird man dabei gestört, von seinem Platze verdrängt oder wohl gar von der sorgsamen Mutter oder Tante vom Beobachtungsposten ganz schlau entfernt. –

Zwei bis drei Stunden schwinden so, ohne daß man es merkt, im Fluge dahin. In dieser Zeit machen und empfangen die Herren ihre Besuche und senden Damen ihre mündlichen Anmeldungen für den Abend. Gesetzte und vernünftige Wesen, welche an jenem Treiben keinen Geschmack finden können, setzen sich allein oder gruppenweise in ihren luftigen Räumen hin und beschäftigen sich mit Handarbeit, sticken ihre Masken, Hemden oder Beinkleider mit Gold, oder auch die Battisthemden des Ehemannes oder Bruders oder Sohnes mit roter oder weißer Seide, wozu besondere Geschicklichkeit gehört. Andere lesen Romane, besuchen Gesunde und Kranke in ihren Wohnzimmern und besorgen ihre sonstigen privaten Angelegenheiten.

So ist es unvermerkt ein Uhr geworden. Die Bedienten kommen und melden, daß es Zeit ist zum zweiten Gebet. Jetzt glüht die Sonne am heißesten und jeder ist froh, nach dem Gebet ein paar Stunden in kühlem und leichtem Gewand auf einer reizend geflochtenen, meist mit heiligen Sprüchen durchwebten weichen Matte angenehm verträumen zu können. Unter Schlaf und Unterhaltung, unter Kuchen- und Obstessen geht auch diese Zeit rasch dahin.

Um vier Uhr verrichtet jeder sein drittes Gebet und wirft sich dann in die prunkvollere Nachmittagstoilette. So sucht man wieder den Vater auf, um ihm einen guten Nachmittag zu wünschen; die erwachsenen Geschwister dürfen ihn Vater nennen, wir kleines Volk und unsere Mütter redeten ihn nur Hbabi (mein Herr) an.

Um diese Zeit war das regste Leben und Treiben bei uns; es wurde die Hauptmahlzeit gehalten, zu welcher sich die ganze große Familie zum zweiten und letzten Male zusammenfand.

Nach dem Ende der Mahlzeit trugen die Eunuchen

europäische Stühle auf den großen Platz vor das Gemach des Vaters, natürlich nur für die Erwachsenen; die kleinen Kinder mußten stehen aus Pietät gegen das Alter, welches wohl nirgends so außerordentlich respektiert wird. Die zahlreiche Familie gruppierte sich um den gewöhnlich etwas ernst aussehenden Vater und in gewisser Entfernung standen die geputzten und wohlbewaffneten Eunuchen in Reih und Glied an der Galerie entlang. Der Kaffee wurde herumgereicht und allerhand aus Südfrankreich importierte Fruchtsäfte, denen wir Kinder reichlich zusprachen. Unter dem Klange einer mächtigen Drehorgel, wie ich sie so groß nicht wieder gesehen, spann sich nun die Unterhaltung hin. Zur Abwechslung ließ wohl eine der großen Spieldosen ihre Melodien ertönen, oder es wurde ein blinde, mit entzückend schöner Stimme begabte Araberin, namens Amra, geholt, um vorzusingen.

Nach anderthalb Stunden etwa trennte sich die Familie wieder und jeder suchte Beschäftigung und Zeitvertreib nach Laune und Geschmack. Betelkauen spielte dabei eine große Rolle. Es ist eine suahilische Sitte und deshalb finden die in Arabien selbst geborenen Araber keinen Gefallen daran. Wir aber, die wir an der Ostküste Afrikas das Licht der Welt erblickt hatten, die wir mit Negern und Mulatten groß geworden waren, nahmen diese Sitte sehr bereitwillig an, trotz des Hohns unserer asiatischen Geschwister und Verwandten; nur der Vater durfte uns dabei nicht ertappen. Sobald wir aber von ihm uns entfernt hatten, gaben wir Sünder uns dem Betelkauen hin, ich allerdings erst viel später.

Unter allerlei Zeitvertreib verging die kurze Frist, bis einige Gewehrschüsse und der Trommelwirbel der indischen Garde uns an den Sonnenuntergang und an unser viertes Gebet erinnerte. Von allen täglichen Gebeten wurde keines mit solcher Hast verrichtet, als gerade dieses. Jeder hatte dabei etwas Eiliges an sich. Denn wer nicht selbst ausgehen wollte (hierzu bedurften wir und unsere Mütter immer einer besonderen Erlaubnis seitens des Vaters oder des Stellvertreters desselben, die aber nur in ganz seltenen Fällen abgeschlagen wurde), und wer an dem Abend nicht Besuch von außen erwartete, der war sicher im Hause selbst eingeladen oder empfing Besuche von Geschwistern, Stiefmüttern, Stiefkindern und Nebenfrauen. Da wurde Kaffee und Limonade getrunken, Obst und Kuchen gegessen, gescherzt und herzlich gelacht, vorgelesen, Karten gespielt (aber nie um Geld oder sonstigen Gewinn), gesungen, Negermusik auf der Sese angehört, genäht, gestickt und geklöppelt, je nachdem jeder aufgelegt war.

Es ist also sehr verkehrt, wenn man hier annimmt, daß die Vornehme im Orient absolut gar nichts tut. Daß sie nicht malt, noch Musik treibt, noch (nach hiesigen Begriffen) tanzt, ist ja allbekannt. Aber kann sich der Mensch denn nur damit zerstreuen? Die Leute sind dort ohne Ausnahme sehr genügsam, das hiesige fieberhafte Jagen nach ewig abwechselnden Vergnügungen und Genüssen ist ihnen fremd. Vom hiesigen Standpunkte aus beurteilt, mag der Orientale allerdings dann als ein Philister erscheinen. –

Da bei uns die unmittelbare persönliche Bedienung ausschließlich durch Frauen besorgt wird, so entläßt man seine männliche Bedienung, sobald man sie nicht mehr nötig hat, am Abend, damit sie nach ihren außerhalb des Hauses gelegenen Wohnungen und zu ihren Familien gehen. Auch die Eunuchen schlafen außerhalb.

Die Öllampen läßt man in den Zimmern und in den Korridoren meist die ganze Nacht hindurch brennen und nur die Kerzen werden beim Schlafengehen ausgelöscht. Die kleinen Kinder, die über zwei Jahre alt sind, werden nicht mehr gezwungen, zu einer bestimmten Zeit zu Bette zu gehen; man überläßt ihnen ganz das zu tun, wann sie Bedürfnis nach Ruhe empfinden. So kam es denn nicht selten vor, daß solche Kinder, vom Schlaf überwältigt, sich irgendwo hinlegten und bald eingeschlafen waren. Da weckte man sie nur im äußersten Falle auf, um sie zu Bett zu schicken. Gewöhnlich mußten ein paar Sklaven die Eingeschlummerten behutsam aufheben und, oft recht weite Strecken, nach ihrem Lager hintragen, ohne daß dieselben von diesem Transport etwas merkten.

Wer nicht ausgegangen ist und wer keine Besuche empfangen hat, der begibt sich meistens schon gegen zehn Uhr zur Ruhe. Bei hellem Mondschein lieben es aber viele noch bis Mitternacht auf den flachen Dächern des Hauses zu lustwandeln, ein Genuß, der einzig in seiner Art ist.

Etwa um halb acht Uhr soll das fünfte und letzte Gebet des Tages stattfinden. Gerade um diese Zeit aber sind viele durch Besuche oder sonst irgendwie verhindert. Darum besteht die Bestimmung, daß man dieses Gebet auch bis zur Mitternachtsstunde aufschieben darf; man verrichtet es dann in der Regel vor dem Schlafengehen.

Legt man sich endlich nieder, dann findet die vermögende Dame zwei Sklavinnen ihrer harren, beide bestimmt, um das Einschlummern zu beschleunigen und zu überwachen. Die Eine knetet wieder wie am Morgen alle Glieder, die Andere schwingt den Fächer hin und her, bis sie sich leise davonschleichen können. Die vornehme und reiche Welt läßt sich auch vorher die Füße mit Eau de Cologne und Wasser waschen, was außerordentlich erfrischend wirkt. Daß die Frauen in voller Kleidung, mit allem ihrem Geschmeide zu Bett gehen, ist schon erwähnt.

Unsere Mahlzeiten

Zwei Mahlzeiten hatten wir, wie berichtet, am Tage. Gegen neun Uhr kamen wir alle in das saalartige große Gemach des Vaters, um ihm guten Morgen zu wünschen und seine gütige Hand zu küssen. Auch unsere Brüder und Neffen, die außer dem Hause wohnten, nahmen, selbst wenn sie verheiratet waren, in der Regel an diesem Frühstück teil, natürlich nur so lange der Vater in unserer Mitte in der Stadt weilte. Dagegen kann ich mich nicht erinnern, daß derselbe umgekehrt je bei seinen Söhnen oder sonst auswärts gegessen hätte.

Inzwischen hatten die Eunuchen schon auf der langen *Sefra* (Eßtisch), alle Gerichte aufgestellt. Diese *Sefra* ist aus Holz gefertigt und erinnert in etwas an einen Billardtisch; nur war die unserige noch einmal so lang, etwas breiter und besaß eine ringsherum laufende handbreite Kante; die Höhe betrug höchstens zehn- bis fünfzehn Zentimeter. Eine besondere Eßstube kennt man bei uns nicht, sondern die *Sefra* wurde einfach auf der Galerie aufgestellt. Obwohl wir nun hin und wieder europäische Möbel, wie Sofas, allerart Stühle und Tische, vereinzelt sogar einen Kleiderschrank besaßen (namentlich in des Vaters Zimmer fanden sich eine Menge europäischer Möbel, die indes mehr als Schaustücke dienten denn zum wirklichen Gebrauch), so waren wir beim Essen doch volle Orientalen und saßen einfach platt auf dem Boden, das heißt auf Teppichen, oder auf Matten.

Die Reihenfolge, dem Range nach, beobachtete man bei Tisch genau. Der Vater nahm immer am oberen Ende der *Sefra* Platz; ihm zunächst saßen rechts und links meine älteren Geschwister; wir Kleinen (aber erst von dem siebten Jahre an) nahmen die untersten Plätze ein. Bunte Reihe oder gar jemanden zu Tische zu führen, kennt man nicht.

Die Speisen selbst bestanden aus verschiedenen, oft bis fünfzehn Gerichten. Vor allem gab es bei jeder Mahlzeit Reis in mannigfacher Art zubereitet; unter dem Fleisch ist Hammelfleisch, unter dem Geflügel sind Hühner am beliebtesten. Daneben standen dann Fische, orientalische Brote und allerhand Kuchen und Leckereien. Alle diese Speisen wurden, im Gegensatz zur hiesigen Sitte, sämtlich zusammen aufgetragen, ehe man sich zum Essen niederließ. Daher braucht man auch keine Bedienung bei Tische; die zahlreichen Eunuchen stellen sich in einiger Entfernung von uns gewöhnlich in Reih und Glied auf, um etwaiger besonderer Befehle gewärtig zu sein.

Namentlich hatten sie oft dem Vater, wenn diesem eine Speise besonders angenehm erschien, Teller zu reichen, die er dann selbst mit derselben anfüllte, um sie den jüngeren Kindern, die noch nicht mit ihm essen durften, oder auch Kranken zu schicken. Mich bestellte er in Bet il Mtoni immer in eine bestimmte Ecke, wo ich dann diese gefüllten Teller in Empfang nahm. Wir bekamen ja dieselben Gerichte wie die Erwachsenen; aber es war natürlich etwas viel Angenehmeres, dieselben von der Hand des Vaters auserlesen zu erhalten, und ihm selbst bereitete es immer große Freude.

Wenn man sich zum Essen niedersetzte, sprach jeder halblaut doch vernehmlich als Tischgebet die Worte: »Im Namen Gottes des Barmherzigen«, und beim Aufstehen entsprechend: »Gedankt sei dem Herrn des Universums« usw. Immer ließ sich der Vater zuerst nieder und immer stand er zuerst auf.

Es wurde nicht für den Einzelnen wie hier, je ein besonderer Teller hingestellt, sondern man servierte alle die verschiedenen Gerichte (außer dem Reis) in einer Menge kleiner Teller, die alle in peinlicher Symmetrie die *Sefra* entlang standen, so daß man immer nur paarweise aus einem Teller zu essen brauchte.

Beim Essen selbst wurde bei uns nie getrunken; erst nach dessen Beendigung stand Scharbet oder Zuckerwasser zur Verfügung. Auch gesprochen wurde bei den Mahlzeiten nur selten und dann höchstens, wenn der Vater einen oder den anderen von uns besonders anredete; sonst herrschte eine gar nicht zu unterschätzende Ruhe, die auch ihr Gutes hat. Auch Blumen oder Früchte standen nie auf der *Sefra*.

Ein paar Minuten vor und nach beiden Hauptmahlzeiten stellten sich geputzte Sklaven und Sklavinnen unweit der Tafel auf, Wasserbehälter, Waschingredienzien und Handtücher bereit haltend, damit wir vor dem Essen und noch mehr nach demselben uns die Hände waschen konnten. Wir benutzten ja beim Essen vorzugsweise die Finger. Messer und Gabeln waren für uns überflüssig und wurden nur, wenn es galt, Europäer zu bewirten, aus ihren Verstecken hervorgeholt. Fleisch und Fische waren natürlich in der Küche schon mundgerecht klein geschnitten; alles, was nicht gerade kompakt ist, wurde mit dem Löffel genossen.

Nachdem man sich die Hände gewaschen hatte, pflegte die feine Welt sich dieselben auch noch zu parfümieren, um dadurch jeden Geruch der Speisen zu entfernen.

Obst genoß man nie gleich nach den Mahlzeiten, sondern entweder vor, oder etwas später nach denselben. Hierzu wurde jedem von den vorhandenen Obstsorten, je nach der Jahreszeit natürlich, ein entsprechend großes Quantum auf sein Zimmer getragen.

Dagegen wurde regelmäßig eine viertel oder eine halbe Stunde nach Tisch der echte Mokka in den kleinen orientalischen Tassen, welche in goldenen oder silbernen Behältern ruhen, von Eunuchen herumgereicht. Der Kaffee ist dick, extraktähnlich eingekocht, aber vollständig klar filtriert; er wird immer ganz rein, ohne Zucker und Milch getrunken; auch ißt man nichts dazu, höchstens genießt man dabei etwas ganz fein geschnittene Areka-Nuß.

Der Kaffee wird immer unmittelbar vor dem Genuß eingeschenkt; es erfordert dieses Einschenken eine ganz besondere Geschicklichkeit, weshalb auch nur wenige von all den Bedienten zu diesem Amt designiert werden können. Der Kaffeeschenk trägt in der linken Hand die zierliche Kaffeekanne, *Delle*, die nicht aus Porzellan ist, sondern aus Zinn mit Messing beschlagen, und in der rechten immer nur eine einzige kleine Tasse mit ihrem Behälter (*sarf* genannt), hinter oder neben ihm geht sein Gehilfe mit einem Brett voll weiterer leerer Tassen und einer großen Reserve-Kaffeekanne. Findet er nun die Gesellschaft noch beisammen, so kann er seiner Pflicht in kurzer Zeit nachkommen; hat man sich dagegen schon getrennt, dann muß er jedem einzelnen überallhin nachlaufen und ihn suchen, um ihn mit dem köstlichen Getränk zu laben.

Der Kaffee steht ja, wie allbekannt, im Orient in hohem Ansehen; er wird auch dementsprechend mit peinlicher Sorgfalt behandelt. Als Beweis hierfür genügt wohl die einfache Bemerkung, daß der Kaffee stets nur für das momentane Bedürfnis geröstet, gemahlen und gekocht wird, daß man ihn also mehrere Male des Tages stets vollkommen frisch genießt. Nie wird gekochter Kaffee aufbewahrt und ebenso wenig gebrannte Bohnen; sobald beides nicht mehr frisch ist, wird es weggeworfen oder kommt höchstens an das untere Hauspersonal.

Die zweite und letzte Hauptmahlzeit wurde nachmittags pünktlich um vier Uhr eingenommen; sie glich in allem dem Frühstück und so bin ich jeder weiteren Beschreibung überhoben. Außer Kaffee und Obst genoß man danach selten etwas bis zum anderen Morgen um neun Uhr.

Geburt und erste Lebensjahre eines Prinzen oder einer Prinzessin

Die Geburt eines Prinzen oder einer Prinzessin wurde zwar nicht bei uns mit donnernden Kanonenschüssen begrüßt, war jedoch immer ein wichtiges Ereignis, das viele Freude, leider aber auch vielen Neid verursachte. Der Vater und die betreffende Mutter freuten sich stets herzlich über die Geburt eines neuen Kindes und auch wir kleinen Kinder nahmen immer aufrichtig teil an ihrer Freude. Denn der Zeremonien, welche ein neugeborenes Brüderchen oder Schwesterchen durchzumachen hatte, waren viele und alle gestalteten sich zu Familienfestlichkeiten, bei denen wir kleinen Wesen uns herrlich standen. Vier bis sechs Male wiederholten sich alljährlich solche Geburtsfestlichkeiten in unserem Familienkreise.

Accoucheure kennt kein Muhamedaner; man zieht nur Hebammen zu Rate, die allerdings die Unwissenheit selbst sind. Die Mehrzahl derselben stammen aus Hindustan und werden den einheimischen bei weitem vorgezogen; weshalb, weiß ich selbst nicht, denn eine hindustanische Hebamme hat eben so wenig etwas Rationelles gelernt, als eine arabische oder suahilische. Soviel steht fest, daß, wenn eine Wöchnerin und ihr Kind überhaupt am Leben und gesund bleiben, sie es nur Gott und ihrer eigenen festen Gesundheit zu danken haben und keineswegs ihren höchst einfältigen Hebammen. Ich habe von meinen verheirateten Freundinnen später vieles über deren höchst barbarische Methode gehört, von dessen Wiedererzählung ich selbstverständlich Abstand nehmen muß.

Nachdem das neugeborene Kind tüchtig in warmem Wasser gewaschen worden, legt man ihm eine Binde um den Leib, bestreut den Hals und die Armhöhlen mit vegetabilischem, stark parfümierten Pulver und hüllt es in ein Hemdchen aus waschechtem Kattun oder auch Musselin. Dann legt man das kleine Wesen auf den Rücken, Hände und Beine möglichst gerade gestreckt und beginnt dasselbe vollständig bis an die Schultern mit einer breiten Binde einzuwickeln, die also auch Ärmchen und Beinchen fest mit umschließt. Vierzig Tage bleibt das Kind Tag und Nacht in dieser Gefangenschaft und wird nur beim Baden, das täglich zweimal stattfindet, und beim Trockenlegen auf kurze Zeit seiner Fesseln entledigt. Zweck dieser Bandagierung soll sein, dem Kinde für immer eine tadellose, gerade Haltung zu verschaffen.

Das Kind wird immer von der Mutter selbst, trotz der zahlreichen Dienerschaft, liebevoll überwacht. Die sehr geräumige, aus feinstem Holz kunstvoll geschnitzte Wiege, die aus Ostindien importiert worden, wird beständig von einigen sich ablösenden Sklaven geschaukelt und zwar oft sehr stark. Nach Bedarf der Jahreszeit ist dieselbe wohl auch mit einer Tüll- oder Mullgardine als Moskitonetz umhüllt.

Von der Mutter selbst wird das Kind nur sehr selten gestillt, und wenn das hin und wieder auch einmal geschieht, so behandelt man das mehr als Zeitvertreib. Stehen doch jedem Kinde immer eine oder zwei Ammen zur Verfügung, bis es das Alter von zwei Jahren erreicht hat.

Ist das neugeborene Kind ein Mädchen, dann werden ihm schon mit dem siebten Tage seines Lebens mit einer Nähnadel und rotseidenem Faden die Ohrlöcher gestochen und zwar sechs gewöhnlich in jedem Ohr, die schon nach wenigen Monaten die schweren Goldringe für immer aufnehmen müssen. Ich sage »für immer«; denn wer dort keine Ohrringe trägt, der betrauert entweder einen Lieben, oder er hat überhaupt gar keine Ohrlöcher.

Am vierzigsten Lebenstage eines Kindes erfolgt eine ganz besondere Zeremonie, die bei europäischen Kindern gar nicht, oder doch nur höchst selten stattfinden könnte, nämlich das Rasieren der ersten Haare. So unglaublich dies mancher Blondine im ersten Augenblick erscheinen mag, so muß man eben erwägen, daß im Süden gar manches anders ist als hier; dort wäre ein kahlköpfiges Kind ebenso gut eine Merkwürdigkeit, wie wenn etwa hier ein Kind ein paar Büschel Haare auf die Welt mitbringt. Wie staunte nicht meine Wärterin in Hamburg über das lange, bis an den Hals reichende schwarze Haar meiner kleinen Tochter, und nicht eher ruhte sie, als bis ihr mein seliger Mann eine kleine weiche Haarbürste mitbrachte, mit welcher sie dann voll Entzücken das kleine zweitägige Wesen zu frisieren begann. –

Das Rasieren besorgt der Chef der Eunuchen unter besonderen Formen, wobei tüchtiges Räuchern mit einer Art Gummiarabikum (ähnlich dem Weihrauch in katholischen Kirchen) nicht fehlen durfte. Die ersten Haare spielen nun einmal eine besondere Rolle; sie dürfen nicht verbrannt, noch in den Kehricht geworfen werden, sondern man vergräbt sie unter der Erde, wirft sie in den Ozean oder versteckt sie in irgend einem Wandriß. Wohl zwanzig bis dreißig Personen wohnen immer der feierlichen Zeremonie bei und der nur bei solcher Gelegenheit als Barbier fungierende Obereunuche schwebt beständig in Gefahr, dem kleinen Wesen die zarten, weichen Stellen am Kopfe durch irgend eine Unvorsichtigkeit zu zerdrücken. Er erhielt nach dieser Arbeit auch immer, samt seinen zahlreichen Handlangern, vom Vater ein entsprechendes Ehrengeschenk.

An diesem Tage wird dem Kinde zugleich die Umwicklung für immer abgenommen; es wird mit Arm-, Fuß- und Ohrringen behangen und mit einem seidenen Hemdchen und der *Kofije*, einer aus Goldstoff gefertigten und mit Ohrenläppchen versehenen Mütze bekleidet. Seit dieser Zeit darf es auch erst jedem gezeigt werden. Bis dahin nämlich bekommen es, außer den Eltern und den zur Bedienung unumgänglich nötigen Sklaven, nur die allerbevorzugtesten und der Wöchnerin unbedingt ergebenen Freundinnen zu sehen. Der allgemeine Glaube an den bösen Blick, an Verhexungen aller Art bestimmt zu dieser Maßregel. –

Unstreitig sehen orientalische kleine Kinder, namentlich aber in diesem Alter, viel hübscher aus als die europäischen, und zwar deshalb, weil die letzteren zu sehr in Weiß gehalten werden. Ich bin nun viele Jahre in Deutschland und kann trotzdem nicht anders urteilen. Kamen mir doch meine eigenen Kinder in ihrer Babytracht fast unausstehlich vor. Der Kontrast war zu groß, wenn ich meiner kleinen Geschwister, Neffen und Nichten in ihrer kleidsamen Tracht gedachte und dabei meine Kinder in europäischem Kostüme vor mir herumspringen sah.

Das starke Parfümieren beginnt schon bei den kleinsten Kindern. Alles was für sie bestimmt ist, Kleidchen, Betttücher, Badetücher, Wickeltücher, wird die Nacht über mit dem so lieblich duftenden Jasmin (einer anderen Art, als man hier kennt) bestreut, dann vor dem Gebrauch mit Ambra und Moschus geräuchert und schließlich noch mit Rosenöl besprengt. Allerdings darf man dabei nicht vergessen, daß Fenster und Türen fast das ganze Jahr hindurch Tag und Nacht offen stehen und daß man hierdurch ganz unbewußt das Schädliche dieser eigenen Liebhaberei für Wohlgerüche paralysiert.

Um das Kind gegen den vermeintlichen bösen Blick zu schützen, wird es vom vierzigsten Tage an mit Amuletten behangen. Dieselben heißen *Hamaje* oder auch *Hafid* und bestehen aus den verschiedensten Dingen, namentlich bei dem niederen Volke; eine Zwiebel, zum Beispiel, ein Stück Knoblauch, kleine Muscheln, ein Stück Knochen und anderes tragen da die kleinen Kinder in Leder genäht um den linken Oberarm. Bei den höheren Klassen treten an die Stelle der Amulette auserlesene Koransprüche, welche auf goldene oder silberne Platten eingraviert sind, die an gleicher Kette von dem Hals herabhängen. Knaben behalten diese Sprüche nur bis zu einem gewissen Alter, wogegen Mädchen sie sehr häufig weiter tragen. Dieselben lieben besonders den *Hurs* (Wächter), ein ganz klein gedrucktes Miniatur-Buch von etwa sieben Zentimeter Länge und vier bis fünf Zentimeter Breite, das in einer geschmackvoll gearbeiteten goldenen oder silbernen Kapsel an einer Halskette befestigt ist. Mit einem solchen Amulett, auf dem Gottes heiliger Name eingraviert ist, darf man nie einen unreinen Ort betreten, gewiß ein sprechender Beweis für die grenzenlose Ehrfurcht der gläubigen Mohamedaner vor ihrem Gott und Schöpfer! –

Außer der Muttermilch erhält das Kind schon sehr bald mehrere Male täglich Milchsuppe, welche mit Reismehl und etwas Zucker sehr lange gekocht wird und die es aus einer Tasse mit länglichem Schnabel trinkt. Die Flasche war zu meiner Zeit dort noch ganz unbekannt. Dies bleibt aber das einzige, was man dem Kinde zu essen gibt, bis es Zähne bekommt und von da an alles genießen darf.

Getragen werden die Kinder nur wenig; man setzt sie mit Vorliebe auf den mit Teppichen belegten Fußboden, wo sie sich dann nach Herzenslust tummeln können.

Sobald nur das Kind die ersten Versuche zum Sitzen macht, wird ein weiteres Fest gefeiert, das dem kleinen Volk von Geschwistern ausschließlich zugute kommt. Und um unsere Teilnahme an unseres Brüderchens oder Schwesterchens Sitzfeier noch mehr zu erhöhen, wurde stets an diesem Tage etwas Besonderes gekocht oder gebacken.

Mutter, Ammen und Kind sind dabei in ihre besten Toiletten gekleidet, tragen ihren kostbarsten Schmuck. Das Kind wird in einem mittelgroßen, viereckigen, auf ganz niedrigen Rädern ruhenden Wagen gesetzt, der ringsum mit weichen Tüchern und Kissen gepolstert ist. Über der Deichsel erhebt sich senkrecht eine kleine Stange, an deren beiden

Seiten man die Beinchen des Gefeierten anlegt. Ringsum stehen die anderen Kleinen.

Inzwischen hat man Maiskörner auf besondere Art geröstet, so daß sie bis zur Größe eines Fingerhuts aufgehen und weich wie Watte werden. Mit diesen mischt man eine Menge ganz kleiner Silbermünzen durcheinander und schüttet dann dies Gemengsel über den Kopf des Kindes. Sofort stürzen die Geschwister darüber her, um das Brüderchen oder Schwesterchen auszuplündern; erklärlicherweise schwebt dieses dabei gar nicht selten in Lebensgefahr. – Zu diesem Feste wurden auch häufig andere Kinder aus unserm Kreis im Alter von vier bis zehn Jahren mit eingeladen.

So lange das Kind noch nicht die hinreichende Kraft zum Tragen von Sandalen (die hölzernen für Mädchen und Frauen heißen *Kubkab* die ledernen für Knaben und Männer *Watje*) besitzt, läuft es einfach barfuß umher. Da die *Watje* bedeutend leichter zu tragen sind, als der *Kubkab*, so läßt man wohl auch ganz kleine Mädchen anfänglich auf den ersteren gehen, bis sie die nötige Geschicklichkeit erlangt haben, um für immer den *Kubkab* anzunehmen. – Strümpfe werden weder von den Kleinen noch von Großen beiderlei Geschlechts getragen; nur vornehmere Damen brauchen sie hin und wieder zum Reiten, da die Sitte es erfordert, die Knöchel zu verhüllen.

Im Alter von zwei bis vier Monaten bereits erhält das Kind, außer seinen Ammen, vom Vater noch zwei oder drei Sklaven zu seiner Aufwartung beigegeben, die alle von da an sein Eigentum bleiben. Je älter es wird, um so mehr Sklaven bekommt es zu persönlicher Dienstleistung, und wenn einer derselben stirbt, dann stellt der Vater einen Ersatzmann, oder schenkt eine entsprechende Summe Geldes. – Kleine Mädchen tragen bis zum gewissen Alter auch im Hause Knabenmützen.

Jeder Prinz bleibt bis zum siebten Jahre beständig unter den Frauen zu Hause; in diesem Alter wird an ihm der mosaische Ritus vollzogen. Natürlich spielen auch hierbei Zeremonien eine große Rolle, deren Abschluß, nach Genesung des Kindes, eine besondere Feierlichkeit bildet, an welcher alle Würdenträger und hohen Beamten teilnehmen dürfen. Dieser Akt wird, wenn es irgendwie möglich ist, auf dem Lande und in Gegenwart des Vaters vollzogen. Dazu gehört auch eine öffentliche Bewirtung, die gewöhnlich drei Tage dauert.

Von dieser Zeit an erhält jeder Knabe eine fromme Stute zu vollem Eigentum. Seine Begleiter können sich aus dem Marstall beritten machen, wo immer ein paar hundert arabische Pferde stehen. Auf diese Weise lernt der Knabe sehr früh gut reiten und erwirbt eine ganz erstaunliche Behendigkeit und Gelenkigkeit, wie man sie sonst nur einem geschulten Zirkusreiter zutraut. Da man bei uns weder einen richtigen Sattel noch Steibügel hat, so erfordert es natürich weit mehr Geschicklichkeit fest zu sitzen als hier. Eine eigentümliche Sitte befolgte nun der Vater, wenn seine Söhne bei solchen Ausflügen sich irgend etwas zuschulden kommen ließen; dann hatten nämlich nicht nur sie, sondern auch ihre Begleiter Strafe zu gewärtigen; der Vater nahm nämlich an, daß die letzteren bei den straffen Vollmachten und Instruktionen, welche er ihnen erteilte, sich den Prinzen gegenüber viel zu nachsichtig benommen haben müßten.

Wir alle sind eben auf keine Weise verzogen worden. Der großen Gerechtigkeitsliebe, dem beispiellosen Edelmut des Vaters stand eine ebenso feste Konsequenz zur Seite, die keine Schwäche kannte. Wir mußten sämtlich unseren Lehrern und Erziehern aufs Wort gehorchen, gleichviel ob dieselben Araber, Abessinier oder einfache Neger waren. Ließen wir es einmal auf eine Klage beim Vater ankommen, dann mußten wir sicher weinend oder mindestens beschämt das Feld räumen. Diese Strenge lehrte uns die gebührende Pietät solchen Leuten gegenüber, und mit dem zunehmenden Alter wuchs auch die Erkenntnis, wie tief moralisch verpflichtet wir denselben seien.

Die Ammen, und wenn sie auch nur ganz kurze Zeit als solche gedient hatten, wurden besonders geehrt und genossen ihr ganzes Leben lang besondere Achtung. Sklavinnen sind sie immer von Haus aus, erhalten aber in der Regel aus Erkenntlichkeit für ihre Treue und Aufopferung ihre Freiheit. Namentlich die schwarzen Ammen zeichnen sich meist durch außerordentliche Treue und Anhänglichkeit aus. Auch die sorgsamste Mutter kann ihr Kind völlig der Amme überlassen, die sich gewöhnlich als dessen zweite Mutter betrachtet und auch danach handelt. Wie sticht davon die Interesse- und Herzlosigkeit der hiesigen Ammen ab! Habe ich doch oft genug einem solchen, mir ganz unbekannten Wesen auf öffentlicher Promenade den Text zu lesen mich gedrungen gefühlt, ob der brutalen Behandlung des ihm anvertrauten kleinen Geschöpfes.

Dieser Gegensatz zwischen den hiesigen und unsern arabischen Ammen erklärt sich wohl zumeist dadurch, daß die ersteren lediglich durch ihre Armut gezwungen sind, ihr eigenes, geliebtes Kind unter manchen Opfern ganz wildfremden Menschen anzuvertrauen. Nur des Geldes wegen dienen sie ihrer Herrschaft; ob die zu stillenden Kinder Saul oder Paul heißen, ist ihnen gleichgültig; ihre Gedanken und Gefühle weilen nun einmal natürlicherweise da, wo ihr eigenes Kind ist. Und welche Mutter könnte ihr das verargen!

Wie ganz anders steht eine schwarze Amme zu dem ihr anvertrauten Kind ihrer Herrin. Seit Jahren schon befindet sie sich in deren Dienst, ist vielleicht sogar in ihrem Hause geboren; da ist es erklärlich, daß sie nicht viele Privatinteressen hat, daß sie diejenigen ihrer Herrschaft zu ihren eigenen macht. Hierzu kommt noch der äußerst schwerwiegende Umstand, daß eine schwarze Amme sehr häufig, wenn nicht immer, ihr Kind nicht von sich zu geben braucht, sondern ruhig bei sich behalten darf. Dann erhält das Kind der Amme die gleiche Nahrung mit ihrem kleinen Herrn oder Herrin, dieselbe Milchsuppe, von demselben Hühnchen usw.; ebenso ist es beim Bad, und nicht minder fallen ihm die abgelegten Kleider zu. Und hört seine Mutter auf, als Amme zu dienen, so ist ihr Kind doch auch ferner der Spielkamerad ihres zweiten Pfleglings. Bleibt es auch Sklave, so erhält es doch stets vor allen übrigen Sklaven den Vorzug und nur schlechte Menschen verletzen einmal die Pietät gegen den Milchbruder.

Diese ganzen, ich möchte sagen patriarchalischen Verhältnisse, bringen es mit sich, daß unsere Ammen so viel anhänglicher sind als die hiesigen. Oft habe ich nachgedacht, wie entsetzlich schwer es für die armen Ammen, trotz aller ihrer schlechten Eigenschaften, doch sein muß, ohne weiteres, nur um des bloßen Lohnes willen, sich von ihren kleinen Kindern trennen zu müssen. Man hat mir oft gesagt, daß die Leute das gar nicht so empfinden, wie ich es mir vorstelle; indes das kann ich einfach nicht verstehen. Mein geliebtes, hilfloses Kind soll ich einer mir gänzlich fremden Person anvertrauen und das mit einer gewissen Gleichgültigkeit? O, nicht um die ganze Welt!

Eine sehr schlechte Eigenschaft haben indes die schwarzen Ammen auch. Sie wissen den kleinen Kindern von drei bis fünf Jahren unglaubliche, oft ganz haarsträubende Geschichten und Märchen zu erzählen, teils um sie dadurch zu unterhalten, teils auch um sie etwa zu beschwichtigen. Der Löwe (*simba*), der Leopard (*tschui*), der Elefant (*tembo*) und die zahlreichen Hexen (*watschawi*)* nehmen natürlich den ersten Platz in diesen oft auch für Erwachsene schaudererregenden Fabeln ein. Und diese Neigung ist ihnen in keiner Weise auszutreiben.

Im ganzen ist die Pflege eines Kindes im Süden unstreitig viel leichter als hier im Norden: fallen doch dort vor allem die ewigen Erkältungen weg und alles, was dieselben regelmäßig mit sich bringen. Die Kinder sind dort, trotz aller Bequemlichkeit, sehr selbständig und behend; sie dürfen ja auch mehr frei und unbeengt (in Raum wie in Kleidung) nach Herzenslust spielen und springen. Wiewohl man regelmäßige Turnübungen gar nicht kennt, gehört es doch nicht zu den Seltenheiten, daß ein Bursche von zehn bis zwölf Jahren im Spiel einen tüchtigen Anlauf nimmt und über ein oder gar zwei Pferde hinwegsetzt. Das Hochspringen spielt überhaupt eine große Rolle und jeder bemüht sich nach Kräften, es darin dem anderen zuvorzutun.

Das Schwimmen im Meere wird nicht minder eifrig geübt, und zwar bringt sich das jeder ohne jegliche Anleitung selbst bei. Das Schießen wird auch schon früh begonnen und mit größter Passion betrieben. Scheingefechte sind außerordentlich beliebt; von Jugend auf widmet man ihnen manche Stunde. Trotzdem die Knaben fast immer bis an die Zähne bewaffnet gehen und immer ebensoviel Pulver und Blei bei sich führen wie Erwachsene, so hört man doch fast nie über einen durch Unvorsichtigkeit verursachten Unglücksfall.

Nur bis zu einem bestimmten Alter blieben die jungen Prinzen, wie schon oben erwähnt worden ist, im väterlichen Hause wohnen, dann bekam jeder ein eigenes Haus angewiesen, um in der Regel mit seiner Mutter, falls dieselbe noch lebt, selbständig zu wirtschaften. Als Apanage wurde ihm vom Vater eine bestimmte monatliche Summe bewilligt und hatte er sich dann nach dieser seiner Decke, die allerdings den Bedürfnissen entsprechend war, zu strecken. Bei Verheiratung, bei Zuwachs an Familie oder auch bei besonders guter Führung durfte er auf Zulage rechnen, sonst nicht. Nur wenn alljährlich die Schiffe des Vaters mit den neuen Einkäufen anlangten, da erschienen zur Verteilung auch alle

---

* Einzahl *mtschawi*; diese Wörter sind suahilisch

außer dem väterlichen Haus wohnenden Geschwister mit ihren Familien und erhielt ein jedes das ihm zukommende Teil, mochte man es brauchen oder nicht. Hatte nun einer von ihnen das große Unglück, mehr auszugeben als seine Apanage einbrachte, so wurde es ihm niemals leicht gemacht, seine Schulden zu bezahlen; nichts war dem Vater verhaßter, und wer einmal diese Blamage auf sich geladen hatte, der hütete sich sehr, dieselbe ein zweites Mal sich zuzuziehen.

Brach ein Krieg aus, wie es in Oman leider so häufig der Fall war, dann mußten alle die Prinzen, auch die noch halberwachsenen, mit ausziehen und an dem Kampfe teilnehmen wie jeder gemeine Mann.

Streng war im ganzen die Zucht, aber sie erhöhte nur noch die Verehrung, die Pietät der Söhne gegen den Vater. Habe ich doch als Kind manchmal mit Verwunderung gesehen, wie die älteren Brüder, den Sklaven zuvorkommend, die vom Vater an der Zimmertür abgelegten Sandalen sich beeilten bereitzustellen. Mehrere Male täglich erschienen auch die älteren Brüder im väterlichen Hause, sobald der Vater selbst anwesend war und nahmen dann an den Mahlzeiten teil.

Von der Erziehung einer Prinzessin ist nur sehr wenig zu sagen; sie ist für die ersten Jahre dieselbe wie die der Brüder; nur daß diese eben mit dem siebten Jahr eine weit größere Freiheit außer dem Hause erlangen. Bemerkenswert bei der Geburt einer Prinzessin ist nur das eine, nämlich der dortigen Haartracht angemessen legt man einen breiten Kamm – meist von Silber unter den Hinterkopf der Neugeborenen, um so demselben für späteres Alter eine platte Form zu geben. – Verheiratet sich eine Prinzessin mit einem Vetter, die allerdings in Oman zahlreicher sind als in Sansibar, so verläßt sie auch natürlich das väterliche Haus, um es mit dem des Mannes zu vertauschen. Andernfalls steht ihr das Vaterhaus, die einzige und wahre Schutzwehr gegen alle Unbilden des Lebens immer als Wohnung offen. Wenn es ihr aber lieber ist, kann sie auch zu einem Bruder ziehen. Jede Schwester hat ihren Lieblingsbruder und umgekehrt; in Freud und Leid hängen diese beiden Geschwister eng aneinander und unterstützen sich gegenseitig mit Rat und Tat. So lobenswert und für die Betreffenden beglückend dieser Brauch nun auch war, so schuf er doch begreiflicherweise bei einem so zahlreichen Familienkreise, wie der Unserige war, häufig Eifersüchteleien unter den Geschwistern, und es gehörte manchmal ein starker Charakter dazu, sich über all diese hinwegzusetzen.

Häufig mußte dann eine solche liebende Schwester für irgend eine Unbesonnenheit ihres Lieblingsbruders beim Vater Fürbitte einlegen; die Töchter bevorzugte er ja gern und ließ nur selten ihre Bitten unerhört. Namentlich seinen älteren Töchtern gegenüber war er außerordentlich zuvorkommend; er ging ihnen in der Regel schon von weitem entgegen und ließ sie dann neben sich auf dem Sofa Platz nehmen, während die schon erwachsenen Söhne und wir kleines Volk respektvoll vor ihm standen.

Die Schule im Orient

Die Schule (*Mdarse*) hat für den Orientalen überhaupt, und so auch für uns, eine außerordentlich geringe Bedeutung. In Europa steht die Schule im Mittelpunkt des staatlichen und kirchlichen Lebens, für Fürst und Bürger ohne Unterschied; von ihrer Leistung hängt der Einzelne ganz wesentlich ab, sowohl hinsichtlich der Ausbildung seines Charakters, wie seiner Aussichten in die Zukunft. Im Orient dagegen ist die *Mdarse* vollkommen Nebensache; sie existiert für viele gar nicht. Ehe ich mich aber auf weitere Erörterungen einlasse, will ich vor allem einiges über das berichten, was wir in unserem Hause Schule nannten.

Im Alter von sechs bis sieben Jahren mußten sämtliche Geschwister, Knaben wie Mädchen, in die *Mdarse* eintreten. Wir Mädchen brauchten nur das Lesen zu lernen, die Knaben Lesen und Schreiben. Zur Leitung des Unterrichts gab es in Bet il Mtoni und in Bet il Sahel nur je eine Lehrerin, die der Vater aus Oman hatte kommen lassen. Wenn also die Lehrerin krank wurde und das Bett hüten mußte, so herrschte unter uns immer große Freude; ein Ersatz für sie war nicht zu beschaffen und so hatten wir Ferien.

Eine besondere Schulstube gab es nicht; der Unterricht fand in einer offenen Galerie statt, zu welcher Tauben, Papageien, Pfauen und Reisvögel ungehinderten Zugang hatten. Auch den Hofraum konnten wir bequem von da aus überschauen und uns mit der Beobachtung des lebhaften Treibens da unten herrlich unterhalten. Die Ausstattung des Schulraums bestand lediglich aus einer einzigen, riesengroßen Matte. Ebenso einfach war unser Schulgerät; wir hatten nur einen Koran mit seinem Gestell (*Marfa*), ein kleines Tintenfaß mit selbstfabrizierter Tinte, eine Bambusfeder und ein gut gebleichtes Schulterblatt von einem Kamel nötig. Letzteres vertritt die Stelle der Schiefertafel; es läßt sich darauf sehr gut mit Tinte schreiben und die Nerven werden dabei sicherlich weniger angegriffen, als bei dem Kritzeln auf dem Schiefer. Das Abwischen der Blätter besorgten gewöhnlich unsere Sklaven.

Zunächst mußten wir, ganz wie hier, das sehr komplizierte arabische ABC lernen; dann begannen wir, in Ermangelung eines anderen Schulbuchs, das Lesen im Koran, woran sich, wie erwähnt, für die Knaben der Schreibunterricht schloß. Wenn man nur einigermaßen lesen kann, dann lesen alle stets im Chor und meist sehr laut. Das ist aber auch alles, denn erklärt wird das Gelesene und Gelernte niemals. Daher gibt es denn auch unter Tausenden höchstens Einen, welcher sämtliche Gedanken und Vorschriften der heiligen Schrift der Muhamedaner Wort für Wort versteht und zu deuten vermag, obgleich wohl achtzig von hundert die Hälfte derselben auswendig gelernt haben. Das Reflektieren über die heilige Schrift gilt eben für irreligiös und unerlaubt; der Mensch soll einfach glauben, was ihm gelehrt wird und diese Bestimmung wird streng befolgt.

Um sieben Uhr früh, nachdem wir etwas Obst genossen hatten, mußten wir bereits auf unserer über Nacht zusammengerollten und nun sauber gefegten Matte uns einfinden und der Ankunft unserer gestrengen Lehrerin harren. Bis sie kam, vertrieben wir uns die Zeit nach Herzenslust mit Ringen, Boxen, Springen, lebensgefährlichen Kletterkunststükken an dem Geländer und anderen Liebhabereien der Kinderwelt. An der Biegung der Galerie stellten wir eine Wache auf, die durch fingierten Husten uns die Ankunft der Lehrerin von weitem ankündigte. Im Nu saßen wir alle, ein Bild höchster Unschuld, auf der Matte, und erst sobald ihre Schritte sich näherten, schnellten wir wie Gummibälle in die Höhe, um der Gefürchteten respektvoll die Hand zu reichen und ihr guten Morgen zu wünschen. Immer trug sie in der einen Hand den verhaßten Rohrstock und in der anderen ein großes messingenes Tintenfaß. In Reihe und Glied standen wir vor ihr, bis sie sich niedergelassen hatte; dann erst durften wir diesem Beispiele folgen. Wir saßen samt und sonders platt mit gekreuzten Beinen auf der Matte, rund im Kreise um die Lehrerin geschart.

Jetzt begann sie die erste Sure des Koran, gleichsam das muhamedanische Vaterunser, vorzubeten, worauf wir im Chor ihr nachbeteten und mit dem bekannten *Amin* schlossen. Nun wurde das gestern Gelernte wiederholt und dann neues zum Lesen oder Schreiben gegeben. So dauerte der Unterricht regelmäßig bis gegen neun Uhr und darauf nach Beendigung des Frühstücks noch bis gegen Mittag, bis zur Zeit des zweiten Gebets.

Jeder von uns durfte einige von seinen Sklaven mit zur Schule bringen und am Unterricht teilnehmen lassen; dieselben saßen dann in einer gewissen Entfernung hinter uns, während wir uns gruppierten, wie es uns gefiel. Denn bestimmte Plätze gab es für uns ebenso wenig, als Einteilung in verschiedene Klassen. Von den hier alle Jahre ein paar Mal fieberhafte Aufregung hervorrufenden Zensuren hatte man erst recht keine Ahnung. Machte einer besonders gute oder schlechte Fortschritte, tat er sich durch gutes oder schlechtes Betragen besonders hervor, so wurde das gewöhnlich den betreffenden Müttern und dem Vater mündlich hinterbracht. Von letzterem hatte die Lehrerin den ausdrücklichen Befehl erhalten, uns, wenn irgend Veranlassung vorliege, recht gründlich zu bestrafen. Und unsere große Wildheit nötigte sie oft, den bösen Rohrstock zu brauchen.

Außer Lesen und Schreiben wurde nur noch etwas Rechnen gelehrt und zwar schriftlich bis hundert und mündlich bis tausend; was darüber hinausgeht, scheint von Übel zu sein. Mit Grammatik und Orthographie gibt man sich nicht viel Mühe und erst mit den Jahren, indem man viel liest, eignet man sich das ziemlich komplizierte *Ilnahu* ganz von selbst an. Von all den Wissenschaften, wie Geschichte, Geographie, Naturkunde, Mathematik und wie sie alle heißen, habe ich zu Hause nie etwas gehört, geschweige denn gelernt; erst hier habe ich das Vergnügen gehabt, die Bekanntschaft mit allen diesen Gebieten des Wissens zu machen. Ob ich aber jetzt mit dem bißchen Weisheit, das ich mir mühselig genug hier angeeignet, mich besser stehe, als die andern drüben, ist für mich noch eine offene Frage. Nur so viel ist sicher, daß ich niemals so viel betrogen und beschwindelt worden bin als in der Zeit meiner allergrößten Weisheit. O ihr glücklichen Menschen daheim! Ihr ahnt nicht einmal in euren Träumen, was alles mit der heiligen Zivilisation verbunden ist! –

An die sogenannten häuslichen Schulaufgaben, welche hier so viele Stunden kosten, war natürlich bei dem ganzen Zuschnitt unseres Unterrichts nicht zu denken.

Die Lehrerin selbst, so gefürchtet sie ist, steht bei jedem in ganz besonders hohem Ansehen, namentlich bei ihren Schülern und Schülerinnen; nie werden es diese ihr gegenüber an der gebührenden Pietät fehlen lassen, und sie begegnen ihr stets, auch im späteren Alter, mit größter Hochachtung. Es kommt nicht selten vor, daß jemand, wenn er bei einem anderen etwas durchaus nicht durchzusetzen imstande ist, zuletzt die Vermittlung der Lehrerin desselben anruft. Es hat also dieses Verhältnis eine gewisse Ähnlichkeit mit demjenigen, in welchem fromme Katholiken zu ihrem Seelsorger stehen.

Eines aber haben auch die orientalischen Schulkinder mit den europäischen gemein: den natürlichen Instinkt, die Lehrerin durch Geschenke für sich zu gewinnen, sie zu bestechen. Als meine Kinder hier mich so manches Mal um einige Groschen baten, um Fräulein Soundso einen Blumenstrauß oder einen Blumentopf zu kaufen, da mußte ich unwillkürlich an meine eigene Schulzeit zurückdenken. So etwas steckt eben tief im Menschen selbst, nicht in einer besonderen Nation. Denn bevor ich noch von der Existenz Deutschlands und all seiner Schulen und Schulkinder etwas ahnte, schleppte ich mit meinen Geschwistern alles mögliche, am liebsten allerlei Näschereien, zu unserer Lehrerin hin, um dadurch ihre unschätzbare Gunst zu gewinnen; die schönsten französischen Bonbons, welche uns der Vater täglich zu geben pflegte, legten wir ihr zu Füßen. Aber die Beschenkte, die, ich muß es leider sagen, zu unserer Freude viel an Zahnschmerzen litt und uns deshalb oft frei laufen lassen mußte, war nicht immer über diese Gaben entzückt; sie meinte, wir wollten sie bloß krank füttern und mit den vielen Süßigkeiten die Qual ihrer Zahnschmerzen nur noch vermehren. Und um aufrichtig zu sein, ich glaube bestimmt, wir haben seiner Zeit nie gewünscht, daß der Ärmsten eine radikale Hilfe für ihre hohlen Zähne zuteil werde.

Die Dauer der Schulzeit war unbestimmt. Was es zu lernen gab, das mußte auf alle Fälle gelernt werden, mochte das Kind nun dieses Pensum in einem, in zwei oder drei Jahren sich aneignen. Das hing ja allein von seiner natürlichen Begabung ab.

Unterricht in Handarbeiten gehörte nicht in den Lehrplan der Schule, wenn ich mich so ausdrücken darf. Diese Aufgabe fiel unseren Müttern zu, welche fast sämtlich im Nähen, Sticken und Klöppeln eine ziemliche, zum Teil sogar große Fertigkeit besaßen. Dementsprechend haben wir denn auch in dieser Beziehung eine sehr verschiedene Ausbildung genossen, zumal das Lernen durch Lust und Neigung sehr bedingt war. Ich habe zum Beispiel Schwestern, die, wenn sie in die Lage kommen sollten, sich ihr Brot selbst durch ihrer Hände Arbeit verdienen zu müssen, keineswegs in Verlegenheit sein würden, da sie in Handarbeiten sehr geschickt sind; wogegen es wieder anderen ganz unmöglich wäre, auch nur einen Knopf anzunähen. –

Öffentliche Schulen gibt es auch wohl, allein nur für Knaben unbemittelter Eltern. Jeder, der nur einigermaßen wohlhabend ist, hält stets einen Privatlehrer oder eine Privatlehrerin. Unter Umständen besorgt auch der Sekretär des betreffenden Herrn den Unterricht, für die Mädchen aber natürlich nur so lange, als sie noch ganz klein sind.

Das ist das Wenige, was ich über unsere Schulen zu berichten weiß. Es liegt mir natürlich sehr nahe, Vergleiche anzustellen zwischen dieser und der deutschen Schule, zwischen den hypergebildeten europäischen Schulkindern und den unwissenden arabischen. Dort bin ich geboren, erzogen und aufgewachsen, ich kann aus eigener Erfahrung urteilen; hier lebe ich seit langen Jahren, schicke meine Kinder selbst zur Schule, habe also auch vollauf Gelegenheit, mir einigermaßen ein Urteil zu bilden. Ich habe vielleicht sogar etwas hierbei vor dem Einheimischen voraus, der, weil er daran gewöhnt ist, manches nicht sieht, was einem unbefangenen, in anderen Lebenskreisen aufgewachsenen Beobachter sofort in die Augen fällt. Ich mag mich durchaus nicht als Richterin aufspielen; es wird jedoch aus diesem Grunde manchen interessieren, auch meine Gedanken kennen zu lernen.

Im allgemeinen scheint es mir, daß die Europäer an die Schule mindestens ebensoviel zu hohe Ansprüche machen als die Araber zu niedrige. Noch kein Volk hat die rechte Mittelstraße gefunden, und keines wird sie finden; solche Gegensätze werden dauern und sich nicht beseitigen lassen, so lange die Welt besteht.

Es gibt wohl wenig mehr, was hier nicht den Kindern gelehrt wird, und das in solcher Fülle, daß der kindliche Verstand unmöglich alles behalten kann. Sobald die Kinder beginnen die Schule zu besuchen, haben die Eltern nichts mehr von ihnen. Außer den Schulstunden sind sie noch mit so zahlreichen häuslichen Aufgaben überlastet, daß an ein gemütliches Zusammenleben mit ihnen, an eine konsequente, regelmäßige Einwirkung auf ihre Charakterbildung häufig kaum mehr zu denken ist. Den ganzen lieben Tag ein ewiges Hetzen und Jagen von Arbeit zu Arbeit. Und wie viele Arbeiten befinden sich darunter, welche für die Kinder keinerlei dauernden Wert haben! Wie viel muß mühselig eingelernt werden, das nur bestimmt zu sein scheint, möglichst schnell wieder der Vergessenheit anheimzufallen. Mit solchen Dingen den Kindern die Zeit wegzustehlen, die sie besser im Familienkreise verbringen könnten, ist doch sicher Unrecht.

Dabei werden die armen Wesen täglich fünf und mehr Stunden in einem käfigähnlichen Raum, genannt Schulstube, zusammengepfercht, wo eine Hitze und Stickluft herrscht, die gar nicht zu beschreiben ist. In einer Schule, die über zweihundert Kinder zählte, existierten nur vier Gläser zum Wassertrinken! Wem wird da nicht übel, wenn er sein von der Schule kommendes Kind küssen will? Weshalb wundert man sich eigentlich hier noch, wenn ein Schulkind krank wird? Man hegt und pflegt die Kleinen zu Hause, soviel man vermag, die Schulluft macht diese Mühen zunichte. Wie sehen manche Schulkinder hier aus; das Herz tut einem wehe, wenn man die kümmerlichen Wesen erblickt! War da unsere freie luftige Galerie nicht besser? Und was nützt die höchste Bildung, wenn der Körper bei ihrem Erringen zugrunde geht?

Wie schon gesagt: ich will nicht über die europäische Bildung im ganzen urteilen, ich kann ja das auch nicht, ich wollte nur einige meiner Beobachtungen aussprechen, die mich zu der Überzeugung brachten, daß hier die Schule und die Bildung auch gar viele üble Seiten haben. Jedenfalls muß es danach erklärlich erscheinen, daß es für mich immer eine offene Frage geblieben ist und bleibt, ob man eigentlich Recht hat, wenn Europäer ein noch nicht »aufgeklärtes« Volk bedauern, und ob sie gar mit äußerer Gewalt einem solchen Volke ihre Aufklärung beibringen dürfen. Mancher wird hierüber spötteln und die Achseln zucken; jedenfalls kann ich mit großer Bestimmtheit konstatieren, daß diejenigen sehr im Irrtum sind, welche glauben, es liege im Interesse dieser Völker selbst, ihnen Bildung und Aufklärung zu bringen. Als Araberin in einer nach europäischen Begriffen ganz ungebildeten Sphäre geboren und erzogen, weiß ich am besten, wie wenig eine europäische Gesamtbildung bei den muhamedanischen Orientalen Anklang finden würde.

Bei andersgläubigen Völkern, welche selbst nach europäischer Bildung Verlangen tragen, wie bei den Japanern, liegt die Sache anders; mögen sie sich hineinfinden, so gut sie vermögen. Dem Muhamedaner aber treten in der europäischen Bildung unendlich viele Elemente entgegen, die mit seiner strengen religiösen Anschauung absolut unvereinbar sind. Wie oft spottet man hier nicht über die türkische Halbbildung; und doch haben die Türken mehr als ihnen gut ist, sich bemüht, sich, wenn auch nur einigermaßen, zu zivilisieren. Sie haben sich dadurch nur geschwächt und sind doch nicht zivilisiert geworden, weil die europäische Zivilisation allen ihren Grundanschauungen widerspricht und widerstrebt. Zivilisation läßt sich eben nicht mit Gewalt erzwingen, und man sollte billig auch andern Völkern das Recht zugestehen, frei und ungehindert ihre nationalen Ansichten und Einrichtungen, wie sie sich im Laufe der Jahrhunderte doch sicher nicht ohne den Einfluß gereifter Erfahrung und praktischer Lebensweisheit herausgebildet haben, weiter kulitivieren zu dürfen. Vor allem würde man den frommen Araber aufs Tiefste verletzen, wollte man seine Aufklärung beginnen mit dem Lehren der Naturwissenschaften, ohne deren Kenntnis ja hier von tieferer Bildung keine Rede sein kann; es würde sein ganzes Wesen erschüttern und den ärgsten Zwiespalt in ihm verursachen, wenn man ihm von Naturgesetzen sprechen wollte, der im ganzen Leben des Universums, bis zur allergeringsten Einzelheit hinab, mit unerschütterlichem Glauben immer nur eines sieht, die alles lenkende und leitende Hand Gottes!

Jährliche Ausstattung, Toilette und Mode in unserem Hause

Wenn hier in Europa der Familienvater durch monatliche oder vierteljährliche Auszahlung einer Summe Geldes an seine Frau und an seine unverheirateten Töchter jeder weiteren Sorge um deren Toilette überhoben zu sein pflegt, so gestaltet sich bei uns die Sache ganz anders. Es gibt in Sansibar keinerlei Industrie, also auch keine einzige Fabrik. Kleidungsstücke und Kleidungsstoffe für die gesamte Bevölkerung bezieht man ausschließlich vom Ausland.

Mein Vater trieb nun für den ungeheuren Bedarf seiner Häuser einen großartigen Tauschhandel. Alljährlich gingen, je nach Bedürfnis, mehrere große eigene Segelschiffe, mit unseren Produkten (besonders Gewürznelken) befrachtet nach England, Marseille, Persien, Ostindien und China, um dort für den Erlös der Fracht, unter Vermittlung unserer an diesen Plätzen befindlichen Agenten, das Verlangte zu beschaffen. Der betreffende Kapitän bekam zu diesem Zweck immer eine endlose Liste der gewünschten Dinge mit, deren größter Teil allemal sich auf unsere Toilette bezog.

Von der Rückkehr dieser Schiffe hing denn auch die Bestimmung des Tages ab, an dem unsere alljährliche Toilettenverteilung erfolgte. Daß man diese Schiffe in unserem Hause mit immer mehr wachsender Ungeduld zurückerwartete, ist natürlich; ihre Ankunft bezeichnete ja gewissermaßen den Anbruch einer Art von Saison für uns und von dem Inhalt ihrer Ladung hing unser ganzer Staat für ein volles Jahr ab.

Auch für uns kleine Kinder umschwebte diese Schiffe ein besonderer Zauber; sie brachten uns ja alle unsere schönen Spielsachen aus Europa mit. Als bei einer solchen Gelegenheit der Vater mir zum ersten Male eine fein gekleidete Puppe schenkte, welche schreien konnte und Vorderzähne hatte, war ich vor Freude ganz außer mir.

Waren die Schiffe glücklich angelangt, dann wurde bald darauf der Tag bestimmt, an dem die Ladung unter alle in unserem Hause, alt und jung, hoch und niedrig, verteilt werden sollte. Aber schon vorher bedrängten und belagerten die jüngeren Brüder den Kapitän auf seinem Schiffe, um zu erkunden, was für Spielsachen vor allem es mitgebracht hat-

Sansibar um die Mitte des 19. Jahrhunderts

te. Zwanzig bis dreißig Kisten waren immer bloß mit solchen angefüllt, Pferden, kleinen Wagen, Puppen, Peitschen, Fischen und Enten, die dem Magnet folgten, Musikdosen in allen Größen, Harmonikas, Flöten, Trompeten, kleinen Gewehren u. s. w. Fielen die Sachen nicht nach unserem Geschmacke aus, dann erging es dem Kapitän übel; er war für alles verantwortlich, hatte die weitgehendsten Vollmachten und dabei nur die allgemeine Ordre: Kaufe immer das Schönste, was Du findest, und scheue keine Kosten.

Endlich begann sowohl in Bet il Mtoni wie in Bet il Sahel die Verteilung, die sich immer drei bis vier Tage hinzog, ehe jeder von den Hunderten von Menschen auch sein Teil richtig erhalten hatte. Mit dem Auspacken und Sortieren wurden die Eunuchen betraut; die Verteilung selbst übernahmen meine älteren Geschwister. Neid, Mißgunst und Eifersucht waren leider auch zu keiner Zeit größer in unserem Hause als gerade in diesen Tagen der Freude.

Die Kleidungsstoffe wurden, ob kostbar ob einfach, nur nach ganzen Stücken verteilt und es blieb einem oder einer jeden überlassen, das, was er zuviel hatte, bei anderen gegen anderes umzutauschen. Dies geschah in großem Umfang, oft vierzehn Tage lang. Da man keine Tische hatte, so zerschnitt man die Stoffe, auf dem Boden sitzend, und passierte es da nicht selten, daß eine Dame im Eifer mit dem Stoffe auch aus Versehen ihr eigenes Gewand zerschnitt.

Außerdem kamen zur Verteilung Moschus, Ambra, unzählige orientalische Riechöle, Rosenöl und Rosenwasser, Safran (der mit anderen Ingredienzien vermischt zur Haarfrisur der Damen notwendig ist), Seide in allen Farben, Gold- und Silberfäden (Lametta) zum Klöppeln, gewebte Gold- und Silberknöpfe, kurz alles, was zur Toilette einer arabischen Dame gehört, und zur Bestreitung anderer Kleinigkeiten eine bestimmte Summe Geldes in Mariatheresientaler, natürlich nach Rang und Alter angemessen abgestuft.

Auch den putzsüchtigen Orientalinnen begegnete es nun mitunter, daß sie im Laufe des Jahres mehr ausgaben, als ihnen zur Verfügung stand, und so den Vater oder den Gatten um einen besonderen Zuschuß bitten mußten. Solche Anliegen wurden stets nur in größter Verschwiegenheit vorgebracht, da eine übermäßige Verschwendung auch bei den arabischen Familienhäuptern nicht beliebt ist und die Petentin außer dem Gewünschten auch immer noch eine unerwünschte Lektion mit erhielt.

Wie überall, gab es auch in unserem Hause neben verschwenderischen Charakteren nicht minder sparsame. Diese huldigten nun der lobenswerten Ansicht, man dürfe die Sklaven nicht nur zum Luxus halten, wie es bei den Vornehmen und Reichen geschieht, sondern man solle sie auch zum eigenen Nutzen verwenden. Sie ließen sie also in möglichst verschiedenen Handarbeiten ausbilden, zum Beispiel die jungen Mädchen im Schneidern, Sticken und Klöppeln, größere Knaben als Sattler, Tischler und dergleichen. Wer so handelte, dem ging natürlich sein Nadelgeld nicht so leicht aus, während die anderen ihr bares Geld meist an fremde Leute zu zahlen hatten und oft nicht recht imstande waren, Einnahmen und Ausgaben im Gleichgewicht zu halten. Die zu besonderen Leistungen ausgebildeten Sklaven wurden wieder höher geachtet als die anderen und vermochten bei etwaiger Freilassung auch besser für ihr Fortkommen zu sorgen. In Oman, wo man nur wenige Sklaven hat, ist es stehende Sitte, dieselben durchgängig ein bestimmtes Handwerk lernen zu lassen, damit sie sowohl sich selbst wie ihrer Herrschaft nützen können. Darum schickte man häufig Sklaven von Sansibar nach Oman, um sie dort sozusagen erst erziehen und ausbilden zu lassen. Ein solcher Neger oder eine solche Negerin stieg dadurch naturgemäß auch bedeutend im Preise.

Befand sich am Tage der Verteilung gerade jemand bei uns zum Besuch und erfuhr der Vater davon, so erhielt dieser Gast ebenfalls, seinem Range entsprechend, sein Teil an allem, was gerade zur Verteilung gelangte, mochte es auch bares Geld sein. Dasjenige, was von einer Schiffsladung übrig blieb, wurde aufbewahrt und gelegentlich im Laufe des Jahres an unsere Stammesgenossen aus Oman verteilt.

Da unter dem Mittelkreis der Erdkugel ewiger Sommer herrscht und die vier Jahreszeiten nur dem Namen nach existieren, so richtete sich natürlich auch unsere jährliche Ausstattung danach und war demgemäß bedeutend vereinfacht. Es hätte doch manche Schwierigkeiten mit sich gebracht, wenn man zu gleicher Zeit für Herbst, Winter und Frühjahr noch hätte sorgen müssen. Die Regenzeit, welche sechs bis acht Wochen andauert und während deren die Temperatur bis auf etwa + 18 ° R (= ca. 22 °C) sinkt, ist der einzige Winter, den man dort kennt. In dieser mehr feuchten als kalten Jahreszeit trugen wir meist Samt und andere dicke Stoffe; auch pflegte man dann nicht erst um neun Uhr etwas zu genießen, sondern schon früh Tee und Cakes zu sich zu nehmen.

Alles, was zur Kleidung gehört, wurde mit der Hand gearbeitet; von Nähmaschinen hatte man damals noch keine Ahnung. Die Kleidungsstücke erfreuen sich eines einfachen Schnittes, der für Herren und Damen ganz gleich ist. Das unausstehliche gesundheitsschädliche Schnüren kennen die Orientalen zum Heil ihrer edlen Organe noch nicht. Also nicht im Schnitt, nur im Stoff und im Putz unterscheiden sich die Kleider. Man liebt hier das beständige Einerlei in einer Sache langweilig zu finden; ob dies hinsichtlich der orientalischen Tracht richtig ist, wollen wir hier dahingestellt sein lassen. Eines aber steht fest, daß die »Mode« nämlich und ihr fortwährender Wechsel in keiner Weise zur Ökonomie antreibt, im Gegenteil! Wieviel weniger Familienelend, wieviel weniger häusliche Szenen vorkommen würden, wenn eine größere Mäßigung in den Forderungen der Mode einträte, weiß ja jedermann zu beurteilen. Und leider ist die Sucht, sich immer nach der neuesten Mode zu kleiden, so allgemein geworden, daß man sie *nolens volens* mitmachen muß, gleichviel ob man es kann und will.

Ich beabsichtige durchaus nicht, hier die unvernünftige

Mode etwa zur Umkehr bringen, oder gar die aufgeklärten Europäer für das Philistertum gewinnen zu wollen; ich möchte nur konstatieren, daß in diesem Punkte der Verschwendung die Europäerin bei weitem die Araberin übertrifft. Was braucht man hier nicht alles, um nur einigermaßen der Mode folgen zu können: Paletot oder Umhang für das Frühjahr, für den »sogenannten« Sommer; für den Winter Regenmantel, Kleider in großer Zahl, womöglich zwei Dutzend Hüte (es gibt ja genug Damen, die zu jedem Kleid auch einen besonderen Hut haben), eine Anzahl Schirme, wieder Hut und Kleid angepaßt u. s. w. Wie bescheiden stellt sich im Vergleich dazu die Toilette einer Araberin!

Die Kleidung einer Araberin, welchem Range sie auch angehören mag, besteht nur aus einem bis an die Knöchel reichenden Hemd, einem Beinkleid (keinen Pumphosen) und einem Kopftuch. Die Stoffe sind ganz verschieden. Reiche Leute bevorzugen Goldbrokate in den mannigfaltigsten Mustern, Samt und Seide mit reichem Ausputz, in der heißen Zeit indes nur einfache leichte Kattune und Musseline. Nie trägt man Hemd und Beinkleid von gleichem Muster. Auch sieht man darauf, daß das Hemd nicht zu lang ist, um nicht die reichen Stickereien des Beinkleides und die beiden goldenen Fußringe zu verdecken, deren einer mit zahlreichen glockenähnlichen Goldstücken behangen ist, welche bei jedem Schritt angenehm zusammenklingen. Von der Kopfbinde, die um die Stirn gewunden wird, hängen zwei lange Bänder mit großen Quasten über den Rücken oder zu beiden Seiten des Kopfes herab. Das eigentliche seidene Kopftuch reicht bis an die Knöchel.

Wenn eine arabische Dame ausgehen will, so legt sie ihre *Schele* um, die Umschlagetuch, Paletot, Jacke, Regen- und Staubmantel zusammen vertritt. Dieselbe ist ein großes schwarzseidenes Tuch, mit goldenen oder seidenen Bordüren besetzt, je nach Reichtum und Geschmack der Trägerin. Und diese einzige Umhüllung einer Orientalin wird immer vollständig aufgetragen, ohne je aus der Mode zu kommen; auch die Vornehmsten und Reichsten pflegen nie mehr als eine *Schele* zu besitzen.

Und wäre es einer Orientalin, die wie allbekannt von Haus aus durch die große, permanente Hitze bequem und untätig gemacht wird, die wissenschaftlich ganz ungebildet ist, wäre es einer solchen nicht noch eher zu verzeihen, wenn ihr Herz und ihre Gedanken an äußerem Putz hängen als einer sorgsam unterrichteten, aufgeklärten Europäerin, die doch Besseres zu tun hätte, als Tag und Nacht sich mit ihrer Garderobe zu beschäftigen? Obgleich ich selbst eine Orientalin bin, so ist mir doch nichts schrecklicher, als wenn mir das Unglück begegnet, mich mit einer rechten Modedame unterhalten zu müssen, die oft von gar nichts anderem zu sprechen weiß, als von der allerneuesten Tracht und was dazu gehört. Oft muß ich mich im stillen fragen, wie ist es nur möglich, daß ein Wesen von solchem Bildungsgrade in solchen Hohlheiten ganz aufgehen kann!

In der Regenzeit tragen die vornehmen arabischen Damen im Hause noch die »Dschocha«, eine Art Paletot, welcher bis an die Knöchel herabreicht und aus Tuch mit vieler Gold- oder Silberstickerei gefertigt ist. Man trägt die Dschocha auch ganz wie hier den Paletot, das heißt nie allein, sondern immer über den anderen gewöhnlichen Kleidern. Sie ist vorn von oben bis unten offen und wird nur auf der Brust durch goldene Tressen zusammengehalten. Die älteren Damen ziehen der Dschocha einen dicken, kostbaren persischen Schal vor.

Dies ist also das einzige Kleidungsstück, das an eine Art von Winter erinnert; sonst brauchen wir uns ja gegen Kälte nicht besonders zu schützen.

Für alle Fälle besaßen wir, um dies hier gleich mit zu erwähnen, auch eine Art Heizung und zwar eine sehr gemütliche. Eine Messingschale, etwa zwanzig Zentimeter tief und dreißig Zentimeter weit, die auf drei fünfzehn Zentimetern hohen Füßen stand, wurde mit glühenden Holzkohlen gefüllt und in die Mitte des Zimmers gestellt. Dieses Kohlenfeuer verbreitet eine außerordentlich milde und angenehme Wärme, so daß jeder sich nach der Stelle hingezogen fühlt, wo der *Mankal* zu stehen pflegt. Um dieselbe Zeit fällt auch die Ernte des Mais, welcher sich bei uns großer Beliebtheit erfreut und auf die verschiedenste Weise zubereitet wird. Besonders gern schält man die frischen Kolben, die bedeutend größer werden als hier, ab und legt sie auf die glühenden Kohlen des *Mankal* zum Rösten, wodurch sie schon in fünf Minuten eßbar werden. Sobald das Korn im Kolben gar zu werden beginnt, knallen dieselben fortwährend, was anzuhören für uns Kinder stets eine besondere Freude war. – Fenster und Türen bleiben, trotz dieser Heizung im Kleinen, fast stets offen stehen.

Auf einer Plantage

Ich erwähnte bereits, daß wir, das heißt, mein Vater, fünfundvierzig Plantagen besaßen, die über die ganze Insel zerstreut lagen. Auf jeder befanden sich fünfzig bis hundert, auf den großen bis fünfhundert Sklaven als Arbeiter, welche unter einem arabischen Verwalter standen. Nur zwei von diesen Plantagen hatten zugleich wirkliche Paläste, sechs bis acht hatten größere Landhäuser, die übrigen enthielten bloß Beamten- und Wirtschaftsgebäude. Uns waren also zu längerem Aufenthalte nur die Ersteren zugänglich.

Bei Lebzeiten meines Vaters konnten wir nur selten und nur auf kurze Zeit allemal die Stadt verlassen; der Vater war zu sehr von Geschäften in Anspruch genommen und blieb deshalb lieber zu Hause. Für uns andere dagegen, Kinder und Erwachsene, war es immer eine große Freude, eine Plantage zu besuchen. Darum ließen denn meine älteren Geschwister dem gutmütigen Vater selten Ruhe, bis er die Erlaubnis erteilte, daß wir auch ohne ihn hinreiten durften.

Die Vorbereitungen zu solchen Ausflügen waren stets ziemlich umständlich. Für die Verpflegung einer solchen Menschenmenge in einer oft zwei Meilen entfernten Plantage, wohin alles von Negersklaven auf den Köpfen getragen wurde, ausgiebig zu sorgen, war keine Kleinigkeit. Drei Tage vorher schon stellten sich einige hundert Sklaven ein, um das Nötige abzuholen. Zum Ärger der Köche und der Eunuchenchefs, die für die gesamte Gesellschaft zu sorgen hatten, ging auf diesem Transport immer viel verloren und viel wurde verdorben, so daß man gezwungen war, regelmäßig doppelt so viel von allem mitzunehmen, als man eigentlich brauchte. Am besten standen sich dabei die Verwalter der besuchten Plantagen, die alles, was von den Mitgebrachten übrig blieb, in ihrem eigenen Nutzen verwenden durften.

Die Nacht vor dem Ausflug wurde von den meisten vor freudiger Erwartung schlaflos hingebracht. Am Abend schon hatte man die schneeweißen Reitesel, deren Schwänze eigens mit Henna rot gefärbt worden waren, inspiziert. Wer von den Damen (nämlich von den *Sarari*) keinen Reitesel besaß, borgte sich einen solchen bei seinen Bekannten und

Freunden, oder er wurde von meinen Brüdern und den Eunuchen versorgt. Nicht selten aber mußte eine, die nicht rechtzeitig sich dieses Transportmittel verschafft hatte, ganz zu Hause zurückbleiben. Denn darum kümmerte sich der Vater nie; jeder blieb in dieser Beziehung auf sich selbst angewiesen.

Lag die Plantage, welche wir besuchen wollten, am Ufer des Meeres, dann gestaltete sich natürlich die Sache weit bequemer. Da brauchte niemals jemand aus Mangel an Transportgelegenheiten zu Hause zu bleiben; unsere Schiffe stellten dann immer eine hinreichende Zahl von Ruderbooten zu unserer Verfügung. Nicht minder kam der Wassertransport unserem Proviant zugute; ruhig im Boot gelagert, gelangte er natürlich besser ans Ziel, als wenn er an einer ganzen Anzahl von Ruhepunkten auf dem Landwege von den Sklaven rücksichtslos hin und her geworfen wurde.

Solche Ausflüge schienen nun ganz besonders bestimmt, der Liebe für allerlei Putz, welche die Orientalen einmal besitzen, Vorschub zu leisten. Da wurde alles aufgeboten, alles angewendet, damit man ja nicht hintereinander zurückbleibe. Und wenn einer Schönen das große Unglück passierte, daß die neue Garderobe, die sie für diesen Ausflug bestimmt hatte, nicht rechtzeitig fertig geworden war, dann zog sie es wohl vor, lieber einsam und allein sich von demselben ganz auszuschließen.

Halb sechs Uhr früh, unmittelbar nach dem Gebet, war in der Regel die bestimmte Zeit, zu der man aufbrach. Schon vorher konnte man in unserem Hofe ein wirres Durcheinander, ein tobendes Gemisch von Stimmen und Lärmen aller Art beobachten, die einen nervenschwachen Menschen hätten zur Verzweiflung bringen können. Zum Glück sind die Menschen dort mit selten kräftigen Nerven ausgestattet; die regelmäßige Lebensweise, die Freiheit von Sorgen und die herrliche Seeluft halten dieses Leiden von unseren Gestaden fern.

Der Verkehr auf unseren beiden Treppen stockt fortwährend; man ruft nach unten, man ruft nach oben, man schreit, man stößt sich nach Kräften. Unter den Sklaven werden derbe Schimpfwörter, schließlich hörbare Ohrfeigen gewechselt. Die seit einer Stunde schon gesattelten Tiere sind unruhig geworden und beginnen ihre angenehmen Eselsstimmen mit in dem allgemeinen Lärm ertönen zu lassen. Dazu bemühen sie sich ernstlich, einer Lieblingsneigung sich hinzugeben, nämlich ohne Rücksicht auf ihren reichen Schmuck und auf das reizende Sattelzeug sich auf der Erde zu wälzen; die sie beaufsichtigenden Sklaven haben alle Hände voll zu tun, um sie davon abzuhalten. Ungeduldige sind inzwischen auch schon aufgesessen.

Nachdem jeder sein Reittier im Hofe besichtigt hat, werden dieselben über die hohe Schwelle auf die Straße geführt und hier von dem Eigentümer bestiegen. Die zarten, schwächlichen Eunuchen sind ebenfalls beritten, während die stämmigeren Negersklaven zu Fuß nebenher laufen müssen. So beginnt denn der amüsanteste Ritt, den man sich nur denken kann. Tolle, aber meist harmlose Streiche werden unter sprudelndem Witz verübt, so daß man manches Mal vor Lachen Mühe hat, sich im Sattel zu halten.

Die schneeweißen Esel mit ihrem reichen Behang von Gold- und Silberplättchen, die bei jeder Bewegung angenehm aneinander klingen, mit den ziemlich hoch auf kostbaren Schabracken sich erhebenden Sätteln gewähren einen höchst malerischen Anblick. Nicht weniger heben sich unsere Fußläufer hervor mit ihren ausnehmend blank geputzten Waffen und ihren sauberen weißen Gewändern. Steigt die Sonne höher, dann hat jede vornehmere Dame einen solchen schwarzen Schnelläufer zur Seite, der neben ihrem Tier dahineilend mit einem großen aufgespannten Schirm seine Herrin gegen die zu große Sonnenglut zu schützen sucht. Andere Sklaven traben mit kleinen Kindern, welche rittlings auf ihren Schultern sitzen, dahin; etwas ältere Kinder, die aber doch noch nicht selbständig reiten können, werden je einem Eunuchen mit auf sein Pferd gegeben.

Die Stadt selbst mußten wir noch in der Dämmerung passieren und so lange hielt die ganze Gesellschaft sich immer eng beisammen. Aber sobald man sich im Freien befand, hörte jeglicher Zwang auf und jeder ritt nach seinem Belieben vorwärts. Umsonst bemühten sich die Eunuchen einen geschlossenen Zug herzustellen. Wer ein feuriges Tier unter sich fühlte, blieb immer nur ungern der Gesellschaft halber zurück und ließ die Eunuchen mit ihren feinen Stimmen rufen und schreien, soviel sie wollten. War man gemeinschaftlich in großer Schar, gerade wie auf Kommando, aufgebrochen, so traf man in verschiedenen größeren und kleineren Gruppen getrennt am Ziele ein.

Dort wurden wir von dem ersten und ältesten unserer Sklaven und, wenn der arabische Verwalter verheiratet war, von dessen Familie empfangen. Er selbst durfte sich als gesitteter Mann während der ganzen Dauer unserer Anwesenheit nicht sehen lassen.

Ganz nüchtern ritt man bei solchen Ausflügen immer von Hause weg und konnte sich nun nach der Ankunft sofort mit um so größerem Appetit an den bereitstehenden zahllosen schönen Früchten erquicken. Unmittelbar daran schloß sich die erste opulente Hauptmahlzeit, welche die Gesellschaft ganz wie zu Hause, je nach dem Range, in verschiedenen Gruppen einnahm. Nach dem Essen gingen alle nach Belieben auseinander und amüsierten sich nach Herzenslust; denn hier, wo man keine Zuschauer zu scheuen hatte, wo unter den herrlichen Bäumen höchstens das liebe Vieh sich tummelte, hier war man völlig unbeschränkt und es konnte jeder treiben, was ihm behagte. Nur zu den Stunden der Mahlzeiten und der Gebete sammelte sich die gesamte Gesellschaft wieder. Bei jedem Gebet ist ja eine Waschung nötig, und da man nicht überall Wasser auf der Insel fand, so mußte man schon deshalb nach Hause kommen.

Im Laufe der Tage sind bereits einige Einladungen von den benachbarten Gütern eingelaufen, und andere Nachbarinnen haben ihren Besuch angesagt. Einladungen wie Besuche galten immer unserer ganzen Familie; indes wurden die fremden Gäste ausschließlich von meinen älteren Geschwistern empfangen, und den Einladungen folgte, wer Lust hatte.

Wie man im schönen Süden leicht und allen Umständen abhold zu leben versteht, das beweisen diese unsere Massenausflüge. Unmöglich waren die nötigen Betten zu beschaffen; jeder, gleichviel ob hoch oder niedrig, legte sich einfach auf die vielen Decken seines Sattels zur Ruhe, und als Ersatz für die Kopfkissen (welche bei uns immer rund sind, ähnlich den französischen) schob er den Arm unter den Kopf.

Was bei solchen Gelegenheiten konsumiert wurde, spottet jeder Beschreibung. Ich habe schon von den Unmengen von Proviant gesprochen, welche Hunderte von Sklaven seit mehreren Tagen hinausgeschafft hatten. Nicht genug damit; unsere liebenswürdige Nachbarschaft ließ es sich nicht nehmen, alltäglich Gekochtes und Ungekochtes massenweise uns als Beweis ihrer guten Gesinnung zuzuschicken. In der Regel machten sich dann auch nachher allerlei Leiden bemerkbar, ähnlich den Weihnachtskrankheiten hier. –

Der alte gute Ledda, der Generalpächter unserer Zölle, bewies, obgleich er ein Banjan war, eine seltene Treue und persönliche Anhänglichkeit für unser gesamtes Haus; namentlich uns kleinen Kindern bereitete der grauköpfige Sternanbeter Freude und Vergnügen, wo es ihm nur möglich war. Immer zu seinen wie zu unseren Festtagen trug er Sorge, uns mit allerlei angenehmen und wunderbaren Dingen aus seiner indischen Heimat zu beschenken, vor allem schickte er stets allerlei Süßigkeiten und mehrere Körbe voll Feuerwerk *(fetak)*. Sobald er nun erfuhr, daß wir aufs Land zu gehen beabsichtigten, beglückte er uns ganz besonders mit derartigen Gaben. Allabendlich hatten wir dann die Freude, die verschiedenartigsten Werke der geschickten indischen Pyrotechniker abbrennen zu können.

Sonst wurden die Abende durch das Anschauen der Spiele und Tänze der Neger, die im Garten und unter freiem Himmel stattfanden, ausgefüllt. Die Negertänze sind bei weitem nicht so häßlich und unschön, wie sie mancher Afrikareisende in seinen Büchern beurteilt; umgekehrt wollte auch mir anfänglich der europäische Tanz gar nicht gefallen und das ewige Drehen der Paare verursachte mir, selbst wenn ich ruhig auf meinem Stuhle saß, Schwindel.

Hindustanische Tänzer und Tänzerinnen wurden ebenfalls nicht selten auf die Plantagen hinausgenommen und mußten dann an den Abenden ihre Künste produzieren. Dieselben sind in ihrem Fache außerordentlich geschickt und werden, wenn sie auch nicht gerade so glänzend wie in Europa honoriert werden, ungeachtet ihres Aufwandes bei uns sehr bald wohlhabende Leute, so daß sie vergnügt nach ihrer Heimat zurückkehren können. Indessen stehen sie nur in geringer Achtung bei uns.

Solche Abende im Orient sind höchst romantisch. Man denke sich eine zahlreiche Gesellschaft, welche die verschiedensten Gesichtsfarben zeigt, elegant, aber höchst bunt und phantastisch gekleidet, in großem Kreise umherstehend, sitzend oder hockend, unter der die Ungezwungenheit der Südländer in herzlichem Lachen und harmlosem Witz sich laut äußert, und das alles im lauschigen Grün unter den herrlichsten Bäumen, von dem intensiven Lichte des Mondes der Tropengegenden bestrahlt. Man muß das selbst erlebt haben, sonst kann man sich kein Bild davon machen. Spät erst ging man auseinander und bestiegen die fremden Damen ihre Esel, um nach Hause zu reiten.

Eine drollige kleine Französin, namens Claire, nebst ihren beiden wilden Brüdern im Alter von vierzehn oder fünfzehn Jahren, die Kinder eines französischen Konsulatsarztes, welche sehr gut Suahilisch sprachen, wurden häufig auf solchen Ausflügen mitgenommen und verstanden uns dann oft mit ihrem Gesang zu erheitern. Allgemeines Gelächter verursachte Claire eines Abends, als sie zum ersten Male bei uns schlief und sich uns nach europäischer Sitte im weißen Nachthemd zeigte. So etwas kennt man im Orient eben nicht, da man ganz so zu Bett geht, wie man am Tage angezogen ist, natürlich aber nur in Waschkleidern, nicht etwa auch in den schweren Gewändern von Samt oder Goldbrokat. –

Wurde unser Aufenthalt etwas länger ausgedehnt, so kam auch unser Vater ab und zu, um uns zu besuchen, kehrte jedoch immer noch am Abend in die Stadt zurück. Reiter wurden dabei fortwährend im Gange erhalten, um eine ununterbrochene Verbindung zwischen uns und der Stadt herzustellen, also eine Art Post zu bilden.

Zur Erntezeit vermied man gern solche Ausflüge zu unternehmen, weil man dadurch die Sklaven zu sehr in ihrer Arbeit gestört haben würde. Denn die Gewürznelkenernte bricht so plötzlich und schnell herein, daß man Mühe hat, den ganzen Segen in der kurzen Frist, welche dazu gegeben ist, in gutem Zustande einzuheimsen. Auch die Reisernte muß immer schnell beendet werden, wogegen bei Zuckerrohr, Kokosnüssen, süßen Kartoffeln und den anderen Landesprodukten eine Verzögerung nicht so gefährlich ist. Das Vieh wird nie im Dienste der Landwirtschaft verwendet; landwirtschaftliche Geräte existieren fast gar nicht, nicht einmal der einfachste Pflug ist bekannt. Alles erfordert Handarbeit. Zum Umgraben des Bodens hat man Spaten; die Ähren des Reis werden mühselig mit gewöhnlichen, kleinen, geraden Messern büschelweis abgeschnitten. Der Herr oder die Herrin beteiligen sich in der Nelkenernte nicht selten an der Arbeit inmitten ihrer Sklaven, um dieselben dadurch zu höherem Eifer anzuspornen. Der Neger ist bekanntlich sehr arbeitsscheu und man muß ihn sehr scharf und beständig beaufsichtigen, wenn er wirklich etwas leisten soll. Eine solche fortwährende Kontrolle ist aber gerade bei der Nelkenernte vollkommen unmöglich. Da hilft man sich denn damit, daß man von jedem Sklaven täglich, je nach seinem Alter und nach seinen Kräften, ein gewisses Quan-

Gewürznelkenernte

tum Nelken verlangt. Wer mehr einbringt, erhält dafür besonderen Lohn; der Arbeitsscheuen, die ihre Pflichten vernachlässigen, wartet eine angemessene Bestrafung.

Nur das Einbringen der Ernte verursacht also Mühe; daß man überhaupt einer Ernte entgegensehen kann, dafür braucht der Mensch sich nur wenig zu sorgen. Der Boden ist so außerordentlich fruchtbar, daß man keinerlei Düngung nötig hat; nur unbewußt bewahrt man denselben vor Aussaugung, indem man das Stroh auf dem Felde verbrennt.

Die Dauer unseres Aufenthalts auf einer Plantage wurde vom Vater genau festgesetzt; er bestimmte den Tag, an welchem wir Abends zwischen halb sieben und halb acht Uhr, also nach Einbruch der Nacht, uns wieder in der Stadt einzufinden hatten. Bei unserem Aufbruche erhielt die Familie des Verwalters passende Geschenke, die der Vater ausgewählt hatte, und unsere nächsten Nachbarinnen gaben uns gewöhnlich noch eine Strecke das Geleit. Zu unserer Begleitung schickte der Vater immer hundert bis hundertfünfzig Soldaten heraus, die neben dem langen Zug herliefen. Trotz ihrer Last an Waffen (alle trugen stets Gewehr, Schild, Lanze, Säbel und Dolch) vermochten sie doch mit unseren Reittieren gleichen Schritt zu halten.

Auch bei dieser Gelegenheit durfte das um sechs Uhr anbefohlene Abendgebet nicht verabsäumt werden. So machte die gesamte Gesellschaft irgendwo, gewöhnlich in Ngambo oder Mnasimodja (beide Orte liegen dicht vor der Stadt) Halt und ließ sich zum Gebet nieder. Jeder führte eine kleine, besonders rein gehaltene Matte mit sich, auf welcher er sein Gebet unter freiem Himmel verrichtete. War, wie es häufig geschah, durch Nachlässigkeit der Bedienten die Matte unterwegs verloren gegangen oder wohl gar zu Hause gelassen worden, dann ließ man sich als Ersatz eines der Riesenblätter des Moz-Baumes (Banane) holen; denn nur auf Pflanzenstoff darf man beten.

Endlich brach schnell die Dunkelheit herein; die große Menge von kolossalen Laternen wurden angezündet, wir bestiegen die Esel und zogen in fast märchenhaftem Glanze in die Stadt ein.

Die Reise des Vaters

Ich war etwa neun Jahre alt, da kam die Zeit, wo der Vater wie gewöhnlich nach Verlauf von drei bis vier Jahren nach seinem alten Reiche Oman zu gehen pflegte, um die dortigen Verhältnisse persönlich zu kontrollieren. Mein ältester Bruder Tueni hatte ihn bisher in Mesket vertreten, als Regent sowohl wie auch als Oberhaupt der Familie.

Diesmal hatte mein Vater noch eine besonders dringliche Veranlassung, nach Oman zu reisen. In der Nähe von Bender Abbas hatten die Perser einige Einfälle gemacht, die an sich nicht bedeutend waren, aber doch leicht Veranlassung zu kriegerischen Verwicklungen geben konnten. Dieses Stückchen Erde im persischen Lande, allerdings wichtig genug wegen seiner beherrschenden Lage am Eingang des persischen Golfes, brachte seit seiner Eroberung uns eigentlich nur Unheil und kostete den Vater sehr viel Geld. Später wurde es uns auch wieder entrissen, was sicherlich kein Unglück war, denn vorher ließen uns die Perser niemals in Ruhe, was ihnen gar nicht zu verdenken war.

Dampfschiffe hatten wir noch nicht, sondern nur Segler. So waren wir denn sehr auf den Wind angewiesen und hingen ganz von dessen Launen ab, was die Reisen vielfach verzögerte. Die Reisevorbereitungen nahmen mindestens acht bis zehn Wochen in Anspruch, bis endlich alles gebakken und besorgt war. Besonders das Backen der sogenannten Dauerkuchen kostete viel Zeit, mußte man doch einen Vorrat für etwa tausend Köpfe und auf zehn Wochen beschaffen. Pökelfleisch kannten wir nicht und Konserven würden wir, auch wenn wir sie gehabt hätten, als *haram* (unrein, den Speisegesetzen nicht gemäß), nicht haben genießen dürfen; deshalb mußte eine kolossale Menge von lebendem Vieh mitgenommen werden, darunter etwa ein Dutzend milchgebender Kühe. Die Quantitäten von Obst vollends, welche eingeschifft wurden, lassen sich gar nicht ermessen. Alle unsere fünfundvierzig Plantagen hatten tagelang nur Obst für die Schiffe zu liefern. So war es erklärlich, wenn die Reisenden unterwegs nicht wenig an Dysenterie zu leiden hatten.

Alle Söhne durften sich an der Fahrt beteiligen; aber wegen der Unbequemlichkeiten, die eine Frau auf Reisen in der

Regel verursacht, nur wenige Töchter. Auch von den *Sarari* wurden nur ein paar und zwar die allerbevorzugtesten mitgenommen.

Es gingen überhaupt nicht viele von uns gerne nach Oman; die stolzen Omanerinnen behandeln die Sansibarerinnen gern als ungebildete Wesen. Diese Überhebung durchdrang sogar unsere Geschwister; ein in Oman geborenes Glied unserer Familie fühlt und dünkt sich außerordentlich vornehm gegenüber uns Afrikanern. Sie meinen, da wir unter den Negern groß geworden seien, so müßten wir doch auch etwas von denselben haben. Unsere größte Unfeinheit finden sie darin, daß wir – entsetzlich! – neben der arabischen noch eine andere Sprache sprechen.

In Oman lebten, wie schon mehrfach erwähnt, viele meiner Geschwister und noch viel mehr Verwandte, die meistens ziemlich bedürftig waren und von der Unterstützung unseres Vaters ihr Dasein fristeten. Alle diese erwarteten bei des Vaters Ankunft Geschenke und so wuchs die Reisebagage noch weiter an.

Bei dieser Gelegenheit nun dachte jeder gern seiner Lieben im fernen Asien und hierdurch erhielt die so schwache Korrespondenz einiges Leben. Dabei trat aber die Unkenntnis des Schreibens am meisten hindernd in den Weg; man muß die große Verlegenheit der Menschen gesehen haben, um von dieser Not sich einen Begriff zu machen. Man ließ seine Briefe durch andere Personen schreiben und fremde Personen sollten dieselben wieder den Adressaten vorlesen. Meine Brüder und die schreibkundigen männlichen Sklaven waren zu diesem Behufe mehr als überladen, und wenn sie nicht mehr konnten oder wollten, da mußte man wohl oder übel die Briefe außer dem Hause durch ganz wildfremde Menschen schreiben lassen. Daß solche Briefe ihren Zweck nur höchst selten zu erfüllen vermögen, liegt auf der Hand.

Hier eine Probe. Eine Schöne ruft ihrem Leibdiener zu: »Feruz! geh zu dem und dem Kadi und sage ihm, er soll mir einen schönen Brief an meine Freundin in Oman schreiben; bezahle ihm alles, was er für den Brief verlangt.« Und nun werden dem Feruz eine Fülle von Einzelheiten aufgetragen, die der Kadi alle in den Brief aufnehmen soll. Der Kadi hat aber im Drange der Zeit wohl ein Dutzend solcher Briefe zu schreiben und es ist kein Wunder, wenn ihm die verschiedenen Bestellungen wild durcheinander fahren. Triumphierend kehrt Feruz zu seiner Herrin zurück: »Bibi, hier sind die Briefe!« Vorsichtig geht die Dame aber noch zu einer lesekundigen Person und läßt sich die Leistung des Kadi vorlesen. Sie erstaunt bald und bei jedem weiteren Worte steigt ihr Entsetzen. Der Brief ist total falsch abgefaßt; wo sie kondolieren wollte, steht eine Gratulation und umgekehrt u. s. w. So muß denn jeder Brief mehrere Male und von mehreren Menschen geschrieben werden, bis er nur einigermaßen zum Versenden sich eignet.

Endlich war alles bereit. Das Schiff »Kitorie«, das heißt »Victoria« (so genannt nach Ihrer Majestät, der Königin von England) war für den Vater und seine Familie bestimmt, die zwei oder drei anderen für das Gefolge, die Dienerschaft und die Bagage. Die Zahl der Reisenden war also im Verhältnis zur Zahl der Schiffe eine sehr große; indes der Orientale braucht weniger Platz, er hat keine eigene Kabine nötig; wenn die Nacht einbricht, sucht sich jeder selbst irgend ein Plätzchen auf dem Verdeck und legt sich da auf seiner mitgenommenen Matte zum Schlafen hin.

Das Gefolge und die Dienerschaft schifften sich zuerst ein; gegen fünf Uhr morgens folgte ihnen das weibliche Geschlecht und gegen Mittag der Vater mit seinen Söhnen. Meine Brüder Chalid und Madschid und die Kleineren brachten die Reisenden bis ans Schiff und blieben da, bis man die Anker lichtete. Einundzwanzig Kanonenschüsse waren der letzte Abschiedsgruß des Vaters für das Land und seine zurückbleibende Familie. –

Sofort stellte sich in unserem Hause eine nie gekannte Stille ein, obwohl die Überfüllung doch dieselbe blieb wie vorher. Man fühlte, daß das Oberhaupt der Familie fehlte und trotz der Menge Menschen herrschte eine Art Einsamkeit. Mein Bruder Chalid, als ältester Sohn in Sansibar, war der Stellvertreter des Vaters; um nach unserem Wohlergehen sich zu erkundigen, kam er wöchentlich mehrere Male in unser Haus und ging auch ebenso oft nach Bet il Mtoni, um die dortigen Bewohner zu sehen und insbesondere etwaige Wünsche unserer hohen Stiefmutter in Empfang zu nehmen.

Als Oberhaupt der Familie war Chalid sehr streng, und wir hatten oft Ursache, über die Härte seiner Maßregeln uns zu beklagen. Hiervon zwei Beispiele. Einst brach in Bet il Sahel Feuer aus, das zum Glück bald gelöscht wurde. Als nun im Anfang, wie leicht begreiflich, ein panischer Schrekken sich unser aller bemächtigte, und wir nach den

Haustüren stürzten, da fanden wir dieselben verschlossen und von Soldaten scharf bewacht. Chalid hatte sie sofort dahin beordert, damit es uns ja unmöglich gemacht werde, unseren Anblick unbesonnenerweise am hellen Tage den Augen der Bevölkerung preiszugeben.

Ein anderes Mal wies er einen weitläufigen Verwandten von uns, der in Sansibar sehr einflußreich war, schroff aus einer Moschee, weil derselbe es sich da unterstanden hatte, bei ihm um die Hand einer unserer Schwestern anzuhalten. Monatelang durfte der arme Heiratskandidat weder in den täglich stattfindenden Versammlungen, noch in jener Moschee, in der Chalid zu beten pflegte, sich zeigen. Das Schicksal wollte aber, daß der Zurückgewiesene ein paar Jahre später, nach Chalids und des Vaters Tode, eine andere Schwester von uns heimführte.

Als Oberin in den Häusern Bet il Sahel und Bet il Tani hatte der Vater für die Zeit seiner Abwesenheit Chole eingesetzt, zum Verdruß vieler. Daß dieser helle Stern unseres Hauses in ihrer Eigenschaft als Oberin keineswegs glücklich war, ist erklärlich. Wie sollte sie es auch sein, wo ihr Amt ihr nur Neid und Undank einbrachte. Sie konnte es trotz ihrer Gutmütigkeit unmöglich allen recht machen; sie war nun einmal auch ein Mensch, wie wir anderen Sterblichen. Das Unmögliche wurde von ihr verlangt und an die Grenzen ihrer Vollmacht dachte niemand. Daß sie vom Vater bevorzugt wurde, dafür konnte sie ja nicht viel; aber der Neid war zu groß und benahm den Neidischen alle klare Einsicht. –

Inzwischen segelten unsere Dreimaster häufig zwischen Oman und Sansibar hin und her, und wir erhielten oft vom Vater Nachrichten und Geschenke. Beim Eintreffen solcher Schiffe herrschte begreiflicherweise stets große Freude. Da konnte man immer eine Hast, einen Lärm, lebhafte Gestikulationen beobachten, wie es nur beim Südländer zu sehen ist.

Leider dauerte es aber nicht lange, so wurde unser Bruder Chalid vom Herrn abberufen. Die Regentschaft fiel Madschid zu, als dem nun ältesten Sohn, der überall durch sein liebenswürdiges Wesen die Herzen für sich zu gewinnen wußte.

Eines Tages endlich lief ein Schiff aus Muskat ein, welches uns die Freudenbotschaft brachte, daß der Vater im Begriff stehe, Oman zu verlassen und nach Sansibar zurückzukehren. Schnell verbreitete sich die Nachricht und versetzte das ganze Land in eine frohe Stimmung. War doch unser Vater nun wohl drei Jahre abwesend gewesen und gar manchmal vermißt worden. Und wer nicht gerade mit wirklicher Liebe an ihm hing, der freute sich doch immerhin wenigstens auf die unendlichen Geschenke, welche er stets für jung und alt aus Oman mitzubringen pflegte. So war denn alles in Spannung und überall traf man Vorbereitungen wie zu unseren größten Festen.

Allein die Frist, in der die Reisenden bequem hätten nach Sansibar gelangen können, verstrich, und noch ließ sich kein Schiff blicken. Man begann allmählich im Hause und im Lande unruhig zu werden. Nun liebt es der Araber, sogenannte Hellseher über die verborgene Zukunft auszuforschen, und im suahilischen Lande, in Sansibar, tritt dieser Brauch noch viel mehr hervor. Die ungarischen Zigeuner könnten recht gut bei ihren suahilischen Kollegen noch in die Schule gehen. Was diese letzteren für Lug und Trug treiben, läßt sich gar nicht beschreiben; andererseits übersteigt die Leichtgläubigkeit alle Grenzen.

Daß bei dem Ausbleiben der drei Schiffe kein Mittel unversucht blieb, das uns irgend eine vermeintliche Aufklärung verschaffen konnte, ist erklärlich und so verkehrten solche bevorzugte Naturen scharenweise in unserem Hause. Meilenweit wurden dieselben oft von den entferntesten Winkeln der Insel, namentlich aus dem Stamme der *Wachadimu*, herbeigeholt; waren es alte Leute, so setzte man sie auf einen Esel und brachte sie im Triumphe ein.

Die sonderbarste von diesen Prophetinnen war eine Frau, von der man erzählte, daß sie oder vielmehr ihr noch nicht geborenes Kind weissage. Ein solches Ungeheuer war noch nicht dagewesen, sie mußte natürlich auch zur Stelle geschafft und befragt werden. Es war an einem Nachmittag, (die Szene hat sich mir unauslöschlich ins Gedächtnis eingeprägt) als diese Wahrsagerin oder schon mehr heilige Person, die von ganz unnatürlicher Beleibtheit war, an mir vorüberschritt. Das Kind, welches sie angeblich bereits seit Jahren unter dem Herzen trug, war ziemlich allwissend; es wußte von allem zu berichten, was auf den Höhen der Berge vorging und was in den Tiefen des Ozeans zu sehen war. Jetzt sollte es uns von dem Befinden des Vaters erzählen und erklären, warum seine Ankunft sich so verzögere. Mit vernehmlicher, aber sehr piepiger Stimme berichtete das

Ungeheuer seine Wahrnehmungen, während die ganze zahlreiche Versammlung wie von einem Zauber gebannt war. Es sehe von weitem mehrere Dreimaster auf hoher See auf Sansibar zusteuern, es wolle auf den Mast des Schiffes des Vaters sich begeben, um alles zu sehen, was auf demselben vorgehe. Und nach einer kleinen Weile schilderte es eingehend, was jeder einzelne im Augenblick tat. Zuletzt befahl es, reichliche Opfer zu bringen, um sich der weiteren Gunst der Geister des Meeres zu versichern und die Reisenden auf diese Weise vor etwaigem Unheil zu schützen und zu behüten. Die Vorschriften dieses Unikums von einem Kinde wurden natürlich mit striktester Genauigkeit befolgt, und mehrere Tage lang konnten die Bettler von Profession, deren unsere schöne Insel Legionen beherbergt, in einer Fülle von Fleisch, Hühnern und Reis schwelgen, die wir ihnen verteilen ließen, ganz abgesehen von Kleidungsstücken und barem Gelde.

Mit Beschämung erkannte ich später, daß wir alle einfach das Opfer einer Bauchrednerin geworden waren. Wir alle glaubten seinerzeit fest an das wunderbare Kind, das uns das Unsichtbare und der menschlichen Wahrnehmung verborgene Geheimnisse zu entschleiern imstande war. Ob die Frau eine Schwindlerin war und als solche mit vollem Bewußtsein auf Betrug ausging, darüber bin ich mir nicht ganz klar. Niemals hatte dort jemand von einem Bauchredner gehört, und so konnte auch niemand auf einen solchen Erklärungsversuch kommen. Vielleicht hatte die Frau selbst keine klare Einsicht in die Sache und glaubte, als sie diese rätselhaften Töne zum ersten Male vernahm, selbst an ein ausgebildetes und besonders bevorzugtes Kind und wurde erst allmählich zur raffinierten Schwindlerin.

Alles Mysteriöse liebt man nun eben bei uns; je geheimnisvoller und undurchdringlicher eine Sache erscheint, um so mehr wird sie geglaubt. An unsichtbare Geister glaubt jeder, an gute wie an schlechte. Ist jemand gestorben, dann wird sein Zimmer Tage lang tüchtig mit Weihrauch durchräuchert, und da man meint, daß die Seele des Verstorbenen aus Sehnsucht noch öfters wiederkehrt und besonders im Sterbezimmer sich gern aufhält, so geht man nur sehr ungern, bei Nacht aber um keinen Preis hinein.

Und überall herrscht Aberglaube. Bei Krankheit, Verlobung, Schwangerschaft, bei allen möglichen Veranlassungen nimmt man die Hilfe der Wahrsagerinnen in Anspruch. Man will von ihnen wissen, ob die Krankheit heilbar sei und wie lange sie dauern werde; ob die Verlobung vom Glück gekrönt sein werde; ob das erwartete Kind ein Knabe sein werde oder ein Mädchen u. s. w. Trifft nun das Gegenteil der Prophezeiung ein, was selbstverständlich unendlich oft geschieht, so hat die Wahrsagerin auch immer ihre plausible Ausrede zur Hand; sie meint, sie habe an dem Tage ihren schlechten Stern gehabt und – hoffe, das nächste Mal glücklicher zu sein. Das wird denn auch akzeptiert. Wer auf ein solches Geschäft sich wirft, der steht sich also gar nicht schlecht dabei und ist bald ein gemachter Mann, oder richtiger eine gemachte Frau.

Die Todesnachricht

Tag auf Tag, Woche auf Woche schwand dahin, ohne daß der Vater angekommen wäre; nur das ewige Treiben der Wahrsagerinnen verkürzte uns etwas die Zeit, so daß sie doch wenistens etwas Gutes wirkten, wenn auch ihre Prophezeiungen nicht eintrafen. Endlich an einem Nachmittag, viele waren eben noch mit dem Gebete beschäftigt, verbreitete sich die frohe Kunde, ein Fischer habe weit draußen auf hoher See mehrere Schiffe mit unserer Flagge gesehen, habe aber wegen des stürmischen Wetters sich nicht an dieselben heranwagen können. Das konnte nur der Vater sein! Alles beeilte sich, die seit Wochen nunmehr vorbereiteten Prunk- und Freudengewänder anzulegen, um den so lange ersehnten Vater freudigst zu empfangen. So putzte und schmückte man sich bei uns immer, wenn irgend ein Lieber von einer Reise, oder wohl gar von einem siegreichen Feldzuge heimkehrend empfangen werden sollte, während man am Tage einer Trennung seiner Trauer durch möglichst einfache und schmucklose Kleidung auch äußerlich Ausdruck gab.

Während der Fischer uns immer und immer wieder beschwören mußte, daß er die Wahrheit gesprochen, wurde ein reitender Bote an unsere hohe Stiefmutter nach Bet il Mtoni gesandt, um auch ihr die Nachricht mitzuteilen. Im Hofe wurde geschlachtet, gekocht und gebacken, die Gemächer wurden reichlichst parfümiert und alles aufs beste hergerichtet. Binnen zwei bis drei Stunden war nach Aussage des Fischers die Einfahrt der Schiffe zu erwarten.

Madschid beeilte sich mit seinem Gefolge dem Vater entgegenzufahren. In zwei Kuttern stießen sie ab, gegen einen gewaltigen Sturm ankämpfend, der sie jeden Augenblick samt ihren Fahrzeugen zu vernichten drohte. Spätestens um sieben Uhr abends hofften sie zusammen mit dem Vater wieder in unserer Mitte zu sein. Aber der Mensch denkt und Gott lenkt.

Die Zeit verging, sieben Uhr war längst vorüber und noch konnte man von den Schiffen keine Spur wahrnehmen. Eine ungewöhnliche Unruhe bemächtigte sich der ganzen Stadt, hauptsächlich aber unseres Hauses. Man ahnte wohl etwas Schlimmes, aber nicht gerade das, was wir so bald erfahren sollten. Man fürchtete, Madschid und seine Begleitung könnten in dem tobenden Orkan ihr Leben verloren haben, und durch diese schreckliche Entdeckung wäre auch die Ankunft des Vaters natürlich etwas verzögert worden. Allmählich gewann dann sogar die Ansicht Raum, alle die Fahrzeuge, groß und klein, seien im Sturme untergegangen. Vermutung wurde auf Vermutung gehäuft. Niemand, selbst die kleinsten Kinder nicht, wollte zu Bett gehen, bis nicht die Erwarteten glücklich angekommen wären.

Plötzlich verbreitete sich eine Nachricht, die anfangs niemand glauben wollte. Das ganze Palais, hieß es, sei von ein paar Hundert Soldaten umzingelt und streng bewacht. Jeder drängte sich an das Fenster, um sich selbst zu überzeugen. Die Nacht war rabenschwarz und allenthalben ringsum sahen wir nur die Lunten der Gewehre der Soldaten glimmen, ein Anblick, der auf die schon so zum Tode geängstigten Gemüter nicht gerade beruhigend wirken konnte. Und dazu erfuhr man weiter, daß kein Mensch von den Soldaten aus- noch eingelassen werde.

Was ist denn geschehen? weshalb sind wir eingeschlossen? so fragten sich alle. Vornehmlich aber wurde hin und her debattiert, wer der Urheber dieser Maßregeln sei. Madschid war, soviel man wußte, noch nicht zurückgekehrt, und sein eigenes Haus, in welchem wir sehr gut auch noch Gestalten bei brennenden Lichtern unruhig hin und her laufen sahen, war ebenso von unheimlichen Gestalten bewacht, wie das unserige.

Da die Eunuchen und alle übrigen männlichen Sklaven außerhalb des Hauses schlafen, so waren wir um so schlimmer daran; das ganze Haus beherbergte nur Frauen und hilflose Kinder. Ein paar beherzte Frauen drangen mit großem Mut bis an die vordere Halle des Erdgeschosses vor, wo nur noch eine Tür sie von dem großen, unmittelbar hinter dem Portal befindlichen, für die Garde bestimmten Saal trennte, und wo sie durch die Hallenfenster mit den Wachen bequem sprechen konnten. Allein diese erwiesen sich hart und unbarmherzig, ihrer Instruktion getreu verweigerten sie jede Auskunft; ja als das Kreischen und Fragen der Sklavinnen ihnen zu arg wurde, schwuren sie hoch und heilig, wenn jene sich nicht ruhig verhielten, würden sie sie einfach niederschießen.

Man weinte und klagte die unsichtbare Macht an, die sicherlich eine böse sein mußte; die Kinder weinten und schrien allenthalben, ohne sich beruhigen zu lassen; die

Frommen beteten zum Allerhöchsten. Kurz, unser Haus gewährte ein Schauspiel, das jeder Beschreibung spottet. Wenn jemand plötzlich ahnungslos in die grauenvolle Verwirrung während dieser Schreckensnacht versetzt worden wäre, er hätte ohne Zweifel geglaubt, sich in einer Irrenanstalt zu befinden.

Der Morgen begann schon zu grauen und noch wußten wir nicht, weshalb wir als Gefangene behandelt wurden, noch wo Madschid geblieben war. Trotz aller Angst und Aufregung aber lösten sich zur bestimmten Zeit die Gruppen auf, um der Pflicht des Morgengebets nachzukommen. Aber dann, wer beschreibt unser Entsetzen, als wir endlich deutlich unsere Flotte mit Trauerflaggen vor uns ankern sahen. Der Jammer war unsäglich, als am frühen Morgen unsere Tore sich öffneten und unsere Brüder zu uns kamen, ohne den Vater!

Jetzt erst wurde uns klar, für wen die Schiffe trauerten, welch unersetzlichen Verlust wir und unser Land zu beklagen hatten. Unser guter Vater ist nicht mehr! Auf der Reise von Oman nach Sansibar, inmitten einer nur kleinen Zahl seiner Kinder und seiner Getreuen, hat ihn der Ruf des Herrn ereilt, dem er stets mit der größten Demut gedient hat! Die Schußwunde am Bein, an der er so lange gelitten, hatte endlich seinem teuren Leben ein Ende bereitet.

Der Heimgegangene war nicht nur das liebevollste Oberhaupt seiner Familie, er war auch der gewissenhafteste Fürst und wahre Vater seines Volkes. Wie sehr er von demselben geliebt wurde, bezeugte die allgemeine Trauer um seinen Tod. Aus allen Häusern wehten schwarze Flaggen, auch die allerärmste Hütte hatte ein kleines schwarzes Fähnlein ausgesteckt.

Von Bargasch, der mit dem Vater in demselben Schiffe sich befunden hatte und bei seinem Tode zugegen gewesen war, erfuhren wir näheres über die Krankheit und die Sterbestunde des Vaters. Ihm hatten wir es auch zu danken, daß der teure Leichnam nicht, wie eigentlich die muhamedanische Religion vorschreibt, ins grundlose Meer versenkt wurde. Er hatte sich energisch dafür ausgesprochen, daß derselbe mit nach Sansibar genommen werde, hatte sogar, um den Transport zu ermöglichen, ihn in einem Sarg verwahren lassen. Es war die natürliche Pietät für den gütigen Vater, die ihm das alles eingab, und doch verstieß er dadurch noch mehr gegen unsere Sitten und Gebräuche, gegen unsere

Religion. Denn ein Sarg ist bei uns ganz unzulässig; wir sollen alle, ob Fürst, ob Bettler, ganz gleich direkt in den Schoß der Mutter Erde versenkt werden, um wieder zu dem zu werden, wovon wir genommen sind.

Jetzt erfuhren wir auch, weshalb wir vorige Nacht so streng bewacht worden waren. Madschid mit seinem Gefolge hatte von dem Sturme schwer gelitten und glaubte fast verloren zu sein; ihre kleinen Fahrzeuge waren nur für den Küstendienst bestimmt und sie mußten weit in die hohe See hinausfahren, ehe sie die Schiffe erreichten. Bargasch aber fanden sie schon nicht mehr daselbst vor; als ältester Sohn auf der Flotille hatte er das Kommando übernommen und war angesichts des Landes in aller Stille mit der Leiche ans Land gefahren, um dieselbe heimlich und unbemerkt in unserem Begräbnis beizusetzen.

Es ist nämlich eine alte Tradition, daß man Thronstreitigkeiten gern angesichts der Leiche des Vaters oder Bruders erledigt, in der Meinung, daß die natürliche Pietät in der Regel hierbei dem rechtmäßigen Thronerben zu Hilfe komme. Bargasch aber wollte gern die Herrschaft selbst gewinnen; er wußte, daß bei einer so feierlichen Verhandlung alles für den älteren Bruder Madschid sein würde und beschloß also eine solche ganz zu vereiteln. Er verließ sich mehr auf offene Gewalt und vor allem auf eine schnelle Überrumpelung der durch die Todesnachricht erschütterten Gemüter.

Darum hatte er auch sofort nach seiner Landung unser und Madschids Haus umzingeln lassen. Indes sein Plan mißglückte, hauptsächlich wohl, weil er Madschid nicht mitgefangen hatte, der ja schon vorher in See gestochen war. Er suchte später seine Maßregeln damit zu erklären, daß er eine etwaige Revolution habe verhindern wollen. –

Madschid also, der ja, wie erwähnt, schon seid Chalids Tode die Regierung von Sansibar als Vertreter führte, behielt dieselbe auch weiter und proklamierte sich noch denselben Morgen als Herrscher. Aber noch schwebten wir alle in bangen Zweifeln, ob er denn nun wirklich unser Oberhaupt sei oder ob nicht unser ältester Bruder Tueni, der wieder in Oman zurückgeblieben war, sich diese ihm zukommende Stellung mit Gewalt würde erringen wollen.

Unsere Trauer

Unsere Trauer war voll Formen. Zunächst mußten wir alle, jung wie alt, unsere kostbaren Gewänder ablegen und durften uns nur noch in den gewöhnlichsten schwarzen Baumwollen-Stoff hüllen; die reich gestickten Masken mußten solchen aus einfachen, schwarzem Zeug Platz machen. Das Salben und Parfümieren jeder Art wurde streng vermieden und wer einmal seine mit Indigo gefärbten Kleider mit etwas Rosenöl oder auch nur Rosenwasser besprengte, um den häßlichen Geruch seiner Garderobe zu verbergen, der galt für herzlos, wurde mindestens überall als kokett verschrien. Alle Erwachsenen schliefen, wenigstens die ersten Tage hindurch, nicht auf Betten; wie der Vater direkt auf der Erde schlummert, so dürfen auch seine Angehörigen, wenn sie Pietät hegen und zeigen wollen, keine solche Bequemlichkeit genießen.

Volle vierzehn Tage lang glich unser Haus einem der größten Gasthäuser der Welt. Denn in dieser Zeit durfte jeder kommen und sich satt essen, Fürst wie Bettler. Besonders die Lieblingsspeise des Verstorbenen wird immer, alter Sitte gemäß, gekocht und den Armen in gewaltigen Quantitäten vorgesetzt.

Alle Frauen des Toten, ohne Ausnahme, die ebenbürtigen und die gekauften Sklavinnen, haben sich einer besonderen religiösen Trauer zu unterziehen, die volle vier Monate dauert. Und zwar müssen diese Unglücklichen ihren Ehegatten oder Eheherrn in einem dunklen Raum betrauern; sie dürfen nie absichtlich in die Helligkeit des Tages, geschweige denn in das Sonnenlicht hinaustreten. Muß eine »*Terike*« (Witwe) ja einmal ihr künstlich verdunkeltes Zimmer verlassen und über die helle Gallerie gehen, dann hat sie noch ein schwarzes dickes Tuch über ihre Maske zu werfen und sich so zu verhüllen, daß sie eben gerade ihren Weg zu finden vermag. Dadurch wurde das Auge zuletzt ganz lichtscheu und nur mit Vorsicht und allmählich durften sie nach Abbruch der Trauerzeit dasselbe wieder dem Lichte aussetzen.

Gleich anfangs werden die Witwen durch den »Kadi«, dem sie natürlich nur ganz verhüllt sich zeigen, unter gewissen zeremoniellen Worten förmlich an ihren Witwenstand gebunden; derselbe muß sie unter ebenso bestimmten

Zeremonien nach Ablauf der vier Monate förmlich wieder lossprechen. Noch manche andere, dunklem Aberglauben entstammende Zeremonien hat die Witwe am Tage ihrer Lösung durchzumachen. Vor allem mußten sie alle gleichzeitig eine volle Waschung vornehmen, vom Kopf bis zu den Füßen; solange dieselbe dauerte, stand hinter jeder eine Sklavin und schlug regelmäßig über dem Kopf ihrer Herrin zwei Säbelklingen aneinander. Bei der Menge von Witwen, welche der Vater hinterlassen hatte, konnte diese Zeremonie in den Bädern, die bei aller Größe hierfür doch zu beschränkt waren, nicht stattfinden, sondern die Waschung aller dieser Frauen wurde am Strande vorgenommen, was ein ganz eigentümlich belebtes, sonderbares Schauspiel darbot.

Nunmehr legte die Witwe andere Kleider an; von jetzt ab durfte sie auch erst an eine Wiederverheiratung denken. Wenn vorher schon bloß die männlichen Mitglieder unserer Familie und unsere eigenen Sklaven bei uns den Zutritt hatten, so durften unsere Mütter seit diesen vier Monaten nur noch von unseren Brüdern gesehen werden.

Im ersten Jahr unserer Trauer besuchten einige von uns regelmäßig am Donnerstag Abend, also am Vorabend des muhamedanischen Sonntags, das Grab des Vaters. Es war ein viereckiger, von einer großen Kuppel überdeckter Bau, in welchem noch mehrere meiner Geschwister ruhten. Nachdem man die erste Sura des Koran und anderes gebetet und den Allerhöchsten um Gnade für die Heimgegangenen und um Vergebung ihrer Sünden angefleht hat, gießt man kostbares Rosenöl und Rosenwasser über die Gräber und räuchert mit Ambra und Moschus, alles unter wiederholten lauten Klagerufen über den erlittenen Verlust.

Der Muhamedaner hegt einen unerschütterlichen Glauben an die Unsterblichkeit, und so meint er auch, daß der Seele des Verstorbenen gestattet sei, hin und wieder die Stätte seines früheren Seins und seiner Angehörigen, selbstverständlich unbemerkt, bei besonderen Gelegenheiten zu besuchen. Darum geht man gern zu einem geliebten Grabe, um dem unsterblichen Geiste des Verschiedenen, der so innigen Anteil auch im Jenseits noch an unserem Ergehen nimmt, Freude und Kummer immer mitzuteilen. Kurz, man ehrt die Toten auf alle Weise. Sobald ein gesitteter Muhamedaner beim Haupte oder beim Namen seiner Toten schwört, kann man fest überzeugt sein, daß derselbe eher zu Grunde gehen, als seinem Eide untreu werden wird.

So lange unsere Mütter trauerten, blieb in unseren Häusern alles beim alten; in dieser Zeit konnte ja keinerlei geschäftliche Angelegenheit erledigt werden. Dazu mußten wir uns auch mit unseren Geschwistern in Oman erst auseinandersetzen. Ein Schiff wurde sofort dorthin abgesandt, um die Botschaft von dem Unglück, das uns so hart betroffen hatte, zu überbringen. Wie wird sich Tueny, der als ältester Sohn des Vaters dessen rechtmäßiger Nachfolger sein mußte, zu allem stellen? Wird er mit Madschid sich verständigen, oder droht uns sogar kriegerischer Familienzwist? Solche Fragen wurden täglich kommentiert.

Nach etlichen Monaten traf unser Bruder Muhammed als Vertreter sämtlicher in Oman lebenden Geschwister in Sansibar ein, um besonders die Verteilung der Erbschaft mit vorzunehmen. Kaum war seine Aufgabe beendet, so kehrte er auch so schnell als möglich wieder nach Muskat zurück. Muhammed galt für den Frömmsten in unserer ganzen Familie, von Jugend auf hatte er sich um die Welt und die weltlichen Interessen wenig gekümmert. Ein Feind alles äußeren Glanzes und aller äußeren Güter mochte er sich als Prinz nie recht behagen. Er schätzte allen Reichtum gering und kleidete sich niemals prunkhaft, sondern stets höchst bescheiden und einfach. Um so unangenehmer fiel ihm die Üppigkeit von Sansibar auf, zumal man in Oman an solchen Reichtum gar nicht gewöhnt war; er fühlte sich geradezu unglücklich in dieser Pracht. Daher seine große Eile, ja recht bald aus derselben weg wieder in die einfacheren Verhältnisse unserer eigentlichen Heimat zurückkehren zu können.

Die Frage der Thronfolge blieb unerledigt. Madschid, der in Sansibar die Gewalt in den Händen hatte, kümmerte sich gar nicht darum, ob Tueny, welcher nun in Oman die volle Selbstregierung übernahm, mit dieser unrechtmäßigen Beschränkung zufrieden war, und Tueny hat ihn auch nie förmlich als Sultan von Sansibar anerkannt. Nachher kam unter englischer Vermittelung eine Art von Vergleich zustande, wonach Madschid dem älteren Bruder alljährlich eine gewisse Summe Geldes zahlen sollte; indes hat Madschid sich nur kurze Zeit daran gebunden und bald diese Zahlung eingestellt, da dieselbe leicht als eine Art Tribut und er also als Vasall von Oman angesehen werden konnte. Tueny vermochte nichts dagegen zu tun; er hatte in Oman selbst manche Kämpfe durchzufechten, und seine Mittel waren denen des Beherrschers des reichen Sansibar bei weitem nicht gewachsen, als daß er hätte versuchen können, seine Rechte mit Waffengewalt geltend zu machen. Ohne förmliche, vertragsmäßige Auseinandersetzung blieben seitdem Oman und Sansibar zwei getrennte, von einander unabhängige Reiche.

Dagegen einigten sich die Geschwister unter Muhammeds Teilnahme über die Teilung des privaten Nachlasses unseres Vaters. Einen Staat nach europäischen Begriffen gibt es bei uns nicht; es fehlt also auch alles, was hier aus diesem Begriffe, aus dieser Auffassung sich ergibt; vor allem weiß man nichts von Staatseinnahmen und Staatsausgaben. Alles, was die Zölle einbrachten, war einfach reines Privateigentum des Herrschers, unseres Vaters. Aus diesen und aus den Erträgen seiner Plantagen besonders, indem er zugleich der größte Grundbesitzer auf der Insel war, bestritt er alle Ausgaben und füllte seinen Schatz. Dafür gab es aber auch, zu meiner Zeit wenigstens, weder Einkommen-, noch Grund-, noch Gewerbe- und andere Steuern, wie man sie hier in Fülle hat.

Dieses ganze Privateigentum wurde unter uns Geschwister verteilt; selbst die Kriegsschiffe wurden als solches behandelt und Tueny und Madschid, welche dieselben übernahmen, nach einer gewissen Taxe auf ihren Anteil angerechnet. Das muhamedanische Gesetz begünstigt in Erbschaftsangelegenheiten die Söhne bedeutend vor den Töchtern; man begründet das damit, daß ein Mann eine ganze Familie zu unterhalten verpflichtet sei, was eine Frau nicht nötig habe. So erhielten auch wir Schwestern nur je halb so viel, als unsere Brüder.

Ich selbst wurde damals zusammen mit meinem Bruder Ralub, meinem einstigen Spielkameraden in Bet il Mtoni, für mündig erklärt, obgleich wir beide kaum zwölf Jahre zählten. Es war dies auch für unsere Sitten ungewöhnlich früh; aber die Zeit war eben eine ganz ungewöhnliche für unsere Familie und eine Umwälzung folgte der andern. Wir erhielten deshalb auch beide unser Erbteil ganz überwiesen und standen nun mit zwölf Jahren auf eigenen Füßen. Unsere noch jüngeren Geschwister blieben unter Madschids Vormundschaft, der denn auch ihr Vermögen verwaltete.

Mein Vater hatte in seinem Testament angeordnet, daß diejenigen seiner Frauen, welche keine Kinder hatten, für die Zeit ihres Lebens versorgt werden sollten. Dagegen erhielten die Mütter seiner Kinder nur ein für allemal ein verhältnismäßig geringes Kapital ausgezahlt. Er mag wohl angenommen haben, daß wir von selbst für unsere Mütter sorgen würden, allerdings wurden dieselben hierdurch vollkommen von ihren Kindern abhängig, die Mutter besaß so gut wie nichts, das Kind alles. Indes der Vater hatte seine Kinder richtig beurteilt; ich kann zu meiner Freude und zu Ehren meiner sämtlichen Geschwister (wir waren zusammen 36 am Leben bei seinem Tode) versichern, daß auch nicht eines sein schönes Vertrauen getäuscht hat. Jeder liebte und ehrte seine Mutter wie vorher, niemand hat seine bevorzugte Stellung dieser gegenüber je mißbraucht. Es wäre ja auch höchst verdammungswürdig gewesen. Mutter bleibt Mutter, mag sie nun eine geborene Fürstin oder eine gekaufte Sklavin sein; ihrem Kinde gegenüber braucht sie weder Rang noch Reichtum, sie hat immer gerechten Anspruch auf die größte Pietät.

Kurz nachdem die Erbschaft ausgeteilt war, wurde unser vorher so übervölkertes Haus einsam und leer, wenigstens im Verhältnis zur früheren Zeit. Eine Menge meiner Geschwister mit ihren Müttern und ihren persönlichen Sklaven und Sklavinnen zogen aus Bet il Sahel aus, um sich ein eigenes Heim zu gründen. Chole, Schewane und Asche wollten diesem Beispiele nicht sofort folgen, und so blieb ich mit meiner Mutter und ihnen noch einige Zeit in Bet il Tani wohnen.

Auch in Bet il Mtoni trat einige Veränderung ein, indem Zemsem bis zu ihrer späteren Verheiratung auf ihr Gut zog und Metle bald darauf nach dem ihrigen übersiedelte. Es war in der Tat nötig, daß einige von uns die großen Häuser räumten, nachdem wir alle so gestellt waren, selbständig und unbeschränkt nach dem eigenen Geschmack fortan leben zu können. Den jüngeren minderjährigen Geschwistern mußte die Wohnungsnot etwas erleichtert werden.

Wenn bei Lebzeiten des Vaters alle gemeinschaftlich aus einem allerdings gewaltig großen Topfe verpflegt worden waren, so änderte sich das jetzt. Alle, die ihre Erbschaft erhalten hatten, mußten nunmehr für sich selbst sorgen. Nur für die minderjährigen Geschwister nebst ihren Müttern und Sklaven und für die Frauen, welche keine Kinder hatten, blieben die Verhältnisse dieselben wie früher. Madschid mußte für sie alle sorgen, wofür ihm ihr Vermögen und dessen Erträge zur Verfügung standen.

Charaktere und Geschichten aus dem Kreise meiner Geschwister

Viel habe ich im Verlauf meiner Erzählung bereits über meine Geschwister gesprochen, über einige ausführlicher, über andere kürzer. Wie viele Geschwister ich überhaupt gehabt habe, weiß ich nicht; sicher ist eine große Zahl schon vor dem Vater gestorben und ich glaube nicht fehlzugreifen, wenn ich die Gesamtzahl auf etwa hundert veranschlage. Als der Vater starb, waren 36 Kinder am Leben, achtzehn Söhne und achtzehn Töchter. Wollte ich nun dieselben einzeln aufzählen und die Charaktere und Schicksale aller schildern, so würde das den europäischen Leser kaum interessieren. Indes kann ich mich nicht enthalten, wenigstens über einige von ihnen hier noch etwas mehr zu sagen und ich möchte dabei besonders eine Reihe von Charakteren und von Zügen hervorheben, welche geeignet scheinen, das Leben, die Sitten und Gebräuche meiner Heimat deutlicher und schärfer zu illustrieren.

Scharife

Unser Vater, der die Regierung selbst leitete und alles persönlich überwachte, hatte wenig Zeit, sich mit seinen kleinen Kindern zu beschäftigen; mit um so größerer Liebe wandte er sich den Erwachsenen zu. Damit erweckte er nicht selten die höchste Eifersucht in der Schar der Kleinen, die vor ihm straff wie die Schildwachen stehen mußten, während die älteren Schwestern neben ihm auf dem Sofa Platz nehmen durften. Meine kindliche Eifersucht kehrte sich besonders gegen meine Schwester Scharife, die meiner Brüder gegen Hilal.

Scharife, die Tochter einer Tscherkessin, war von einer blendenden Schönheit und hatte ganz die Hautfarbe einer deutschen Blondine. Dazu besaß sie einen scharfen Verstand, der sie zur treuen Beraterin des Vaters machte. Im Kriege wie im Frieden besprach er alles mit ihr und er soll nur selten oder fast nie Ursache gehabt haben, sich über ihre Ratschläge zu beklagen. Gewiß wieder ein Beweis, daß die Frau im Orient durchaus keine bloße Null ist.

Nur eine Zeit lang war sie mit dem Vater nicht im Einvernehmen. Dem Zuge ihres Herzens folgend, heiratete sie einen Vetter, welcher dem Vater nicht die Charaktereigenschaften zu haben schien, die er von dem Manne seines Lieblings verlangte. Anfänglich mied sie danach das elterliche Haus, bis endlich die Verstimmung des Vaters nachließ. Sie hatte eine glückliche Wahl getroffen und blieb die einzige Frau ihres Mannes. Ihr einziges Kind, Schnun, ein bildschöner Knabe, den sie leidenschaftlich liebte aber doch sehr streng erzog, war mein Spielkamerad. Alle Freitage, wenn er mit seiner Mutter zu uns kam, brachte er mir eine Kleinigkeit mit, besonders zu der Zeit, wenn der Monsun die Schiffe aus Muskat zu uns führte. Dort hatte Scharife viele Verbindungen; sie liebte Muskat über alles und hat auch daselbst als Begleiterin des Vaters auf seiner letzten Reise ihr Leben beschlossen.

Chole

Als ich Bet il Sahel kennenlernte, wurde, wie ich schon erwähnte, an Stelle Scharifes Chole mein Ideal. Auch diese stand dem Vater besonders nahe; ihr bezauberndes Wesen, ihre Heiterkeit und Anmut gewannen ihn ganz. Nie ist mir wieder eine weibliche Erscheinung entgegengetreten, die so vollkommen schönes Ebenmaß besaß als Chole. Sie wußte sich sehr geschmackvoll zu kleiden und alles stand ihr gut. Wenn alle in feinstem Lyoner Samt erschienen, und sie nur einfach kattunene Kleider trug, so hob sie doch sich so von den andern ab, wie eine geborene Herrscherin von ihren Untertanen. Ihr Urteil in allen Angelegenheiten der Toilette galt für so unfehlbar, wie seinerzeit das der Kaiserin Eugenie für die europäische Welt.

Choles Mutter, welche aus Mesopotamien stammte, besaß große Umsicht und Klugheit, weshalb ihr auch unser Vater die Oberaufsicht über das Hauswesen in Bet il Sahel übertrug. Von ihrer eigenen, bedeutend älteren rechten Schwester Asche hatte Chole immer viel zu leiden, und sie trug es mit rührender Geduld. Wenn spitze Zungen Asche bei ihr verlästern wollten, so wies sie dieselben stets kühl ab. Nur ich, der sie trotz meiner Jugend all ihr Leid anvertraute und kein Geheimnis vorenthielt, nur ich wußte, wie tief sie das Benehmen ihrer Schwester schmerzte. »O mein Gott,

Salme«, brach sie dann oft unter Tränen hervor, »was habe ich nur getan und was kann ich nur dafür, daß es dem Vater beliebt, mich auszuzeichnen? Teile ich nicht alle seine Gaben mit ihr? Bin ich schuld daran, daß der Vater beständig meine Dienste verlangt?«

Mit gleicher Mißgunst verfolgten sie leider noch so viele im Hause. Brauchte man ihre Fürsprache beim Vater, so umschmeichelte man sie; aber bald war jeder ihrer Liebesbeweise vergessen. Bei der Beaufsichtigung des Haushalts stand sie ihrer Mutter zur Seite und später übertrug ihr der Vater dieselbe ganz selbständig. Da gab es nun allerlei Anlaß zu neuen Klagen; unmöglich konnte sie alle in dem überfüllten Palaste zufriedenstellen. War einmal bei der großen Hitze ein Huhn, ein Stück Fleisch, ein Fisch schlecht geworden, kamen die Früchte von den Plantagen nicht rechtzeitig oder zerquetscht an, fielen die für die Verteilung eingekauften Waren nicht nach Wunsch aus, hatte es in der Türkei eine schlechte Rosenernte gegeben, so daß wir unseren großen Bedarf an Rosenwasser und Rosenöl nicht zu decken vermochten: an allem war Chole schuld, für alles wurde sie verantwortlich gemacht.

Noch viel mehr wurde ihr zur Sünde angerechnet, daß sie der Vater mit in seine Schatzkammer nahm oder auch allein hineinschickte. Am liebsten hätten ihre Feinde sie jedesmal an der Schwelle visitiert, genau so, wie man am Persischen Meerbusen mit den Perlentauchern verfährt, damit sie nur ja nicht heimlich etwas für sich mit heraus nähme. So weit ging der böse Neid und die Mißgunst. Und nun wurden diese zahlreichen Widersacher noch eines Tages mit der entsetzlichen Nachricht überrascht, daß ihr der Vater eine prachtvolle, sehr kostbare Krone geschenkt habe, welche er eigens für sie aus Persien verschrieben. Dies herrliche Diadem bestand aus lauter goldenen, reich mit Diamanten besetzten Palmen, eine große in der Mitte, dann der Reihe nach bis zu den Schlußsteinen immer kleiner werdend. Die Fasson war derart, daß Chole es zu unserem Kopfputz nicht tragen konnte; es war mehr ein wertvoller Schatz für Zeiten der Geldnot. Bei der Liebe, welche jede Orientalin für Schmuck hat, wird man begreifen, daß das Geschenk eines solchen Prachtstückes die Zahl von Choles Feinden nur noch vermehrte. Eine solche Bevorzugung verübelte man selbst dem Vater bitter, der doch unmöglich in der Lage war, seine große Familie in allen ihren Wünschen zu befriedigen.

Und wie stellte sich Chole dieser Eifersucht gegenüber? Das war ihre beste Seite: sie blieb immer gleich liebenswürdig, gleich entgegenkommend gegen alle. Niemals kam ihr ein Gedanke der Rache oder der Vergeltung in den Sinn; ihr Wort war stets: »Wenn der Vater nur mit meinem Tun zufrieden ist, so muß mir das genügen.«

Für mich hat Chole, solange ich noch ein Kind war, treulich gesorgt und später wurde sie mir die herzlichste Freundin. Namentlich seitdem sie nach des Vaters Tode aus Bet il Sahel nach Bet il Tani übersiedelt war, wurde unser Verhältnis ein äußerst inniges. Fortwährend waren wir beisammen; ich aß bei ihr, oder sie bei mir; bis in die späte Nacht spannen sich unsere Gespräche immer fort und nebeneinander suchten wir unsere Ruhe. Welchen Einfluß sie über mich gewann, wird sich später zeigen. Nach meiner Versöhnung mit Madschid trübte sich unsere Freundschaft, aber nicht auf lange Zeit. Und sie bewahrte mir ihre Liebe ihr Leben lang. Im Jahre 1871, nach dem Tode meines Mannes ließ sie mir noch schreiben, da sie selbst des Schreibens unkundig, ich solle ihr eines von meinen Kindern schicken, welches sie adoptieren wolle. Ich konnte nicht darauf eingehen, hätte doch dasselbe den Islam annehmen müssen.

Ihre Freigebigkeit und Milde waren geradezu sprichwörtlich geworden. Ihre Untergebenen standen sich sehr gut in ihrem Dienste; sie sah ihnen jeden Fehler nach und legte immer für die Sklaven anderer ihr Fürwort ein. Ich besaß zum Beispiel eine nubische Sklavin, welche bei ihrer früheren persischen Herrschaft in Muskat die Kochkunst vortrefflich gelernt hatte. So gut sie nun für mein leibliches Wohl sorgte, so wurde sie doch bald unerträglich, da alles, was in ihre Nähe kam, verschwand. Alle Mahnungen und Entlarvungen fruchteten nichts, und so beschloß ich endlich, die Diebin zu verkaufen. Als nun Zafrane, so hieß der Unhold, hiervon erfuhr, lief sie in Nacht und Nebel nach der Plantage meiner Chole, deren gutmütige Hilfe zu erflehen. Sie wußte wirklich ihr Mitleid zu rühren und mir blieb, meiner Schwester zuliebe, nichts übrig, als die gefährliche Person weiter zu behalten.

Nach des Vaters Tod erwarb Chole mit ihrem Erbteil (sie bekam nicht mehr als wir alle) eine unserer schönsten Plantagen, welche der Vater am häufigsten zu besuchen pflegte. Dieselbe kam wegen des zugehörigen schönen Schlosses mit seiner prächtigen Einrichtung sehr teuer zu stehen und brachte ihr nur wenig ein. Aber ihre Pietät für den Vater, der sie wie seinen Augapfel geliebt hatte, ließ sie über all solches Rechnen hinwegsehen; die größten Opfer brachte sie gern, nur um seinen Lieblingsaufenthalt zu besitzen. Alljährlich ging sie um die Zeit der Nelkenernte auf zwei bis drei Monate nach Sebe, so hieß die Plantage. Die Tage sind mir unvergeßlich, wo ich da mit meiner Chole Hand in Hand unter den herrlich duftenden Bäumen des Gartens lustwandelte, und wir harmlos und zwanglos mit den zahlreichen Sklavenkindern uns unterhielten oder auch in der tiefen Fensternische sitzend, dem Treiben der Leute zuschauten.

Das prachtvoll eingerichtete Zimmer des Vaters wurde gar nicht benutzt und nur vornehmen Gästen auf besonders geäußerten Wunsch geöffnet.

Die Gastfreundschaft übte sie aufs großartigste und die Schönheit von Sebe zog immer viele Besuche an. Die seltensten Pflanzen, die sonst in Sansibar nicht bekannt waren, schmückten den Garten und alles wurde von dem hochgeschätzten Verwalter treu gepflegt, wie es zu des Vaters Zeit gewesen.

Vor der festen hohen Mauer, welche den Garten umschloß, lag im Schatten eines herrlichen Baumes, der die größten Eichen hier übertraf, ein steinernes allerliebstes Gebäude. Nur einen Saal enthielt dasselbe, mit marmornem Boden, deckenhohen Wandspiegeln, massenhaften bunten Ampeln und zahlreichen Rohrstühlen ausgestattet. Hier pflegte der Vater, wenn er in Sebe sich aufhielt, mit seinen Herren zusammenzutreffen und abends den Kaffee einzunehmen. Jetzt konnten wir ungestört diese schöne, kühle Stätte besuchen, konnten wie Kinder uns hier freuen und unseres lieben Vaters gedenken.

Die viel geliebte, viel beneidete und viel gehaßte Chole weilt nicht mehr auf dieser Welt; im Jahre 1875 mußte ich sie verlieren. Sie soll das Opfer einer heimtückischen Vergiftung geworden sein, worüber nie rechte Klarheit zu gewinnen möglich war. Mir bleibt sie im Geiste immer nah!

Asche

Selten wohl hat die Natur bei der Ausstattung zweier rechter Schwestern eine solche Laune gezeigt, als bei Chole und Asche. Besaß Asche eine kleine Figur und dunkle Hautfarbe, so war Chole groß und von heller Farbe; war Asche durch die Pocken vollständig entstellt, so repräsentierte Chole die vollendete Schönheit einer Orientalin; trug Asche ein gemessenes, verschlossenes, ja kaltes Wesen zur Schau, so entzückte Chole durch ihre natürliche Liebenswürdigkeit und Güte, wenn ihr auch Asche allerdings in geistiger Beziehung überlegen war. Die Gegensätze hätten nicht schroffer sein können. Asiatische Verwandte, welche uns besuchten, wollten auch nie glauben, daß in Asche und Chole rechte Geschwister vor ihnen ständen.

Die arme Asche war sich völlig bewußt, wie sehr ihr Gesicht durch die Pockennarben entstellt sei und ließ sich deshalb fast nie unmaskiert sehen; selbst unter ihren Geschwistern und vor ihrer Dienerschaft ging sie immer verhüllt. Es ist erklärlich, daß sie auf ihr Äußeres nichts gab. Sie kleidete sich für ihre Stellung stets sehr bescheiden und erschien ihren Geschwistern gegenüber fast ärmlich. Eine einzige abessinische Sklavin, welche im Putzen und Frisieren sehr geschickt war, diente ihr zugleich als Friseurin, Putzmacherin und Kammermädchen.

Dagegen galt sie weit und breit als die erste Feinschmekkerin und in der Tat, man hätte überall bei uns die Runde machen können, ohne auf eine gleich gute Tafel zu stoßen, wie man sie bei ihr traf. Man stellte daher auch gern junge Leute unter ihr bewährtes Küchenpersonal, um die vielen Geheimnisse der Kochkunst zu erlernen. Sogar mein Bruder Madschid hatte sich bei ihr gleichsam in Pension gegeben; täglich ließ er sich fünf bis acht Schüsseln bei ihr bereiten, wofür er monatlich eine feste Summe zahlte.

Ihre Klugheit veranlaßte, daß sie häufig als Schiedsrichterin angerufen wurde und sie wußte immer mit aller Bescheidenheit das Richtige zu treffen. Dieser scharfe Verstand kam namentlich ihren Finanzen zugute; sie wirtschaftete geradezu musterhaft, ein Lob, welches nur wenige unter uns verdienten. In ihrer Kasse herrschte niemals Ebbe, selbst nicht vor der Erntezeit, die doch unsere Börsen vor allem füllen mußte. Verschwenderische Naturen schalten sie allerdings dafür hin und wieder geizig.

Ihr Lieblingsbruder war der arme Hilal. Mit seltener Hingebung hat sie an ihm gehangen, und nach seinem Tode hat sie für seinen ältesten Sohn Suud in jeder Weise mütterlich gesorgt.

Chadudsch

Chadudsch, Madschids Schwester, ist dem Leser bereits bekannt. Sie war in unserm Hause beliebter als Asche, indes da sie bei Madschid wohnte, welchen sie über alles liebte, so kam sie mit uns seltener in Berührung.

In späteren Jahren übernahm sie die Mutterstelle bei unserem doppelt verwaisten jüngsten Bruder Nasor. Nach Madschid's Tode begab sie sich mit demselben, des Lebens gründlich überdrüssig, nach dem letzten Zufluchtsorte der Muhamedaner, nach Mekka; dort sind beide bald nacheinander aus dieser Welt abberufen worden.

Schewane

Als ich nach Bet il Sahel kam, wurde Schewane meine Spielkameradin; sie war zwar älter als ich, stand mir aber von allen Geschwistern im Alter am nächsten. Begabt mit scharfem Verstand, großer Muskelkraft und einem Blicke, der einen Löwen hätte demütigen können, konnte sie nicht verfehlen, eine gewichtige Rolle im Hause zu spielen. Mich erkor sie einfach zu ihrem Laufburschen; täglich mußte ich ihre Hand fühlen und erhielt als Dank für meine Dienste höchstens das schmeichelhafte Kompliment: »Du weißer Affe!« Sie war ja die Tochter einer Abessinierin, ein Volk, das bei uns ebenso wegen seiner Rohheit und Gewalttätigkeit, wie wegen seiner Klugheit bekannt ist. Und ich stammte von einer »weißen« Mutter, was mir seitens meiner dunklen Geschwister manchen Angriff zuzog. Noch weit mehr hatte mein Bruder Dschemschid von ihnen zu leiden, welcher von seiner blonden Mutter nicht nur das Haar, sondern auch blaue Augen geerbt hatte.

Früh verlor Schewane ihren einzigen Bruder Ali, der einen ganz anderen Charakter als sie besaß und deshalb auch größerer Beliebtheit sich erfreute, und schnell nacheinander Vater und Mutter; halb erwachsen stand sie allein in der Welt, die so ganz anders war, als sie wünschte. Unter den zahlreichen Brüdern konnte sie sich höchstens für Madschid erwärmen und zwar nur aus Pietät für Ali, welcher eine enge Freundschaft mit jenem unterhalten hatte.

Ihre wahrhaft majestätische Figur und die fast klassische Schönheit ihres Gesichts verliehen ihr eine Würde, die jedem imponierte. Ihr Hauptcharakterzug war ein stark ausgeprägtes Selbständigkeitsgefühl. Nie konnte sie sich entschließen, jemanden um einen Rat anzugehen, und niemand wußte so recht, wie es eigentlich bei ihr aussah. Des Schreibens unkundig, wurde sie denn auch von einem durchtriebenen Negersklaven gründlich ausgebeutet. Trotz ihres schroffen Wesens war sie indes außerordentlich mildtätig und für ihre Untergebenen eine zwar strenge, jedoch stets gerechte Herrin.

Die schönsten und ausgesuchtesten Sklaven suchte sie zu besitzen und überlud sie dann mit den kostbarsten Waffen und Geschmeiden. In ihrer Umgebung atmete alles Prachtliebe und Reichtum wie in einem Märchenlande.

Ich war die einzige Schwester, die trotz aller schlechten Behandlung, welche ich von ihr in den Jugendjahren erduldet hatte, einigermaßen mit ihr auskam. Wenn ich ihr nun in einem günstigen Moment hin und wieder vorhielt, wie sehr man sie wegen ihrer großen Ausgaben, namentlich wegen ihres zahlreichen Sklaventrosses tadele, so anwortete sie ganz gelassen, sie wisse genau, daß sie nicht lange zu leben habe und wolle noch bei ihren Lebzeiten ihr Vermögen teils an arme Leute verschenken, teils dasselbe selbst so schnell wie möglich durchbringen, damit wir nur nichts zu erben hätten. Sie war reich; außer dem väterlichen Erbteil war ihr auch Alis ansehnliches Vermögen zugefallen. Aber trotzdem blieb sie auch später im väterlichen Hause wohnen, worüber man allgemein ungünstig urteilte.

Schewane fragte nichts nach dem Urteile anderer. Obgleich sie doch mit Hunderten von Menschen unter einem Dache wohnte, kümmerte sie sich um niemanden und lebte nur für ihre und mit ihren zahlreichen Sklaven. So kam es auch, daß wir zu spät von ihrer schweren Erkrankung Kunde erhielten. Erzürnt über Choles und meine vermeinte Lieblosigkeit wollte sie seitdem keine Besuche mehr empfangen; so sehr uns das Herz blutete, wir konnten ihrem Verlangen nicht entgegenhandeln. Sie setzte stets ihren Willen durch. Und als sie sah, daß ihr blühendes Leben infolge einer unaufhaltsamen, galoppierenden Schwindsucht der

Auflösung entgegenging, ließ sie ihre Umgebung heilig versprechen, daß niemand, außer der Leichenwäscherin, sie auch im Tode sehen sollte. Strikt wurde ihr Befehl befolgt. Kaum war Schewane verschieden, so wurde ihr Zimmer fest verschlossen. Erst nachdem die Leiche nach den Vorschriften des Gesetzes gewaschen und mit Kampfer bestreut und sodann mit weißen Linnen, welche auch das Gesicht verhüllten, siebenfach umwunden worden war, erst da ließ man uns zu ihr. Fassungslos kniete ich vor der Leiche und schloß sie in meine Arme, unbekümmert um die ängstlichen Seelen, die vor Ansteckung warnend mich hinwegzuziehen suchten. Bei solchen Momenten weicht ja der so sehr uns beherrschende Egoismus wenn auch nur auf kurze Zeit von uns.

Ich war Schewane trotz der Verschiedenartigkeit unserer Naturen von ganzem Herzen zugetan; ich habe sie immer verteidigt, und wer über ihr schroffes Wesen und ihre Absonderlichkeiten hinwegsah, der mußte sie lieben. Ihr Stolz und Ehrgeiz zogen ihr manche Feinde zu; besonders ältere Leute wollten denselben nicht ertragen. Und gerade der Stolz war eines der vielen Rätsel in ihrem Wesen, da doch ihre Seele ein fester, voller Glaube erfüllte.

Auch sterbend sorgte sie noch für ihre Stadtsklaven und die höheren Landsklaven. Sie gab ihnen nicht nur die Freiheit, sondern schenkte ihnen auch alle ihre kostbaren Waffen und Geschmeide und dazu eine ganze Plantage zu ihrem Lebensunterhalt. Die, welche sich so viel für sie bemüht, sollten nach ihrem Tode nicht mehr für Geld zu arbeiten brauchen.

Metle

Metle war, wie Schewane, die Tochter einer Abessinierin, indes von so hellem Teint, daß man ihr ihre Abstammung durchaus nicht ansah. So lange ich in Bet il Mtoni wohnte, war sie mit ihrem Bruder Ralub meine Gespielin. Ihre Mutter war infolge einer Krankheit vollständig gelähmt und konnte sich um ihre beiden Kinder wenig kümmern; das hat diesen aber durchaus nichts geschadet; sie wurden beide vortreffliche, brave Menschen.

Die arme Leidende mußte im Erdgeschoß wohnen, wo

sonst nur die mächtigen Magazine sich befanden, und so war der Raum für ein Krankenzimmer nichts weniger als geeignet. Modrige Kellerluft erfüllte das Zimmer, in welchem meine Geschwister aufwuchsen.

Vor dieser Wohnung, unmittelbar am Ufer des murmelnden Mtoni, war eine besondere Ruhestätte hergerichtet, nicht ganz einen Meter hoch und drei bis vier Meter im Quadrat. Hier saß oder lag die Kranke den ganzen Tag über und ließ sich von ihren guten Kindern und ihren Sklaven pflegen. Ihre Stiefkinder und deren Mütter suchten sie auch gern auf und unterhielten sie. Meine Mutter besonders pflegte ihr aus dem Koran und anderen heiligen Schriften vorzulesen, da die Kranke, wie die meisten anderen Frauen, welche schon erwachsen zu uns kamen, des Lesens unkundig war.

Metle und Ralub waren ein seltenes Geschwisterpaar, von herzlichster kindlicher Liebe für ihre Mutter erfüllt und immer bemüht, der Armen Freude zu machen. Metle, die ein paar Jahre mehr zählte als ich, war besonders gutmütig; immer gab sie unseren Launen nach, die beste Gespielin auf der Welt.

Nach des Vaters Tode wurde Metle meine nächste Gutsnachbarin. Täglich besuchten wir uns, solange wir auf unseren Plantagen waren. Nur der lustige Ralub liebte es, diese Ruhe zu stören, indem er uns oft zusammen mit seinen Freunden zu überraschen pflegte. Das gab dann allemal eine heillose Verwirrung, da wir uns ja nicht vor Fremden sehen lassen durften und dies zu beobachten war Ralubs Hauptzweck.

Die übrige Jahreszeit über lebte Metle, auch nach ihrer Mutter Tode, in Bet il Mtoni, bis sie sich mit einem weitläufigen Vetter in der Stadt verheiratete. Zwei entzückende Knaben, Zwillinge, bildeten ihre einzige Wonne. Ich konnte zu ihr kommen, wann ich wollte, immer trug sie einen Jungen auf dem Arme oder hielt beide zusammen auf ihrem Schoß. Ein so anspruchsloses, mit allem zufriedenes Wesen gab es in unserem Hause nicht weiter, sie bildete den vollkommensten Gegensatz zu Schewane. Aber auch das wieder gefiel manchen nicht; man meinte, eine solche Bescheidenheit passe nicht für eine Prinzessin. Dann erklärte sie wohl, sie werde immer dieselbe bleiben, gleichviel ob sie mit Fürsten oder mit einem Bettler verkehre; ihre Vornehmheit litte in ihren Augen keineswegs darunter. »Daß ich nicht immer in Samt und Seide gehen mag, ist ja meine Sache; bin ich deshalb weniger wert, als meine Geschwister? Bleibe ich nicht immer die Tochter meines Vaters?« Zu meiner Beschämung muß ich gestehen, daß ich damals für diese Philosophie gar kein Verständnis besaß, daß ich erst später Gelegenheit erhielt, über ihre Weisheit nachzudenken, um sie vollkommen zu billigen.

Zejane

Zejane und Zemzem sind rechte Schwestern, Kinder einer abessinischen Mutter. Als wir noch in Bet il Mtoni wohnten, bestand, wie erwähnt, eine innige Freundschaft zwischen meiner Mutter und Zejane. Dieselbe hatte eine kleine Schwäche für mich und verzog mich jedenfalls mehr, als meine Mutter gut fand. Unsere Zimmer lagen weit voneinander, so daß ich zwei Treppen und den ganzen Hofraum passieren mußte, ehe ich zu Zejane und Zemzem kommen konnte. Um so länger blieb ich dann immer bei ihnen, oft fünf bis sieben Stunden des Tages, zur Verzweiflung meiner Mutter. Häufig kam Bote über Bote, um mich abzuholen; alle ohne Erfolg, bis zuletzt meine Mutter selbst sich aufmachte und den Nachmittag oder Abend dann ebenfalls bei den Schwestern verweilte.

Zejane verdanke ich die erste Anweisung im Klöppeln; sie hatte darin sich eine ganz besondere Fertigkeit angeeignet. Die schönsten Muster erfand sie allein oder mit meiner Mutter und niemand durfte dieselben je sehen, bis sie als ganz gelungen zu bezeichnen waren.

Durch ihr gütiges Wesen erwarb sich Zejane überall Freunde; namentlich wurde sie nie müde, kranke und hilflose Wesen zu pflegen und zu trösten.

In Bet il Mtoni konnten die Frauen, solange der Vater mit seiner Herrengesellschaft nicht dort weilte, nach Belieben am hellen Tage ausgehen; so sah man denn Zejane häufig, von einem oder zwei bepackten Sklaven begleitet, zu dieser oder jener Beamtenfamilie hinwandern, wo sie bei ihrem Weggang immer dankerfüllte Herzen zurückließ.

Als der Tag unserer Übersiedlung nach Bet il Watoro herankam, vergossen meine Mutter und Zejane heiße Tränen; sie waren sich klar bewußt, daß sie sich nur selten noch sehen würden. Zejane haßte die Stadt und konnte sich nicht oft überwinden, dieselbe aufzusuchen; meine Mutter aber wurde durch allerlei Pflichten abgehalten, häufigere Besuche in Bet il Mtoni zu machen.

Ganz früh lief ich am letzten Tage, da meine Mutter beschäftigt war, zu Zejane, um noch so lange wie möglich bei ihr sein zu können. Sie brach in Tränen aus, überhäufte mich mit Abschiedsgeschenken, gab mir gekochte Eier, wie ich sie besonders liebte, kurz suchte mir alle Liebe zu beweisen. Dabei ermahnte sie mich, recht brav und fromm zu sein und meiner Mutter rechte Freude zu bereiten.

Den Abschied von ihr zu beschreiben, ist mir unmöglich; er machte auf mein kindliches Gemüt um so mehr Eindruck, als ich unmittelbar darauf mit meiner Mutter vor unsere herzlich steife Stiefmutter Azze bint Sef trat, um auch ihr Lebewohl zu sagen.

Zemzem

Bei weitem hübscher, als Zejane, besaß Zemzem alle die guten, edlen Eigenschaften ihrer uns früh durch den Tod entrissenen Schwester. Ich habe sie erst später, als wir Gutsnachbarinnen wurden, genauer kennengelernt. Sie war von Natur außerordentlich praktisch; dem übertriebenen Luxus abhold, liebte sie nur das Einfache und Gediegene. Alles prosperierte unter ihr, wie es selten in einem arabischen Hause zu geschehen pflegt; sie kam im ganzen, wenn ich mich so ausdrücken darf, dem deutschen Ideal einer Hausfrau am nächsten.

Mir gegenüber benahm sie sich ganz mütterlich, war ich doch der Liebling ihrer heißgeliebten Zejane gewesen. Wenn ich irgend etwas Verkehrtes tat, was leider häufig vorkam, so sah sie mich stets mit ihren großen, seelenvollen Augen lange und schweigend an. »O wie schade«, sprach sie dann, »daß deine gute Mutter dich so früh in dieser bösen Welt allein lassen mußte. Ja, wenn Zejane noch am Leben wäre, so hätte sie deine zweite Mutter sein können und du wärst noch lange ein Kind geblieben. Denn das bist du ja doch und hast noch gar keinen rechten Verstand.« Und begütigend schloß sie mit den Worten: »Aber sei mir nicht böse, daß ich dir so etwas sage; ich tue das nur aus Liebe für meine Zejane, der du so teuer gewesen; siehe, andere begehen dieselben Torheiten und nie fällt es mir ein, sie ihnen vorzuhalten.«

In der Landwirtschaft war sie mir besonders eine große Hilfe; stundenlang ritt sie mit mir durch die Plantagen und machte mich auf diesen und jenen Vorteil aufmerksam. Einst wandte sie sich direkt an meinen *Nakora* (eine Art Inspektor): »Eure Herrin ist einfach noch ein Kind (*mtoto* suahilisch) und versteht von solchen Dingen gar nichts; darum müßt ihr um so mehr für sie sorgen, und was ihr nicht versteht, könnt ihr immer von meinem Nakora erfahren.« Das war wenig schmeichelhaft für mein eitles Selbstbewußtsein, indes sie meinte es so gut, ich konnte ihr nicht grollen.

Ziemlich spät hat sich Zemzem noch mit unserem entfernten Vetter Humud verheiratet. (Es herrscht nämlich bei uns die Sitte, sich möglichst untereinander zu verheiraten, damit das blaue Blut erhalten bleibt.) Es war derselbe, der es einst gewagt hatte, Chalid in der Moschee um die Hand einer anderen Schwester von mir zu bitten und der wegen dieser Taktlosigkeit scharf abgewiesen worden war. Nach Chalids Tode hatte er sein Glück direkt bei seiner Auserwählten versucht, aber nur einen Korb heimgetragen. Sein gekränkter Ehrgeiz wollte es nicht ertragen, lange den verschmähten Liebhaber zu spielen; er wandte sich an Zemzem und diese erhörte seinen Antrag. Unmittelbar darauf wurde schon die Hochzeit gefeiert und zwar sehr einfach und prunklos. Humud war nämlich, obgleich er zu den reichsten Leuten in Sansibar gehörte, außerordentlich geizig. Selbst die traditionelle Gastfreundschaft der Araber pflegte er nicht. Dazu war er fanatisch orthodox und trug eine strenge Frömmigkeit zur Schau, die allerdings die meisten für reine Heuchelei hielten, da er bei den geringfügigsten Ursachen die größten Grausamkeiten zu begehen fähig war. So war es natürlich, daß niemand ihn liebte, viele ihn verachteten; nur scheute man sich, den reichen, einflußreichen Mann offen anzufeinden.

Ich habe Zemzem nach ihrer Verheiratung wenig mehr gesehen; indes schien sie doch in der Ehe mit diesem so unbeliebten Manne glücklich zu sein; sie muß eben auch ihn in ihrer praktischen Weise richtig zu behandeln verstanden haben.

Nunu

Über eine von der Natur sehr übel behandelte Schwester, die das allgemeine Mitleid verdiente, will ich noch einiges berichten. Nunu war die Tochter einer Tscherkessin, welche wegen ihrer strahlenden Schönheit bei uns den Namen *Tadj* (Krone) erhielt. Tadj war vom Vater besonders ausgezeichnet worden und hatte dafür viel Neid und Mißgunst auf sich geladen. Als nun ihr Kind mit ebenso großer Schönheit ausgestattet, aber vollkommen blind geboren wurde, da sahen viele dies als eine der Mutter auferlegte Strafe dafür an, daß sie die große Schuld auf sich geladen, vom Vater bevorzugt zu werden. Die arme Mutter litt bitter darunter; nur der feste Glaube, daß Gott alles so gewollt, vermochte einigermaßen ihren Kummer zu lindern. Sie sollte auch den Anblick ihres blinden Kindes nicht mehr lange haben, eine Art Wassersucht raffte sie bald hinweg.

So stand denn die arme blinde Nunu ganz einsam da. Indes auch hier bewährte es sich, daß, wo die Not am größten, Gottes Hilfe am nächsten. Eine durch und durch pflichttreue abessinische Sklavin versprach der sterbenden Tadj heilig, für Nunu bis an ihr Ende gewissenhaft sorgen und sie nie verlassen zu wollen. Sie hat ihr Versprechen musterhaft gehalten und ihre kleine Herrin vor allen Unbilden des Lebens geschützt, obwohl dieselbe oft genug zu gerechten Klagen Veranlassung bot. Nur vom Vater nahm die Pflegerin Befehle an, der in seiner Liebe sich um die arme Blinde naturgemäß weit mehr kümmerte, als er allen seinen Kindern gegenüber zu tun im Stande war. Freilich gab es auch hierüber wieder allerlei mißgünstiges Gerede.

Nunu war das wildeste, unartigste Kind, das ich je gesehen habe: sie war der Schrecken aller Mütter, welche kleine Kinder hatten. Denn sie stellte im Alter von sechs bis zehn Jahren allen ihren jüngeren Geschwistern nach, um – so unglaublich das klingt – ihnen die Augen auszukratzen. Sobald sie vernahm, daß ein Brüderchen oder Schwesterchen geboren war, fragte sie sofort, ob es auch sehen könnte und gesunde Augen hätte. Allmählich zog man vor, sie hierüber zu täuschen und man konnte ihr dann die Freude deutlich ansehen, welche sie darüber empfand, daß auch andere Sonne und Mond nie zu erblicken vermöchten. Bitterster Neid erfüllte ihr Kinderherz. Ein kleiner Bruder von mir, der bildhübsch war, wurde besonders wegen seiner prachtvollen, langen Augenwimpern bewundert. Eines Tages, als seine Mutter zum Mittagessen gegangen war und auch seine Amme sich einen Augenblick entfernt hatte, hörte man ihn entsetzlich schreien und da alle herzueilten, fand man, daß Nunu seine Augenwimpern und Augenbrauen mit der Schere abgeschnitten hatte.

Seitdem ließ man nie wieder ein Kind in unserem Hause unbewacht. Nunu besaß eine Ortskenntnis, wie man sie keiner Blinden zutrauen möchte und bewegte sich mit größter Behendigkeit. Überall war sie zu finden und überall richtete sie Unheil an, gleich einem kleinen verheerenden Orkan. Was sie mit ihren Händen zu erreichen vermochte, Porzellan, Gläser, namentlich unsere zierlichen asiatischen Wasserkaraffen, alles zerschlug sie mit größtem Vergnügen.

Eine Eigentümlichkeit von Nunu muß ich noch erwähnen. Sie wünschte ganz behandelt zu sein, als ob sie volles Sehvermögen besäße. Sobald der Kanonenschuß den Sonnenuntergang verkündete, verlangte sie, daß man ihr Zimmer beleuchtete. Die Stoffe zu ihrer Garderobe wollte sie allein aussuchen und immer stand sie vor dem Spiegel, wenn ihre Sklavinnen sie ankleideten. Hörte sie, daß eine von uns schönes Haar, schöne Augen, schöne Augenbrauen habe, so hatte sie nichts Eiligeres zu tun, als die gerühmte Partie des Kopfes tastend einer oft sehr gefährlichen Untersuchung zu unterziehen und bemerkte dann ganz gelassen, daß ihre Erwartungen getäuscht oder auch übertroffen seien.

Mit den zunehmenden Jahren wurde Nunu zur allgemeinen Freude vernünftiger und gesetzter, so daß man sie nicht mehr fortwährend zu fürchten brauchte, sondern sich auch ihrer guten Seiten freuen und sie lieb gewinnen konnte. Das arme, unglückliche Wesen mußte auch ihre treue Pflegerin noch nach Vater und Mutter verlieren. Da sie unmöglich allein zu leben im Stande war und eine gewisse Bevormundung nötig hatte, so nahm sie unsere Schwester Asche zu sich und führte mit ihr gemeinsamen Haushalt.

Schembua und Farschu

Zwei meiner Nichten dürfen hier nicht unerwähnt bleiben, Schembua und Farschu, die beide mit mir die Schule besuchten, meine Gespielinnen waren und später mit mir einer Partei angehörten. Sie wohnten mir damals gegenüber und bei der Enge der Straßen in Sansibar war es uns möglich, auch ohne Zuhilfenahme unserer ausgebildeten Zeichensprache uns von Fenster zu Fenster persönlich zu unterhalten, Toilettenfragen und häusliche Angelegenheiten zu besprechen und ebenso nach Herzenslust zu – politisieren. Nur im letzteren Falle wandten wir Vorsichtsmaßregeln an, indem wir an den Ecken unserer Häuser harmlos aussehende Diener aufstellten, welche uns beim Herannahen einer feindlichen Persönlichkeit durch das Fallenlassen ihres Stockes, durch Husten oder leises Pfeifen warnten. Doch von dieser aufregenden Zeit wird später ausführlicher die Rede sein.

Schembua und Farschu waren die einzigen Kinder meines Bruders Chalid; beide liebten sich schon in ihrer Kindheit so innig, daß sie sich nie voneinander trennen mochten. Sie gerieten dabei häufig in Konflikt mit ihren beiden Müttern, welche unter sich eine tiefgewurzelte Eifersucht hegten. Schembua, die einige Jahre mehr zählte als ihre Schwester, war von Natur sanft und bescheiden, ganz das Gegenteil von Farschu; dabei so außerordentlich verständig, daß sie fast wie eine Mutter für die letztere sorgte.

Beide Schwestern waren reich, denn sie hatten das gesamte, ansehnliche Vermögen ihres Vaters Chalid geerbt. Bei ihrer innigen Zuneigung zueinander wollten sie die Erbschaft durchaus nicht teilen, sondern lebten für immer in Gütergemeinschaft. Das erhöhte nur noch die Eifersucht von Farschus Mutter, einer Abessinierin, die endlich entschieden verlangte, ihre Tochter sollte diese Gütergemeinschaft aufgeben. Die von Natur sehr determinierte Farschu ging darauf nicht ein, sondern erklärte bestimmt, so lange sie und ihre Schwester unverheiratet blieben, würden sie ihr Vermögen nicht teilen. Ihre Mutter fühlte sich hierdurch, zumal sich die Verhältnisse auch sonst aufs Äußerste zugespitzt hatten, tief gekränkt von ihrem Kinde und verließ nur mit einem kleinen Päckchen und geringen Mitteln ganz unbemerkt für immer Haus und Kind. Anfänglich wußte kein Mensch, wohin sie sich begeben, und man tröstete sich damit, sie würde, sobald sie sich einigermaßen beruhigt hätte, zu Farschu zurückkehren. Doch dies lag keineswegs in der Absicht der Beleidigten; vielmehr wollte sie ihre Tochter nie wiedersehen, geschweige denn von ihrer Gnade leben, eher beschloß sie durch eigene Handarbeit sich ihren Unterhalt zu beschaffen. Ich habe ja bereits erwähnt, wie beim Tode ihres Mannes die Witwe fast ganz auf ihre Kinder angewiesen ist. Hier erlebten wir nun einmal ein Beispiel, daß das Gesetz doch nicht für alle Fälle paßt.

Die unglückliche Mutter blieb völlig verschollen, so lange ihre wenigen Mittel ausreichten; erst nachdem sie den letzten *Pesa* ausgegeben, suchte sie meine ältere Schwester Zuene, die einst mit Chalid auf einem sehr freundschaftlichen Fuße gestanden hatte, in Bet il Mtoni auf und blieb fortan bei dieser wohnen, aber nur unter der Bedingung, daß Zuene auf keine Weise es unternehmen sollte, sie mit ihrer Tochter zusammenzubringen, ehe diese nicht ganz von selbst und freiwillig ihr Unrecht eingesehen und bekannt hätte. Unbegreiflicherweise blieb Farschu auch bei dieser Nachricht ganz gleichgültig und tat nie einen Schritt, um sich mit ihrer Mutter auszusöhnen, selbst nicht, als diese zu kränkeln begann. Umsonst war der allgemeine Tadel, welcher sie deshalb traf, umsonst habe ich sie wiederholt an ihre Kindespflicht erinnert; sie blieb starrköpfig und verstockt. Man hätte in dem kleinen, zierlichen Wesen kaum eine solche Härte vermuten sollen; indes ihre prachtvollen Augen verrieten auch die unbeugsamste Festigkeit ihrer Entschlüsse. Bald nach meiner Abreise aus Sansibar raffte die böse Schwindsucht Farschus Leben hinweg und ich habe nicht erfahren können, ob sie sich noch vor ihrem Tode mit ihrer Mutter versöhnt hat.

Der schönste Besitz meiner Nichten war die großartige, prächtige Plantage Marseille; Chalid hatte bei seiner Vorliebe für Frankreich und alles Französische ihr diesen Namen gegeben. Alle Wände waren, außer in den Gebetsstuben, mit Spiegeln bedeckt, die im Lichtschimmer wahrhaft wunderbare Effekte wiedergaben. Die Fußböden der Gemächer waren mit weißen und schwarzen Marmorplatten belegt, deren Kühle im Süden nicht hoch genug anzuschlagen ist. Eine kunstvoll gearbeitete Uhr, aus der beim Schlagen der Stunden musizierende und tanzende Figuren heraustraten, runde Toilettenspiegel, welche die Gestalten in den verschiedensten Verzerrungen zeigten, große runde Quecksilberkugeln, wie man sie hier in Gärten hin und wieder sieht, und andere Kunstwerke machten für den einfachen Menschen, der noch wenig mit der Zivilisation bekannt geworden, hauptsächlich für unsere Verwandten aus Oman, das Schloß Marseille zu einem wahren Museum. Wie oft habe ich hier die Worte der Verwunderung gehört: »Bei Gott, die Christen sind doch rechte Satane!« Marseille und das Leben in Marseille waren am ersten geeignet, dem Unbefangenen einen Einblick in den wahren Orient zu bieten.

Herrliche Tage habe ich hier verlebt. Es herrschte freier Verkehr, da meine Nichten die Emanzipation liebten und für sehr tolerant galten, und immer war das Haus voll von Gästen. Das Kommen und Gehen nahm kein Ende. Fortwährend hörte man das Geschrei der Vorläufer oder Vorreiter: *sumila! sumila!* (Platz! Platz! suahilisch) oder die Stimmen anmeldender Sklaven. Nur fröhliche Menschen traf man hier, die keine Sorge zu kennen schienen. Wer seinen Besuch auf drei Tage ursprünglich bemessen hatte, wurde nicht selten von den liebenswürdigen Wirtinnen vierzehn Tage lang gefesselt, wobei dann die Väter und Ehemänner das Nachsehen hatten.

Den Tag über genoß man die größte Ungezwungenheit; jeder konnte tun und lassen, was er wollte, ohne für unhöflich gehalten zu werden. Das ist ja erst die rechte Gastfreundschaft, die nicht einengt, sondern volle Freiheit gewährt. Erst gegen Abend, mit Sonnenuntergang, sammelte sich die Gesellschaft, um in den von unzähligen Kerzen und Ampeln erleuchteten Sälen oder im Park bei blendendem Mondlicht die Zeit bis ein oder zwei Uhr zu verbringen. War kein Mondschein, so wurden an verschiedenen Stellen hohe, mit Palmöl getränkte Holzhaufen angesteckt und bis in die späte Nacht hinein fleißig unterhalten.

Diese Stätte des Glanzes und der Freuden fiel bald nachher der Zerstörung anheim. Meine Brüder Bargasch und Abd il Aziz verschanzten sich bei unserer Empörung gegen Madschid in dem Schlosse; hier fand der Entscheidungskampf statt. Das ganze Gut wurde dabei ruiniert und meine Nichten verloren sehr viel. Indes bei ihrem großen Reichtum konnten sie den Verlust verschmerzen und litten nicht einmal, daß man viel darüber sprach; es wäre ja nicht der Rede wert! –

Hilal

Von meinen Brüdern will ich zwei hervorheben, beide unglückliche Menschen, der eine durch eigene Schuld, der andere das Opfer seines eigenen Sohnes.

Die Religion untersagt den Muhamedanern bekanntlich den Genuß aller geistigen Getränke, und unsere Sekte, die auch das Rauchen verbietet, ist hierin weit strenger, als etwa die Türken oder Perser. Nun verbreitete sich in unserer Familie allmählich das böse Gerücht, unser Bruder Hilal (= Neumond) habe, von Christen, besonders dem damaligen französischen Konsul verführt, sich dem Trunke ergeben. Er begann plötzlich an unerklärlichen Schwindelanfällen zu leiden und bald nahm man den Geruch des Weines wahr. Der Arme vermochte den bösen Geist, der sich der Herrschaft über ihn bemächtigte, nicht mehr loszuwerden. Hilal war der Lieblingssohn unseres Vaters und hat diesem bitteren Kummer damit bereitet; um den Verführten zu bessern, erteilte er ihm zuerst Hausarrest, mußte ihn aber bald ganz aus dem Familienkreise verbannen.

Am meisten litt darunter unsere Schwester Chadudsch, der Hilal besonders nahe stand. Er besuchte sie auch nach seiner Verbannung noch öfters im väterlichen Hause. Mit vielen Schwierigkeiten nur und unter großer Gefahr konnte er heimlich eindringen und verbrachte dann mit ihr und seinen übrigen Getreuen die Nacht im dunklen Zimmer; kein Licht durfte ihn ja verraten. Niemand hat es auch je über sich gewonnen, von diesen rührenden Besuchen dem Vater Anzeige zu machen. Da ihn der Vater sehr knapp hielt, damit er nichts für den Trunk übrig habe, hat ihn Chadudsch immer reichlich unterstützt, leider wohl kaum zu seinem Besten.

Hilal verfiel immer mehr der Wirkung seiner bösen Leidenschaft; immer seltener besaß er einen klaren Kopf und bald machte der Tod seinem traurigen Dasein ein Ende. Unser Vater hat sich, trotz alles Geschehenen, namenlos um diesen seinen Liebling gegrämt. Oft schloß er sich allein in sein Gebetzimmer ein, und man fand später die Spuren seiner Tränen an der Stelle, wo er vor seinem Herrn in Andacht zu knien pflegte. Ja, was sonst nie bei ihm vorkam, er machte seinem Schmerz auch in Worten Luft und wiederholte immer wieder: »O mein Unglück, o meine Verzweiflung um Dich, Hilal!« –

Drei Söhne hinterließ Hilal, Sund, Fesal und Muhammed. Der jüngste, Muhammed, wurde von meiner Stiefmutter Azze bint Sef, die ja kinderlos war, adoptiert. Ich weiß nicht, wie sie dazu kam; vielleicht tat sie es aus Liebe zu unserem Vater. Muhammed verstand wirklich Bibi Azze ganz für sich zu gewinnen, ein Kunststück, das uns allen niemals gelungen war. Bis dahin galt sie für sehr genau und sparsam; so wollte niemand seinen Augen trauen, als Muhammed sich nun, natürlich mit ihrem Gelde, die größte Verschwendung erlaubte. Wenn noch keiner bei uns daran gedacht hatte, Hunde zu halten, so ließ sich Muhammed gleich eine ganze Meute aus Europa kommen und prachtvolle Exemplare darunter, wie man sie bei uns noch nicht gesehen. Die Beschäftigung mit diesen Hunden, die freilich im Hause selbst nie geduldet wurden, und einigen ausgezeichnet schönen Pferden füllten das ganze Leben ihres Besitzers aus. Vom Abfall durften die Lielinge natürlich nicht leben; es wurde eine besondere Küche für sie eingerichtet, der es an Abwechslung nicht fehlte. Die fettesten Hühner, die schönsten Fleischstücke, die größten Fische wanderten in die riesigen Töpfe hinein. Die Fama erzählt auch, daß diese Hunde wie Pferde nicht billiges Wasser zu trinken bekamen, sondern – Champagner. Ob das wahr ist, weiß ich nicht; jedenfalls wurde Muhammed aus Neid und Mißgunst viel Böses nachgesagt, weil er sich durch seine Extravaganzen viele Feinde zugezogen hatte und nur wenige Freunde besaß.

Sund bekundete ebenfalls in jeder Hinsicht, daß er viel Geschmack an Leben, Sitten und Gebräuchen der Europäer fand; er war seinem Vater in seinem Wesen am ähnlichsten.

Dagegen unterschied sich der dritte Sohn Hilals vollkommen von seinen Brüdern. Wenn Muhammed und Sund zu Luxus und Wohlleben neigten, so trat der sanfte Fesal überall so bescheiden auf, daß man ihn eher für einen einfachen Bürger, als für einen Prinzen hätte halten können. Er war eine philosophisch angelegte Natur, die an materiellen Genüssen keinen Gefallen fand und so seinen Brüdern immer ein Rätsel blieb. Später kaufte er in meiner Nachbarschaft eine kleine Plantage und besuchte mich von da aus häufig. Selten ging er in die Stadt, ohne mir eine Kleinigkeit mitzubringen und wären es auch nur einige Pakete Feuerwerk gewesen, wofür ich eine besondere Schwäche besaß.

Von seinen Brüdern unverstanden, war der Arme tief unglücklich; er hatte einen weichen, edlen Charakter, wie er in der Welt nur zu leicht übersehen wird. Nur wer ihm nähertrat, den gewann er bald durch sein freundliches Wesen und seine Liebenswürdigkeit im Umgang. Früh hatte er seine Mutter verloren und so Liebe kaum kennengelernt. »Daher fühle ich mich doppelt betrübt«, sprach er sich mir, der viel jüngeren Tante gegenüber aus, »daß auch meine Brüder mich für ganz überflüssig halten und gar nichts von mir wissen wollen. Es ist mir im Grunde ganz gleichgültig, ob ich lebe oder sterbe; ich bin ja doch jedem entbehrlich.« Wie blutete mir das Herz, wenn ich den guten Menschen, der alle Liebe verdiente, so sprechen hörte. Wäre nicht für solch eine müde Seele, welche sich aus der Welt gar nichts mehr macht, das friedenbringende Klosterleben das beste?

Als ich den Bitten meines Bruders Madschid, nach der Stadt zurückzukehren, nachgab, berührte das niemanden schmerzlicher, als meinen armen Fesal. Er hatte sich mit der Zeit ja so sehr daran gewöhnt, alle seine Sorgen und Gedanken mir mitzuteilen, als ob ich wirklich eine verständige Tante wäre und nicht, was ich damals eigentlich noch war: ein sehr wildes, unerfahrenes Mädchen.

Tueni

Tueni ist als unser ältester Bruder in Muskat geboren und hat sein ganzes Leben in Oman verbracht. Nach Sansibar ist er nie gekommen und sein Vorurteil gegen diese Geburtsstätte seiner meisten Geschwister blieb immer unerschütterlich. Sich malen zu lassen, ist dem Muhamedaner nicht gestattet, und tief eingeprägter Aberglaube läßt dieses Gebot noch strenger halten, als andere; auch Photographien gab es ja damals noch nicht. So blieb Tueni für uns alle, die wir nicht einmal einen Besuch in Muskat abgestattet, eine ganz unbekannte Persönlichkeit. Nur von seiner Liebenswürdigkeit im Umgang hörten wir erzählen, wie von seinem Mut und seiner Entschlosenheit im Krieg. Seine Soldaten vergötterten ihn fast, und sein bloßes Erscheinen flößte ihnen schon größeres Vertrauen ein. Von klein auf liebte er, wie unser Vater, den Krieg und er war der tüchtigste Soldat unter meinen Brüdern. Er hat wohl den größeren Teil seiner Tage im Feldlager verbracht, zum Kummer seiner ebenbürtigen Frau Ralie, unserer rechten Cousine, die ihn mit mehreren Kindern beschenkte.

So lange sich unser Vater in Sansibar aufhielt, war jedesmal Tueni sein Vertreter. Doch überließ er die Leitung der inneren Angelegenheiten, also die eigentliche Regierung, in der Regel unserem zweitältesten Bruder, dem frommen Muhammed, welcher, wie erwähnt, von gleicher Abneigung gegen Sansibar beherrscht wurde. Tueni hatte genug mit der äußeren Verteidigung des Reiches zu tun. Bald hatte er mit den Persern um Bender Abbas zu kämpfen, bald Einfälle der Nomadenstämme des inneren Arabiens abzuwehren. Diese zahlreichen Stämme sind sämtlich sehr arm und viele von ihnen leben nur vom Raube. Selten besitzt ein Wüstenaraber mehr, als ein Kamel, einige unentbehrliche Waffen (Gewehr, Säbel, Dolch, Lanze und Schild), einen oder zwei eiserne Kochtöpfe, einen Sack Datteln und im günstigsten Falle eine milchgebende Ziege. Alle Männer, groß und klein, führen beim Gefecht die Waffen, während die Frauen und Töchter zu Fuß von weitem folgen, um nach dem Kampf die ihren mit kühlendem Wasser, Milch und Speise zu laben. Alljährlich brachen solche, bald stärkere, bald schwächere Scharen in Oman ein und hielten das Land in ewiger Unruhe. Nur ein entschlossener und tatkräftiger Herrscher vermochte sich dort zu halten.

So lagen die Verhältnisse, als unser Vater auf seiner Rückreise nach Sansibar starb. Hätte ihn in Muskat der Tod ereilt, so wäre Tueni wohl imstande gewesen, sich auch die Herrschaft über Sansibar zu sichern, während nun Madschid, der viertälteste unserer Brüder, die Gunst der Verhältnisse benutzen konnte, um sich selbst als Sultan von Sansibar zu proklamieren. Ich habe bereits erzählt, wie Madschid sich verpflichtete, jährlich an Tueni eine gewisse Summe zu zahlen und wie er bald sich dieser Pflicht entzog. Er wurde deshalb allgemein getadelt, zumal Tuenis Lage von Tag zu Tag schwieriger wurde.

Die fortwährenden Feldzüge verschlangen viel Geld und gerade in der schlimmsten Zeit blieben die Zahlungen aus Sansibar aus. Tueni mußte um jeden Preis Geld schaffen und sah sich also genötigt, auf verschiedene Artikel Steuern zu legen; an Staatsanleihen, welche so manchen orientalischen Staat heute ruiniert haben, dachte man glücklicherweise in Oman nicht. Aber schon diese wenigen Abgaben erweckten den Geist der Unzufriedenheit und leider gelang es den Mißvergnügten, über den ältesten Sohn Tuenis, Salum, Einfluß zu gewinnen und ihn fest in ihre Netze zu ziehen, so daß er zuletzt die schwerste Schuld eines Menschen auf sich lud.

Eines Tages kam Tueni aus einer Versammlung und warf sich erschöpft auf das Sofa, um einer kurzen Ruhe sich hinzugeben. Da trat sein Sohn vor ihn und forderte so kategorisch die Rücknahme der Steuerverordnungen, daß ihn sein Vater energisch zurechtweisen mußte. Salum geriet in die höchste Wut, zog einen versteckten Revolver hervor und schoß seinen eigenen ahnungslosen Vater nieder!

Der betörte Jüngling sollte die Früchte seiner Bluttat nicht lange genießen; auch an ihn trat bald die Vergeltung heran. Kaum hatte er sich einigermaßen als Beherrscher von Oman installiert, als sein Schwager Azzan ihn zu entthronen beschloß. Ganz unerwartet überfiel er in einer Nacht die Hauptstadt Muskat und erfüllte sie mit Plünderung und Gemetzel. Die große Erbitterung des Volkes gegen den bösen Salum erleichterte Azzan dieses Unternehmen sehr; mochte doch kein rechtlich denkender Mensch für einen Vatermörder zu den Waffen greifen. So fanden die eingebrochenen wilden Horden wenig Widerstand, schleppten alles Tragbare hinweg und zerstörten das, was sie zurücklassen mußten. Namentlich Salums Palais wurde arg zugerichtet; ihm selbst gelang es nur unter den größten Gefahren, mit seiner Familie auf eines seiner Kriegsschiffe zu flüchten; er rette nur das nackte Leben.

Auch seine unglückliche Mutter Ralie mit ihren anderen Kindern entkam nur mit Mühe auf ein Schiff. Sie verlor alles. Indes gelang es später einem jungen indischen Kaufmann, namens Abd il Rab, den größten Teil ihres kostbaren Geschmeides von einem Beduinen um einen Spottpreis (man sprach von dreihundert Mariatheresientaler) zu erstehen, und der Brave gab der hartgeprüften Fürstin ihr verlorenes Eigentum einfach als Geschenk zurück! –

Der Eindringling Azzan wurde bald darauf von meinem drittältesten Bruder Turki wieder verjagt, welcher dann das gleiche Schicksal seitens meines jüngeren Bruders Abd il Aziz erlitt. Dieser, ein Pflegling Choles, zeichnete sich durch Intelligenz, Mut und Tatkraft aus; schon im Alter von zwölf Jahren hatte er mit uns an der Verschwörung und an dem Kampfe gegen Madschid teilgenommen und hatte dann eine zeitlang in Balutschistan gelebt, woher wir unsere Soldaten warben. Ihm gelang es endlich, Oman eine kurze Zeit der Ruhe zu schaffen. Allein auch er war nicht imstande, die Herrschaft auf die Dauer zu behaupten. Turki kehrte zurück und bemächtigte sich von neuem der Herrschaft, während Abd il Aziz zum zweiten Male in Mekran in Balutschistan eine Zufluchtsstätte suchte, wo er noch jetzt weilt.

Sicherlich ein trauriges Bild, diese Familienkämpfe, die man nur verstehen wird, wenn man die angeborene Herrschbegier orientalischer Prinzen und die Leidenschaftlichkeit des Orientalen überhaupt persönlich kennengelernt hat. Auch mir sollten so traurige Verhältnisse nicht fremd bleiben.

Stellung der Frau im Orient

Bevor ich in der Erzählung meiner persönlichen Erlebnisse fortfahre, möchte ich hier (noch) eine Anzahl Kapitel einschalten, welche verschiedene Partien des orientalischen Lebens behandeln. Eine ganz eingehende Schilderung aller Sitten und Gebräuche will ich nicht geben; ich will kein gelehrtes Buch schreiben, sondern nur versuchen, dem europäischen Leser für die wichtigeren Anschauungen und Sitten des Orients ein richtigeres Verständnis zu ermöglichen.

Ich schreite sofort zur wichtigsten aller dieser Fragen, zur Darstellung der Stellung der Frau im Orient. – Es fällt mir ziemlich schwer, dieses Thema zu besprechen; ich bin überzeugt, man wird mich als geborene Orientalin für parteiisch halten und es wird mir doch nicht gelingen, die schiefen und falschen Ansichten, welche in Europa und besonders in Deutschland über die Stellung einer arabischen Frau gegenüber ihrem Manne im Schwunge sind, gründlich auszurotten. Der Orient ist eben trotz der erleichterten Verbindungen noch viel zu sehr das alte Fabelland, und über ihn darf man ungestraft erzählen, was man will. Da geht ein Tourist auf einige Wochen nach Konstantinopel, nach Syrien, Ägypten, Tunis oder Marokko und schreibt dann ein dickleibiges Buch über Leben, Sitten und Gebräuche im Orient. Er selbst kann nur wenig Äußerliches sehen und niemals in das wirkliche Familienleben einen tieferen Blick tun. So begnügt er sich, von Mund zu Mund gehende und dadurch allmählich immer mehr entstellte Geschichten, wie er sie von einem französischen oder deutschen Kellner seines Hotels, von Matrosen oder Eseltreibern erzählen hört, niederzuschreiben und sich danach sein Urteil zu bilden! Viel ist auch auf diesem Wege nicht zu erfahren; er spannt einfach seine Phantasie an und ergänzt nach Herzenslust. Wenn sein Buch nur amüsant und interessant geschrieben ist, so wird es sicher mehr gelesen, als wahrheitsliebendere, die weniger Pikantes bieten, und beherrscht dann das Urteil der großen Menge.

Mir ist es ähnlich ergangen; auch ich habe die Dinge in Europa lange Zeit nur nach dem äußeren Scheine beurteilt. Als ich den strahlenden Gesichtern in den hiesigen Gesellschaften zuerst begegnete, da mußte ich natürlich zu dem Glauben kommen, daß der Verkehr zwischen Mann und Frau in Europa viel angemessener geordnet, und daß infolgedessen die Ehen auch viel glücklicher sein müßten, als im muhamedanischen Orient. Später jedoch, da meine Kinder heranwuchsen und nicht mehr meiner fortwährenden Aufsicht und Pflege bedurften, trat ich mehr mit der Welt in Berührung und ich fühlte mehr und mehr heraus, daß ich bisher Menschen und Verhältnisse falsch beurteilt und daß ich mich viel zu sehr vom Scheine hatte blenden lassen. Ich habe so manche Verhältnisse beobachtet, welche man Ehen nannte, die aber in Wirklichkeit nur den Zweck zu haben schienen, den beiden aneinander Gefesselten bereits in dieser Welt höllische Qualen zu bereiten. Ich habe zu viele unglückliche Ehen gesehen, um glauben zu können, daß die christliche Ehe wirklich sehr viel höher stehe, die Menschen viel mehr beglücke, als die muhamedanische. Nicht die Religion, nicht die geltenden Sitten und Anschauungen gestalten nach meiner Überzeugung die Ehen von vornherein glücklicher oder unglücklicher: es kommt überall auf das wahre Verständnis beider Eheleute füreinander an.

Durch diese Erfahrung belehrt, will ich also mich bestreben, weniger zu urteilen, sondern ich beabsichtige im Folgenden über die Stellung der Frau im Orient, namentlich in der Ehe, einfach zu berichten. Ich kenne ja nur die Verhältnisse in Sansibar genau und ziemlich ebenso gut diejenigen, welche in Oman herrschen. Indes gerade in Arabien und im arabischen Volke haben sich die muhamedanischen Anschauungen am reinsten erhalten, die denen der anderen orientalischen Völker zugrunde liegen, und insofern darf meine Schilderung auch für den weiteren muhamedanischen Orient Geltung beanspruchen, abgesehen natürlich von Entartungen und Auswüchsen, welche namentlich beim engeren Verkehr mit dem christlichen Okzident sich herausgebildet haben.

Zunächst ist es entschieden falsch, wenn man meint, die Frau sei im Orient gesellschaftlich weniger geachtet, als der Mann. Die ebenbürtige Frau – denn die gekauften *Sarari* sind natürlich auszuschließen – steht dem Manne in jeder Hinsicht gleich, sie behält ihren Rang und die aus demselben herfließenden Ansprüche und Rechte in vollem Umfang.

Was die arabische Frau hilfloser und gewissermaßen als von geringerem Rechte erscheinen läßt, ist lediglich der Umstand, daß sie zurückgezogen lebt. Diese Sitte besteht bei allen muhamedanischen (und auch bei vielen nichtmuhamedanischen) Völkern des Orients, und einer je höheren Rangklasse eine Frau angehört, um so strenger hat sie sich demselben zu unterwerfen. Sie darf nur von Vater, Sohn, Oheim und Neffen und von ihren sämtlichen Sklaven gesehen werden; wenn sie vor einem fremden Manne zu erscheinen oder gar mit ihm zu sprechen hat, so schreibt ihr die Religion vor, sich zu verhüllen und zu verschleiern. Ein Teil des Gesichts, Kinn und Hals und die Fußknöchel sollen vor allem bedeckt sein. Ist sie aber diesem Gebote nachgekommen, so darf sie sich vollkommen frei auch am Tage bewegen und unbeschränkt über die Straße gehen. Die Unbemittelten, die über wenige oder gar keine Sklaven verfügen, sind schon hierdurch genötigt, öfters am Tage auszugehen und genießen also größere Freiheit. Fragt man eine solche Frau, ob sie sich deshalb nicht geniere, so erwidert sie: »Solche Gesetze sind nur für die reichen, nicht aber auch für die armen Frauen geschaffen!« Und ich kann wohl sagen, hochstehende Damen beneiden nicht selten die Armen um diesen Vorzug, dessen sich besonders die Omanerinnen erfreuen, welche wegen der Armut ihres Landes nicht viele Sklaven zu halten vermögen.

Auch die vornehme Frau darf, wie gesagt, bei Tage ausgehen; wenn einer ihrer Lieben plötzlich erkrankt oder stirbt, so kann sie ihn in ihrer Verhüllung besuchen; sie kann ebenso vor dem Richter erscheinen, um ihre Angelegenheiten persönlich zu vertreten, da man Advokaten nicht kennt. Aber die Sitte schreibt vor, nur in dringenden Fällen von diesem Recht Gebrauch zu machen; und die liebe Eitelkeit wirkt in derselben Richtung, denn die gebotene Verhüllung verunstaltet die Frauen außerordentlich und läßt sie gleichsam als wandelnde Mumien erscheinen.

Heute gebe ich recht gern zu, daß man im Orient in dieser Hinsicht übertreibt, doch möchte ich deshalb nicht gerade die europäischen Sitten besser finden. Wenn man eine vornehme Dame hier im Ballkostüm sieht, so dürfte man ihren Mangel an Kleidung wohl nicht mit Unrecht für eine noch schlimmere Übertreibung erachten.

Eine alleinstehende Frau im Orient ist allerdings zu bedauern. Durch Religion und Sitte von der Männerwelt vollkommen abgeschlossen, also ohne stärkeren Schutz, gerät sie manchmal in eine peinliche Lage. Ihre Beamten und

Verwalter, welche sie, wenn dieselben Araber sind, nicht sehen und sprechen darf, beuten sie nicht selten aus. Ich kenne selbst verschiedene Damen, die lediglich, um nicht solchen Betrügereien preisgegeben zu sein, sich verheiratet haben.

Die Abgeschlossenheit der Frauen kann also recht lästig werden, und man geht in der Sitte wirklich zu weit. Indes braucht man die Orientalin deshalb nicht so sehr zu bemitleiden, als man es hier liebt. Sie empfindet diesen Zwang gar nicht besonders hart.

Noch mehr wird die orientalische Frau bedauert wegen der Polygamie, daß sie die Liebe ihres Gatten mit einer oder vielen anderen teilen muß. Das Gesetz erlaubt dem Muslim, vier rechtmäßige Frauen zu gleicher Zeit zu besitzen, und wenn eine von ihnen stirbt oder sich von ihm scheidet, eine fünfte heimzuführen; *Sarari* oder Nebenfrauen darf er kaufen, soviele er Lust und Geld hat. Ich habe aber niemals jemanden gesehen, der wirklich vier Frauen nebeneinander hatte. Ein Armer kann selbstverständlich nur eine nehmen; der Reiche beschränkt sich ebenso, höchstens besitzt er zwei, die dann getrennt wohnen und deren jede einen besonderen Haushalt führt.

Es versteht sich von selbst, daß es auch im Orient Frauen gibt, die ihre Selbständigkeit zu wahren wissen. Dieselben sehen dann bei einem Bewerber darauf, ob er bereits eine Frau hat und lassen sich im Heiratskontrakt das formelle Versprechen ausstellen, daß er keine weitere Gattin heimführen, noch sich eine *Surie* kaufen wolle.

In der Praxis herrscht also meistens die Monogamie. Wo aber jemand die Erlaubnis des Gesetzes voll ausnützt, da stellen sich freilich unter den verschiedenen Frauen oft unerquickliche Verhältnisse heraus. Es ist natürlich, daß es dann zu allerlei Mißgunst und Neid kommt, daß bei dem heißen Temperament der Südländer die rasendste Eifersucht sich entwickelt. Wegen einer gleichgültigen Sache oder Person kann uns keine Eifersucht erfassen, sondern nur, wenn uns der Besitz dessen in Frage gestellt scheint, was wir mit ganzer Seele lieben und für uns allein zu erhalten wünschen. Spricht nicht gerade der häufige Ausbruch dieser Leidenschaft dafür, daß die Orientalin viel intensiver zu lieben imstande ist, als die kühlere Nordländerin?

Durch die Eifersucht kann die Polygamie zur höchsten Qual werden und das ist recht gut. Mancher reiche und vornehme Mann scheut es, sich diesen täglichen Szenen auszusetzen und huldigt schon deshalb der Monogamie. Dadurch wird diese üble Sitte weiter eingeschränkt. Denn daß die Polygamie wirklich in keiner Weise zu verteidigen und zu entschuldigen ist, wird jeder, der vernünftig zu denken vermag und vor allen jede Frau einsehen. Aber nun eine Gegenfrage. Wie steht es bei dem Christen, bei dem zivilisierten Europäer mit der Ehe? Ich will ganz davon schweigen, daß in einem christlichen Staate die sich als christlich bezeichnende Sekte der Mormonen offen der Vielweiberei anhängt. Aber in der gesitteten Gesellschaft Europas, wird denn da die Ehe durchweg so heilig gehalten? Ist es nicht oft die reine Illusion, von »einer« Frau zu sprechen? Freilich darf der Christ nur eine Frau heiraten und das ist ein großer Vorzug des Christentums; das christliche Gesetz will das Gute und Richtige, das muhamedanische gestattet das Üble; aber der bestehende Brauch und die praktischen Verhältnisse mildern im Orient die bösen Folgen des Gesetzes in bedeutendem Maße – hier hat trotz des Gesetzes gerade die Sünde recht häufig die Oberhand. Mir möchte fast als der einzige Unterschied in der Lage einer orientalischen und einer europäischen Frau erscheinen, daß die erstere die Zahl und wohl auch das Wesen und den Charakter ihrer Nebenbuhlerinnen kennt, während die letztere hierüber in liebevoller Unkenntnis gehalten wird.

Sarari kann natürlich nur ein wohlhabender Mann kaufen. Von Haus aus Sklavinnen, werden dieselben, sobald sie Kinder bekommen, als frei angesehen. Nur in den seltensten Fällen und bloß bei sehr engherzigen Menschen kommt es vor, daß der Herr nach dem Tode des Kindes die Surie aus Not oder aus Überdruß wieder verkauft. Stirbt der Mann, so sind seine hinterlassenen Sarari vollkommen frei; sie haben keinen Herrn mehr über sich. Wenn dann ein Bruder oder sonst ein Verwandter ihres verstorbenen Herrn und Befreiers sie wieder heiratet, so wird sie als Freie dessen rechtmäßige Frau.

Daß der arabische Ehemann sein Weib geringschätziger behandelt, als es hier geschieht, ist eine Fabel. Dafür sorgt schon die Religion, die allerdings in einigen Punkten die Frau zurücksetzt gegenüber dem Manne, aber sie doch auch fast wie ein hilfloses Kind dem Schutze des Mannes empfiehlt; der gläubige, gottesfürchtige Muhamedaner kennt ebenso gut die Humanität, wie jeder feingebildete und gesittete Europäer; der erstere ist vielleicht noch strenger gegen sich, da ihm immer die Allgegenwart des Herrn, der jene Gebote erlassen hat, vorschwebt und er an dem Glauben einer gerechten Vergeltung seiner guten und bösen Taten bis zum letzten Atemzug mit aller Entschiedenheit festhält.

Natürlich gibt es neben den edlen Charakteren auch in Sansibar, ebenso wie hier, Tyrannen, welche ihrer Ehehälfte nicht die gebührende Liebenswürdigkeit und Achtung beweisen. Doch mit bestem Gewissen kann ich behaupten, daß ich von zärtlichen Gatten, die ihre Frauen prügeln, hier mehr gehört habe, als in meiner Heimat; der gute Araber würde dies für eine Entehrung seiner selbst halten. Anders liegt die Sache freilich bei den Negern; oft genug habe ich auf meinen Plantagen Gelegenheit gehabt, mich zwischen ein mit allem Nachdruck sich bearbeitendes Paar zu werfen und Frieden zu stiften.

Die Frau ist auch keineswegs jeder Laune ihres Mannes unbedingt unterworfen. Sobald sie sich eine solche nicht gefallen lassen will, findet sie immer Schutz bei ihren Verwandten, oder sie hat das Recht, wenn sie ganz verlassen dasteht, sich mit ihrer Klage persönlich an den Kadi zu wenden.

Eine mir sehr befreundete Dame heiratete mit sechzehn Jahren ihren bedeutend älteren Vetter, welcher ihrer indes in keiner Weise würdig war. Durch und durch Lebemann, meinte er seiner jungen Frau alles bieten zu können, war aber nicht wenig überrascht, als er, eines abends nach Hause zurückgekehrt, an Stelle seiner Frau nur eine geharnischte Botschaft vorfand. Ich besuchte diese meine Freundin immer auf ihrem Gute, ohne mich anzumelden; ich wußte, daß der liebenswürdige Gemahl lieber bei den Genüssen der Stadt weilte. Eines Tages aber bald nachher, erschien sie bei mir und teilte mir mit, daß ich nicht mehr unangemeldet zu ihr kommen könnte, weil ihr Mann jetzt bei ihr sei. Er war ihr reuig nachgefolgt und hatte sie dringend um Verzeihung gebeten; nachdem er einmal erfahren, wie resolut seine kleine Frau war, hütete er sich sehr, sie wieder zu verletzen. Ähnliche Beispiele von der Selbständigkeit orientalischer Frauen wüßte ich viele noch zu berichten.

Bei der Begrüßung küssen sich Eheleute gegenseitig die Hände. Das Mahl nehmen sie zusammen im Kreise ihrer Kinder ein. Allerlei kleine Liebesdienste erweist die Frau dem Manne; sie reicht ihm die Waffen, wenn er ausgeht und nimmt sie ihm ab, wenn er zurückkommt; sie präsentiert ihm Trinkwasser. Kurz sie sorgt für alle die kleinen Aufmerksamkeiten, die das gemeinschaftliche Leben herzlicher und wärmer gestalten. Es sind rein freiwillige Liebesdienste, und sie ist in keiner Weise geknechtet.

Das ganze Hauswesen steht ausschließlich unter der Frau; in diesem Reiche ist sie die unbeschränkte Herrin. Wirtschaftsgeld, womit hier der Mann seine Frau versorgt, kennt man nicht, sondern beide wirtschaften immer aus einem Beutel, nur daß der Mann, welcher zwei ebenbürtige Frauen hat, die getrennt wohnen und eigenen Haushalt führen, seine Einnahmen teilt.

Wie weit die Frau dieses ihr Herrschaftsgebiet ausdehnt, ist natürlich nach den Charakteren des Ehepaares verschieden. Eine meiner Freundinnen, eine junge Frau, bot mir einst, als ich eine große Gesellschaft auf eine meiner Plantagen gebeten hatte und ich, weil meine Einladung ziemlich spät ergangen war, viele Absagen befürchten mußte, da gar manche Dame in der kurzen Frist ihre Reittiere nicht vom Lande herein bestellen konnte, sofort eine ganze Anzahl omanischer Esel für den Notfall an und zwar mit voller Ausrüstung und sogar mit den nötigen Führern. Ich warf ihr ein, sie möchte doch erst mit ihrem Manne darüber sprechen, ob er mit diesem großen Anerbieten einverstanden sei; doch sie erwiderte ganz kurz, wegen solcher Kleinigkeit sei sie nicht gewöhnt, die Erlaubnis ihres Mannes einzuholen.

Eine andere mir bekannte Dame in Sansibar beherrschte alle Wirtschafts- und Vermögensangelegenheiten noch weit mehr. Die großen Güter, welche ihrem Gatten gehörten und seine Häuser in der Stadt verwaltete sie allein. Der Mann wußte nicht einmal, wie hoch sich seine Einnahmen beliefen, und es schien ihm gar nicht drückend, aus ihrer Hand das Geld, welches er brauchte, zu nehmen. Er stand sich infolge ihrer Umsicht und Gewandtheit recht gut dabei.

Die Erziehung der Kinder liegt ganz in der Hand der Mutter, mag dieselbe nun eine ebenbürtige Frau oder eine gekaufte Sklavin sein. Gerade hierin sieht sie ihr höchstes Glück. Während es in England feine Sitte ist, und für hinreichend erachtet wird, wenn eine Mutter in vollen vierundzwanzig Stunden einmal einen flüchtigen Blick in die Kinderstube wirft, während die Französin ihr Kind aufs Land schickt und ganz fremden Leuten überläßt, kümmert sich die Araberin höchst eingehend um ihre Kinder, behütet und pflegt sie mit größter Sorgfalt und läßt sie kaum von sich, solange sie des mütterlichen Schutzes bedürfen. Und für ihre Aufopferung erntet sie die herzlichste Pietät, die innigste Liebe. Das Verhältnis zu ihren Kindern entschädigt sie reichlich für die aus der Polygamie sich ergebenden Nachteile und macht auch ihr Familienleben zu einem glücklichen und zufriedenen.

Man muß die Fröhlichkeit und Ausgelassenheit der Frauen im Orient gesehen haben, um sich zu überzeugen, wie wenig Wahres in all den Erzählungen von ihrer gedrückten, niedrigen Stellung und von ihrem gedankenlosen, menschenunwürdigen Dahinträumen liegt. Aber einen tieferen Blick in das Wesen dieser Verhältnisse vermag man bei einer auf kurze Augenblicke berechneten Visite nicht zu tun. Von einer Unterhaltung kann da nicht die Rede sein, wenn auch dies und jenes mehr oder weniger richtig verdolmetscht wird, so kommt man doch über die allergewöhnlichsten Redensarten kaum hinaus.

Bei aller Höflichkeit liebt es der Araber nicht, daß fremde Personen seine persönlichen Angelegenheiten durchschauen, am wenigsten, wenn dieselben einer anderen Nation oder Religion angehören. Kam einmal eine Europäerin zu uns, so wurde sie zunächst von allen gründlich angestaunt wegen ihres kolossalen Umfangs, trug man doch damals die Krinoline, die oft die Treppe in ihrer ganzen Breite ausfüllte. Die sehr spärliche Unterhaltung drehte sich auch beiderseits nur selten um etwas anderes, als um die Mysterien der verschiedenen Trachten. Ist die betreffende Dame hierauf in der üblichen Weise bewirtet, vom Eunuchen mit Rosenöl parfümiert und mit Abschiedsgeschenken bedacht worden, so zieht sie sich wieder zurück, ebenso klug, wie sie gekommen. Sie hat den Harem betreten, hat die bemitleideten orientalischen Frauen gesehen indes nur maskiert, hat sich über unsere Tracht, über unseren Schmuck, über unsere Gelenkigkeit beim Sitzen auf dem Fußboden verwundert, aber das ist alles. Niemals kann sie sich rühmen, mehr gesehen zu haben als andere Europäerinnen, welche vor ihr bei uns waren. Eunuchen begleiten sie herauf, bedienen sie und führen sie wieder hinunter; sie bleibt beständig beobachtet. Selten wird ihr mehr als das Zimmer gezeigt, wo man sie zu empfangen gedenkt. Ja oft gelingt es ihr nicht einmal zu entwirren, wer denn eigentlich die maskierte Dame gewesen, mit der sie gesprochen hat. Kurz, es ist ihr in keiner Weise Gelegenheit geboten, einen eindringenden Blick in das orientalische Familienleben und in die Stellung der Frau zu tun. –

Noch ein Punkt ist wesentlich für die richtigere Auffassung der orientalischen Ehe. Die Heirat eines Mädchens ändert nichts an ihrem Namen und an ihrem Rang. Der Frau eines Fürsten, welche aus einer einfachen bürgerlichen Familie stammt, wird es nie einfallen, Gleichheit mit ihrem Manne zu beanspruchen; sie bleibt trotz ihrer Verheiratung die »Tochter (*bint*) des N. N.« und wird so angeredet. Umgekehrt aber gestattet oft ein Fürst oder Häuptling in Arabien seiner Tochter oder Schwester, sich mit seinem eigenen Sklaven zu vermählen; er sagt sich: mein Diener bleibt auch ihr Diener, sie ist also nach wie vor seine Herrin. Nur wirklicher Sklave hört er mit dieser Heirat auf zu sein, redet aber seine Frau immer selbstverständlich als »Hoheit« oder »Herrin« an.

Erwähnt ein Mann im Gespräche einem anderen gegenüber seiner Frau, was er allerdings gern vermeidet, so sagt er nie »meine Frau«, sondern er bezeichnet sie als »Tochter des N. N.« Höchstens gebraucht er den Ausdruck *Um Ijali*, das heißt »Mutter meiner Familie«, mag sie nun Kinder haben oder nicht.

Erklärlicherweise können sich häufig die Eheleute, welche sich vorher ja nicht gekannt haben, nicht recht ineinander finden; es entstehen schwierige, peinliche Verhältnisse auch aus anderen Gründen, wie es bei meinem Vater mit Schesade und bei Madschid mit Asche passierte. Für solche Fälle gewährt nun das muhamedanische Gesetz wieder einen unleugbaren Vorteil, indem es die Scheidung außerordentlich erleichtert. Es ist doch besser, daß zwei in allen Anschauungen und in den Grundzügen des Charakters sich schroff gegenüberstehende Eheleute friedlich trennen, als für ewig aneinander gekettet bleiben zur beiderseitigen Qual, die so oft zu den ungeheuerlichsten Verbrechen treibt. Die Frau erhält dann ihr gesamtes Vermögen, über welches ihr übrigens auch während der Verheiratung freie Verfügung zusteht, zurück; wenn der Mann die gerichtliche Scheidung beantragt hat, so bleibt ihr auch die Morgengabe, die er ihr bei der Hochzeit gegeben; geht aber die Trennung von ihr aus, so muß sie dieselbe zurückerstatten.

Ich glaube aus all dem Erwähnten geht zur Genüge hervor, daß die Frau im Orient durchaus nicht so geknechtet und gedrückt, so rechtlos dasteht, wie man hier meint. Welche Macht und welchen Einfluß sich manche zu erringen versteht, hat sich schon bei der Charakteristik meiner Stiefmutter Azze bint Sef gezeigt. Sie beherrschte unseren Vater völlig, ja Hof und Staat hingen nicht selten von ihrer allerhöchsten Laune ab. Alles, was wir, ihre sonst so vielfach geteilten, aber in diesem Punkte völlig einigen Stiefkinder versuchten, um ihren Einfluß zu schwächen, mißlang in den meisten Fällen. Wollte eines von uns etwas direkt vom Vater erreichen, so wurde es regelmäßig auf den Instanzenzug verwiesen und mußte sein Anliegen zuvor Bibi Azze unterbreiten, ohne deren Einwilligung der Vater nichts verfügte, worüber sie nur einigermaßen befragt zu werden beanspruchen konnte. Bis an seinen Tod hat sie es verstanden, ihre Macht sich in jeder Beziehung zu wahren.

Ein anderes Beispiel. Die Tochter eines unserer Festungskommandanten aus Oman kam mit ihrem Manne von dort nach Sansibar herüber; sie waren mäßig bemittelt und besaßen, wie mir die Frau selbst sagte, »zu ihrem Glück« keine Kinder. Von Natur war sie klug und witzig (und nirgends kann man mit letzterer Eigenschaft mehr Glück haben, als bei uns), aber häßlich wie die Nacht. Trotzdem betete sie ihr Mann geradezu an und ertrug ihre zahlreichen Launen mit wahrer Engelsgeduld. Wenn sie ausgehen wollte, mußte er sie, wie ein Sklave, immer geleiten und abholen, mochte er Lust haben oder nicht. Nie verfügte er über seine Zeit, und schon vom frühen Morgen an, nachdem er sein Gebet verrichtet, hatte er ihrer Entscheidung zu harren, ob seine Herrin Asche bei ihm zu bleiben oder ihn für den ganzen Tag zu verlassen geruhe. Er war vollständig ihr Sklave.

Einer Persönlichkeit aus unserer Familie will ich noch gedenken, die vor allem jene Fabeln von der Inferiorität der Orientalin Lügen straft. Meine Großtante, die Schwester meines Großvaters, gilt noch heute bei uns als Musterbild einer klugen, mutigen und tatkräftigen Frau: ihr Leben und ihre Taten werden immer wieder erzählt und jung und alt hört mit wahrer Andacht zu.

Als mein Großvater Sultan Imam von Muskat in Oman starb, hinterließ er drei Kinder, meinen Vater Said, meinen Oheim Salum und meine Tante Asche. Mein Vater war erst neun Jahre alt und deshalb war die Einsetzung einer Regentschaft notwendig. Indes gegen allen Brauch erklärte meine Großtante sehr entschieden, sie werde selbst die Regierung bis zur Großjährigkeit ihres Neffen übernehmen und verbat sich jeden Widerspruch. Die Minister, welche an eine solche Entscheidung nicht gedacht, vielmehr sich im stillen schon darauf gefreut hatten, einige Jahre selbst die Herren des Landes spielen zu können, mußten gehorchen. Alltäglich berief die Regentin sie zu sich, um zu berichten und Befehle und Anordnungen zu empfangen. Sie wachte über alles und wußte von allem Bescheid; vor ihrem scharfen Blick blieb, zum Ärger der Pflichtvergessenen und Faulen, nichts verborgen.

Die Fesseln der Etikette streifte sie einfach ab; vor ihren Ministern hüllte sie sich nur in ihre *Schele*, also in das Kostüm, das eine Dame beim Ausgehen trägt. Was die Welt auch daran mäkeln mochte, sie kümmerte sich nicht darum, sondern verfolgte unbeirrt mit Geschicklichkeit und Energie ihren Weg.

Bald sollte sie die ernsteste Probe zu bestehen haben. Noch führte sie nicht lange die Zügel der Regierung, als wie es in Oman leider so häufig ist, ein sehr gefährlicher Krieg ausbrach. Unsere nächsten Stammesverwandten vermeinten, das Weiberregiment und damit unser Haus mit leichter Mühe stürzen und sich selbst die Herrschaft erobern zu können. Brennend und mordend durchzogen ihre Scharen das Land und lagerten sich endlich vor der Hauptstadt Muskat. Viele Tausende von Landleuten aus den ruinierten Provinzen hatten sich, Hab und Gut im Stiche lassend, hierher geflüchtet, um Schutz und Beistand zu suchen. Muskat ist gut befestigt und vermag einer Belagerung zu trotzen. Aber was nützen die festesten Mauern, wenn Proviant und Munition ausgehen?

In dieser schweren Zeit hat sich meine Großtante außerordentlich bewährt und errang sich selbst die bewundernde Anerkennung der Feinde. Die Nächte beritt sie immer einsam in Männertracht die Postenlinien; auf allen gefährlichen Plätzen kontrollierte sie ihre Soldaten und manchmal vermochte sie nur durch die Schnelligkeit ihres Rosses einem unerwarteten Angriff zu entrinnen. Eines Abends ritt sie besonders sorgenvoll aus; sie hatte erfahren, daß der Feind es mit Bestechung versuchen wolle, um nächtlicherweise in die Festung eindringen und alles niedermetzeln zu können. Sie gedachte deshalb die Treue ihrer Soldaten zu erproben. Mit größter Vorsicht ritt sie an eine Wache heran, verlangte den

Akid (das ist ein höherer Offizier) zu sprechen und machte diesem im Namen der Belagerer höchst verführerische Anerbietungen. Der losbrechende Zorn des Braven benahm ihr jede Sorge um die Gesinnungen ihrer Soldaten, brachte sie selbst jedoch in die größte Lebensgefahr. Man wollte den vermeintlichen Spion augenblicklich niederhauen und sie hatte ihre größte Gewandheit aufzubieten, um nicht durch ihre eigenen Leute den Tod zu finden.

Die Lage von Muskat wurde immer schwerer. Hungersnot brach aus, und Hoffnungslosigkeit bemächtigte sich der Herzen. Von außen war keine Hilfe mehr zu erwarten; um wenigstens ehrenvoll zu fallen, beschloß man, einen letzten, verzweifelten Ausfall zu unternehmen. Der Pulvervorrat reichte für ein Gefecht gerade noch hin; dagegen das für die Gewehre und Kanonen notwendige tödliche Blei war ganz ausgegangen. Da befahl die Regentin, alle nur aufzutreibenden Nägel für die Gewehre zu sammeln, selbst passende Kieselsteine zu suchen und an Stelle der Kugeln zu verwenden. Was nur an eisernen und messingenen Gegenständen zu finden war, wurde zerschlagen und in die Kanonen geladen. Ja die Herrscherin öffnete die Türen ihrer Schatzkammer und ließ aus ihren Mariatheresientalern Kugeln gießen. Alles bot man auf und siehe da, die verzweifelte Anstrengung fand ihren Lohn. Der Feind wurde glücklich überrascht und stob nach allen Himmelsgegenden auseinander, mehr als die Hälfte von seinen Leuten tot oder verwundet zurücklassend. Muskat war gerettet. Von schwerer Sorge befreit, sank die mutige Frau auf ihre Knie und dankte dem Allmächtigen in inbrünstigem Gebete für seinen gnädigen Beistand.

Seitdem war ihre Regierung eine ruhige, und sie konnte ihrem Neffen, meinem Vater, das Reich in solcher Ordnung übergeben, daß er imstande war, sein Auge auch auf andere, fernere Ziele zu richten und vor allem Sansibar zu erobern. Daß die Erwerbung dieses zweiten Reiches überhaupt möglich war, verdanken wir also zum Teil ihr, meiner Großtante.

Das war auch eine orientalische Frau!

Arabische Eheschließung

Im allgemeinen werden in Arabien die Ehen der Kinder vom Vater oder vom Familienoberhaupte bestimmt. Das ist nichts Absonderliches und kommt ebenso in Europa vor, wo doch im Umgang zwischen Mann und Frau die höchste Freiheit gegeben ist. Wie oft hört man nicht, daß ein leichtsinniger Vater sich so tief in Schulden verstrickt, bis er keinen Ausweg mehr vor sich sieht und seine schöne oder vornehme Tochter dem Gläubiger als Opferlamm hingeben muß; oder wie eine lebenslustige Mutter ihr Kind geradezu in eine unglückliche Ehe hineintreibt, bloß weil sie dasselbe um jeden Preis loswerden will.

Unter den Arabern gibt es nicht weniger tyrannische Eltern, welche bei der Verheiratung ihrer Kinder deren Glück ganz unbeachtet lassen und die warnende Stimme des Gewissens überhören. Aber es ist nicht Mißbrauch ihrer Macht, wenn Eltern dort überhaupt für ihre Kinder wählen. Die Abgeschlossenheit der Frauen zwingt diese Aushilfe ihnen auf. Die Frauen leben nun einmal für sich und dürfen nur mit den nächsten Verwandten verkehren. Daß dabei, trotz aller Vorsicht, nicht hin und wieder eine Begegnung mit der Männerwelt stattfindet und der Verkehr dann weiter fortgesetzt wird, wer mag das bestreiten. Aber im allgemeinen gilt die Regel, daß ein Mädchen ihren Zukünftigen, außer vielleicht vom Fenster aus, nie eher sieht, geschweige denn spricht, als am Hochzeitsabend. Indes bleibt er ihr nicht völlig fremd. Seine Mutter, seine Schwestern und Tanten bemühen sich um die Wette, ihr eine möglichst charakteristische Beschreibung von ihm zu geben und ihr alles mitzuteilen, was sie nur interessieren könnte.

Häufig kennt sich das Paar auch aus der Jugendzeit. Bis zu ihrem neunten Jahre dürfen Mädchen ungeniert mit gleichaltrigen Knaben verkehren und werden auf diese Weise bekannter. Dann stellt sich der Spielkamerad ein paar Jahre später bei dem Vater seiner früheren Gespielin ein, nachdem er natürlich durch Mutter oder Schwester sie selbst hat aushorchen lassen, und bittet um ihre Hand.

Bei allen Bewerbungen fast lautet die erste Frage des vorsichtigen Vaters: »Aber wo hast du denn meine Tochter überhaupt gesehen?« »O,« heißt es dann, »noch niemals ist es mir vergönnt gewesen, auf deine geehrte *(mahschume)* Tochter einen Blick zu werfen; desto mehr habe ich aber von ihren Tugenden und von ihren Reizen durch die Meinigen erzählen hören.«

Nur wenn der Heiratskandidat den Ansprüchen des Vaters durchaus nicht genügt, erhält er sofort eine bestimmt ablehnende Antwort. In der Regel bedingt sich derselbe eine gewisse Zeit aus, um die Sache reiflich zu erwägen. Mit voller Gemütsruhe bewegt er sich zu Hause, stellt sich, als ob er gar nichts wisse, beobachtet indessen bei allen Gesprächen Frau und Tochter mit größter Schärfe. Gelegentlich läßt er dann mit anscheinender Gleichgültigkeit von seiner Absicht verlauten, nächster Tage eine kleine Herrengesellschaft geben zu wollen, und wenn seine Frau oder Tochter sich erkundigen, wen er einzuladen gedenke, zählt er gelassen seine Freunde auf. Bemerkt er beim Erwähnen des Bewerbers an ihnen eine gewisse Freude, so ist er überzeugt, daß zwischen seiner und der anderen Familie bereits volles Einverständnis besteht. Darauf eröffnet er endlich seiner Tochter, der N. N. habe um sie angehalten und befragt sie um ihre Meinung. Ihr Ja oder Nein entscheidet fast immer; nur ein tyrannischer und gefühlloser Vater entscheidet über den Kopf seiner Tochter hinweg, ohne ihre Einwilligung oder Absage erst abzuwarten.

Auch in solchen Fragen bewahrte unser Vater seinen gerechten Sinn und legte das Schicksal seiner Kinder in ihre eigene Hand. Meine ältere Schwester Zuene war eben erst zwölf Jahre alt geworden, als ein weitläufiger Vetter, Suud, um sie bei ihm anhielt. Der Vater war wegen ihrer großen Jugend ungehalten über diese Bewerbung, konnte es jedoch nicht über sich gewinnen, dieselbe glatt abzulehnen, ohne seiner Tochter überhaupt eine Mitteilung davon gemacht zu haben. Zuene hatte ihre Mutter verloren, welche doch gerade in diesem kritischen Alter so unersetzlich ist; unberaten also, noch ein halbes Kind, fand sie die Idee, bald eine verheiratete Frau zu sein, dermaßen amüsant, daß sie fest darauf bestand, Suud nicht abzuweisen, und der Vater ließ sie gewähren.

Allerdings gibt es ebenso Fälle genug, wo die Kinder schon in frühester Jugend versprochen, ja verheiratet werden. So hatten zwei Brüder die feste Verabredung getroffen, ihre Kinder untereinander zu verheiraten. Der Zufall wollte es, daß beide nur je ein Kind bekamen, der eine einen Knaben, der andere ein Mädchen. Kaum war nun der Knabe sechzehn oder siebzehn Jahre alt geworden, während das Mädchen nur sieben oder acht zählte, so begann man schon von der bevorstehenden Hochzeit zu sprechen. Die Mutter des Knaben, meine Gutsnachbarin, die eine sehr kluge und umsichtige Frau war, klagte mir oft die harte Unerbittlichkeit ihres Mannes und ihres Schwagers, welche ihr an Stelle einer Schwiegertochter ein kleines Kind zuführen wollten, das sie erst pflegen und erziehen müßte. Die Mutter des Mädchens war nicht minder trostlos, daß man ihr Kind ihr so früh zu entreißen gedenke. Den vereinten Anstrengungen beider Schwägerinnen glückte es indes nur, die Aufschiebung der beabsichtigten Heirat für ganze zwei Jahre zu erwirken. Bald darauf verließ ich Sansibar und bin deshalb nicht in der Lage zu berichten, wie sich dies Verhältnis weiter gestaltet hat. –

Die Verlobung wird allen Bekannten und Freunden zeremoniell mitgeteilt. Geputzte Sklavinnen, oft bis zwanzig an der Zahl, ziehen von Haus zu Haus mit der Meldung und der Einladung zum Hochzeitsfest, wofür sie reiche Geschenke ernten.

Es entfaltet sich nun im Hause der Eltern der Braut ein außerordentlich lebhaftes Treiben; denn oft folgt die Hochzeit schon nach vier Wochen. Jedenfalls dauert der Brautstand nie lange, und man hat auch im gesegneten Süden nicht für so viel zu sorgen. Von den vielen unumgänglich notwendigen Bedürfnissen des Nordländers ahnt der Orientale kaum im Traume etwas, und eine arabische Braut würde beim Anblick einer europäischen Aussteuer vor Verwunderung sprachlos werden. Weshalb liebt nur der Mensch hier sich mit so vielem Ballast zu beschweren?

Eine arabische Braut bekommt verhältnismäßig nur wenig mit; ihre Aussteuer besteht, je nach Rang und Reichtum, aus kostbaren Kleidern, Geschmeide, Sklaven und Sklavinnen, Häusern, Plantagen und barem Geld. Nicht nur die eigenen Eltern beschenken sie, sondern auch die Eltern des Bräutigams und dieser selbst. Dies alles bleibt ihr persönliches Eigentum; die Aussteuer wird, wenn beim Tode ihrer Eltern deren Hinterlassenschaft verteilt wird, niemals ihr etwa angerechnet.

Viel Zeit beansprucht die Anfertigung der Kleider der Braut; denn in der ersten Woche nach der Hochzeit muß eine vornehme Dame täglich ihre Toilette zwei- oder dreimal wechseln. Ein besonderes Brautkostüm, wie hier das weiße Kleid und der weiße Schleier, ist im Orient nicht üblich. Die Braut muß nur vom Kopf bis zu den Füßen nagelneue Sachen tragen; die Farbe der Gewänder bleibt ganz ihrem Geschmack überlassen. Da schillert manche wohl in allen Farben des Regenbogens, und doch ist ihr Anzug keineswegs geschmacklos und häßlich zu nennen.

Daneben werden besondere Parfüms bereitet, die bei dem Hochzeitsfeste eine große Rolle spielen. So das *Riha*, eine sehr kostspielige Mischung von pulverisiertem Sandelholz, gestoßenem Moschus, Safran und reichlichem Rosenöl, welche zum Salben des Haares gebraucht wird, und ein angenehm duftendes Räuchermittel, aus dem Holze *Ud* (einer Art Aloe), dem feinsten Ambra und vielem Moschus zusammengesetzt. An Parfümerien aller Art kann die Orientalin nie genug haben.

Dazu kommt das Backen, die Herstellung von allerlei Konditorwaren, die Beschaffung des Schlachtviehs; kurz alle Hände sind vollauf beschäftigt.

Die Braut selbst hat sich noch verschiedenen unangenehmen und lästigen Gebräuchen zu unterwerfen. Namentlich in den letzten acht Tagen muß sie sich in einem dunklen Zimmer aufhalten, alles Putzen und das Anlegen feinerer Toilette vermeiden. Man meint, sie werde dann am Hochzeitstage um so hübscher und anmutiger erscheinen.

Sie ist ein geplagtes Wesen in dieser Zeit; ein Besuch folgt dem anderen. Alle alten Frauen, die sie kennt, namentlich ihre Ammen, welche sie seit Jahren vielleicht nicht gesehen, suchen sie auf und alle öffnen die Hand. Der Eunuchenchef, der ihr einst die ersten Haare abrasiert, beruft sich mit besonderem Stolze auf diesen ihr geleisteten Ehrendienst, bittet um ihr ferneres Wohlwollen und – um ein Andenken; er erhält einen kostbaren Schal, einen Ring für den kleinen Finger der linken Hand, eine Taschenuhr oder einige Guineen.

Der Bräutigam bleibt von der Einsperrung im dunklen Zimmer verschont; sonst hat er nicht minder zu leiden. Alle jene Personen, die ihm oder seiner Braut einst gedient, kommen zu ihm, um danach jene heimzusuchen und so doppelte Geschenke wegzuschleppen.

Die letzten drei Tage bleibt der Bräutigam ganz zu Hause und ist nur noch für seine vertrautesten Freunde sichtbar. Um so reger ist dann der Verkehr unter den beiden Familien.

Das Bestellen von Grüßen und das Übersenden von Geschenken zwischen Braut und Bräutigam will gar kein Ende nehmen.

Endlich erscheint der große Tag. Die Trauung findet meist abends im Hause der Braut statt, nicht in der Moschee. Ein Kadi, oder wenn kein solcher zur Stelle, ein allgemein als fromm anerkannter Mann vollzieht die Eheschließung. Höchst sonderbar mag es dem Europäer dünken, daß die Braut selbst, also die eine eigentliche Hauptperson, bei der feierlichen Handlung gar nicht zugegen ist; sie wird durch ihren Vater, ihren Bruder oder sonst einen nahen männlichen Verwandten vertreten.

Bloß wenn sie gar keinen Verwandten hat, erscheint sie persönlich vor dem Kadi, um unter den üblichen zeremoniellen Worten an ihren Bräutigam gebunden zu werden. In diesem Falle betritt sie, bis zur Unkenntlichkeit vermummt, allein das leere Zimmer, in welches dann erst der Kadi, der Bräutigam und die Zeugen Einlaß finden. Nach dem Schluß des Aktes, bei welchem auch die Stimme der Braut kaum zu vernehmen ist, gehen die Herren wieder zuerst hinaus, bevor die Neuvermählte sich erhebt und in ihre Gemächer zurückkehrt.

An die Trauung schließt sich für alle anwesenden Herren, samt dem Bräutigam, ein reiches Mahl, wobei tüchtig mit *Ud* geräuchert und mit Rosenöl parfümiert wird.

Die Hochzeit und die Übergabe der Braut an den Bräutigam folgt nicht immer unmittelbar nach der Zusammengebung, sondern meist erst am dritten Tage. Unzählige Hände sind jetzt beschäftigt, sie aufs Schönste zu schmücken und zu putzen. Gegen neun oder zehn Uhr abends wird sie von ihren weiblichen Angehörigen zu ihrer neuen Wohnung geleitet und sofort erscheint der Bräutigam, von seinen männlichen Angehörigen gefolgt. Unter nicht enden wollenden Glück- und Segenswünschen nehmen sie vor ihrem Privatgemach Abschied und suchen dann die Gesellschaftsräume des Erdgeschosses auf, um das fröhliche, tagelang währende Hochzeitsfest zu beginnen.

Nachdem der Bräutigam das Zimmer seiner Braut betreten, spielen sich immer einige Etiketteszenen ab. Wenn die Braut im Range höher steht als der Mann, so bleibt sie bei seinem Eintreten ruhig sitzen und wartet ab, daß er sie anredet. Erst wenn er diese zeremonielle Huldigung ihr dargebracht, darf sie selbst mit ihm sprechen. Aber noch behält sie ihre kostbare Maske, welche ihr Gesicht neidisch verhüllt; der junge Ehemann hat ihr für die Demaskierung, und zugleich um ihr seine Liebe und Hochachtung zu beweisen, ein seinen Verhältnissen entsprechendes Geschenk zu Füßen zu legen. Bei Armen genügen ein paar Pfennige, Reiche geben bedeutende Summen.

Mit diesem Abend nimmt, wie erwähnt, die allgemeine Bewirtung im Hause des jungen Ehemannes ihren Anfang, die drei, sieben oder vierzehn Tage dauert. Freunde, Bekannte und Unbekannte, sind willkommen und dürfen essen und trinken nach Herzenslust. Wein oder Bier wird freilich nicht kredenzt, auch das Tabakrauchen ist bei der Sekte der *Abaditen*, welcher wir angehören, verboten; nichtsdestoweniger sind die Leute außerordentlich vergnügt und fröhlich. Man ißt, trinkt Mandelmilch und Limonade, singt, führt kriegerische Tänze auf und hört Deklamatoren zu. Eunuchen räuchern mit *Ud* und besprengen die Gäste aus silbernen Schalen mit dem köstlich kühlenden Rosenwasser, das leider so schnell verduftet.

Die Damen bleiben so bis gegen Mitternacht beisammen, während die Herren oft die ganze Nacht im Hause der Freude verbringen, bis der anbrechende Morgen sie an ihre Pflicht, an das Gebet, mahnt. –

Hochzeitsreisen kennt man im Orient natürlich nicht. Das junge Paar bleibt vielmehr die ersten sieben bis vierzehn Tage für sich im Hause und ist für die Außenwelt unsichtbar. Erst nach Ablauf dieser Frist empfängt die junge Frau Besuch und allabendlich ist von sieben bis zwölf Uhr ihr Gemach von Freundinnen und Bekannten überfüllt, welche ihr ihre Glückwünsche darbringen.

Sultan Said bin Sultan von Oman und Sansibar, Vater von Emily Ruete, geborene Salme

Emily Ruete, geborene Salme, Prinzessin von Oman und Sansibar (1844–1924)

Heinrich Rudolph Ruete (1839–1870)

Sultan Madschid bin Said, Bruder von Salme

Sultan Bargasch bin Said, Bruder von Salme

Innenansicht

Der Sultanspalast in Sansibar, Außenansicht

Der Hafen von Sansibar um die Mitte
des 19. Jahrhunderts

Die Flotte des Sultans um 1855

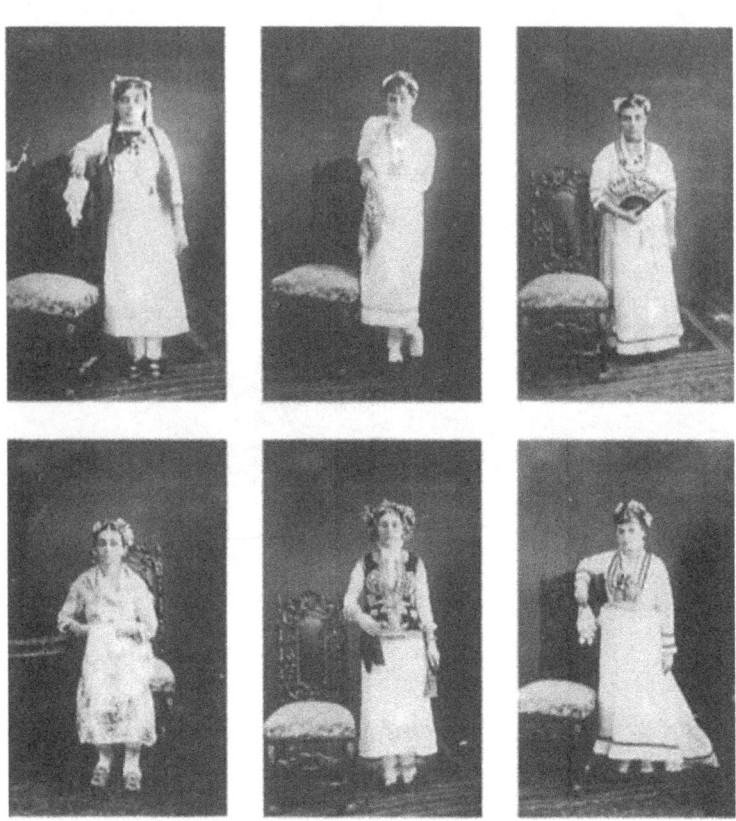

Frauen im Palast des Sultans

Ein arabischer Damenbesuch

Wiederholt bereits habe ich erwähnt, wie viele Besuche wir bei unsern Freunden und Bekannten machten, wie viele wir empfingen. Es dürfte wohl interessieren, etwas mehr über eine solche arabische Damenvisite, über die dabei beobachteten Förmlichkeiten, über die Unterhaltung zu erfahren.

Wollten wir jemandem einen Besuch abstatten, dann ließen wir uns gewöhnlich an demselben Tage durch elegant gekleidete Sklavinnen ansagen; nur selten wagten wir es aufs Geradewohl unangemeldet hinzugehen. Alle Besuche in der Stadt macht man zu Fuß, nur aufs Land reitet man. Auch dort schmückt man sich besonders bei diesen Gelegenheiten, nicht bloß um die Freundin, zu der man geht, zu ehren, sondern auch um seine Toilette und sein Geschmeide zur Schau zu tragen und andere damit womöglich zu überstrahlen. Alles wie hier!

Indes ihr Gesicht selbst darf die Araberin nicht sehenlassen; dies verdeckt, oft im Hause und immer auf Ausgängen, eine Maske. Man denke dabei aber nicht an die Maske der Ägypterin, die ebenso unschön ist wie die Atmung erschwert; unsere Masken waren sehr elegant aus schwarzem Atlas gefertigt und mit prächtigen, aus bunter Seide mit Gold und Silberfäden geklöppelten Spitzen garniert. Sie bestanden aus zwei durch eine schmale Stütze verbundenen Hauptteilen, deren oberer die Stirn, und deren unterer die Nase und einen Teil der Backen bedeckte. Augen, Nasenspitze, Mund, Hals und die Hälfte der Backen blieben also völlig frei. Befestigt wurde die Maske durch ellenlange Ketten, welche mehrmals um den Kopf geschlungen zugleich den Kopfputz festhielten.

Die Regentage, so selten sie sind, empfindet man schwer, da man keine Geselligkeit außer dem Hause pflegen kann und in seinen eigenen vier Pfählen bleiben muß. Einen Regenschirm, diesen unentbehrlichen Begleiter im Norden, besitzt nicht jeder im Orient und es ist auch nicht immer leicht, einen zu einem Ausgang zu borgen. Der Mittelstand und hin und wieder die Neger tragen ungeheuer große, aus Indien importierte Schirme, welche mit gelbem oder grünem, nur ganz vereinzelt mit schwarzem Wachstuch bezogen sind.

Ich brauche wohl kaum nochmals zu erwähnen, daß die muhamedanischen Damen sich in der Regel nicht bei hellem Tageslicht, sondern nur am frühen Morgen oder abends nach Sonnenuntergang auf die öffentlichen Straßen begeben dürfen. Straßenbeleuchtung gab es zu meiner Zeit in Sansibar nicht; wir mußten also selbst für Licht sorgen, um uns durch die schmalen, nicht gerade ebenen und sauberen Straßen hindurchzuwinden. Mit den Laternen wurde nun ein großer Luxus getrieben, die größeren hatten einen bis zwei Meter Umfang. Die schönsten entsprachen gleichsam dem Muster einer russischen Kirche: ein großer Kuppelturm in der Mitte und um denselben herum vier kleinere Türmchen. In jedem Turme brannte eine Kerze und warf ihr Licht durch weiße, rote, grüne, gelbe oder dunkelblaue Scheiben über die Straße. Zwei bis sechs solcher Laternen mußte die Begleitung einer vornehmen Dame, je nach deren Rang oder Vermögen, vorantragen, was nur ausgesucht kräftige Sklaven zu bewältigen vermochten. Leute aus dem Bürgerstande dagegen begnügen sich mit einer Laterne.

Eine ganze Schar bewaffneter Sklaven gehörte außerdem zum Zuge jeder ausgehenden Dame, welche allerdings mehr kriegerisch aussehen, als sie es wirklich sind. Diese Leute verursachten immer große Kosten. Denn die Waffen, außer Gewehr und Revolver, sind sämtlich mit Gold und Silber kostbar ausgelegt und recht teuer. Das hielt aber die Spitzbuben nicht ab, dieselben einmal um ein Butterbrot zu verkaufen, oder bei einem Wucherer (gewöhnlich sind diese sauberen Menschen Hindu oder Banjan) um eine Kleinigkeit zu versetzen, lediglich weil die leichtsinnigen Burschen einmal ihren Durst in *Pombe* (Palmwein) löschen wollten. Da blieb denn der Herrin nichts übrig, als die Waffen um das Zehnfache wieder einzulösen, oder dem Unhold eine neue Ausrüstung zugleich mit einer wohlverdienten exemplarischen Züchtigung zukommen zu lassen. Viel half freilich dieses Abschreckungsmittel nicht, und es war stets die Erhaltung der Waffen der Sklaven viel kostspieliger, als deren erste Anschaffung.

Zehn bis zwanzig bewaffnete Sklaven gingen also, zu zwei und zwei, oder sonst in Reihen geordnet, mit den Laternen dem Zuge einer vornehmen Dame voran. Hinter ihnen folgte die Herrin selbst, unter Umständen mit einer arabischen Begleiterin, und den Schluß des Zuges bildete eine Schar geputzter Sklavinnen.

Begegnete man auf der Straße einem Passanten, mochte er nun hohen oder niedrigen Standes sein, so wurde er von den Sklaven aus dem Wege gewiesen und mußte in eine Seitenstraße, in eine offene Tür oder in einen Laden abbiegen, bis der Zug vorüber war. Aber nur bei Angehörigen des Herrscherhauses ließ sich das streng durchführen; anderen vornehmen Damen glückte es nicht immer, die gleichen Ansprüche geltend zu machen, und besonders das rohere Straßenvolk wich nur ungern aus.

Der lange Zug von reichgekleideten Fußgängern und die bunten Reflexe der Laternen in den finsteren schmalen Straßen gewährten einen zauberhaften Anblick. Obgleich die gute Sitte auch im Süden vorschreibt, sich möglichst still und geräuschlos in der Öffentlichkeit zu bewegen, so brach doch die lebhafte Natur immer durch, und man zog laut sprechend und scherzend dahin, so daß man geradezu Neugierige und Lauscher an die Türen und Fenster oder auf die flachen, niedrigen Dächer lockte.

Häufig traf es sich, daß ich auf der Straße zufällig einer meiner Schwestern oder einer Freundin begegnete, die im Begriff standen, mich zu besuchen. Dann gingen wir wohl zusammen weiter, wodurch der Zug auf die doppelte und sogar dreifache Länge anschwoll.

Endlich am Ziele angelangt, ließen wir uns der Sitte gemäß anmelden; aber da gab es kein Warten in finsteren Korridoren oder im Empfangszimmer, bis die Herrin des Hauses etwa ihre Toilette beendet hat: wir folgten der anmeldenden Person auf dem Fuße. Empfangen wurden die Besucherinnen im Zimmer oder in mondhellen Nächten auf dem sauberen, platten, mit Balustraden umgebenen Dache.

Die Wirtin sitzt auf ihrer *Medde*, einer Art Polster von zirka zehn Zentimeter Höhe, welches aus feinstem Goldstoff gearbeitet zu sein pflegt, den Rücken an die *Tekje*, ein ähnliches Kissen, gelehnt, welche an der Wand ruht. Ein Entgegengehen, wie es hier die Herzlichkeit oder auch die falsche Höflichkeit gebietet, ist ungebräuchlich; nur durch Aufstehen gibt man seine persönliche Zuneigung für die Eintretende zu erkennen oder huldigt dadurch ihrem höheren Range und ihrer Würde.

Ganz fremden Menschen gegenüber ist eine Araberin im ganzen sehr zurückhaltend, mag nun die fremde Person hoch oder niedrig gestellt sein. Anders ist es bei näherer Bekanntschaft; sobald man eine Freundin liebgewonnen hat, schwindet jeder Geburts- und Rangunterschied. Es ist wohl wahr, daß die Bewohnerin des Südens am meisten der Eifersucht anheimfällt; sie versteht aber auch ganz anders zu lieben, als der Bewohner des kalten Nordens; dort überläßt man dem Herzen die unumschränkte Herrschaft, hier läßt man allzu oft den kalten, rechnenden Verstand walten und muß ihn vielleicht auch walten lassen wegen des schwereren Lebens. Ich habe es wiederholt erlebt in meiner Heimat, daß eine Freundin, die sich trotz ihrer reinen, alles Eigennutzes baren Freundschaft zurückgesetzt fühlte, darüber elend und krank wurde!

Nachdem die ankommenden Gäste der Wirtin die Hand, den Kopf oder den Saum ihres Schals geküßt (Gleichstehende schütteln sich nur gegenseitig die Hände), nehmen sie, ihrem Range angemessen, Platz. Nur eine ebenbürtige Dame darf sich unaufgefordert gleichfalls auf der *Medde* niederlassen und sich der Annehmlichkeit der *Tekje* erfreuen, während niedriger Stehende in gewisser Entfernung Platz nehmen.

Die Maske behält man auf; auch sonst legt man nichts ab, sondern behält die dünne, leichte *Schele* um. Bloß des Fußzeugs entledigt man sich. Anstelle der hölzernen Sandalen *(Kubkab)*, welche wir gewöhnlich zu Hause tragen, treten beim Ausgehen reichgestickte lederne *Kosch*, eine Art Pantoffel, aber mit breitem Absatz. Dieses Fußzeug streift man, ehe man das Zimmer betritt, mit den Füßen leicht ab, eine Sitte, welche alle, vom Herrscher bis zum Sklaven herab, befolgen. Es ist dann die Sorge der vor der Tür stehenden zahlreichen Sklaven, die Schuhe, die doch meistens ähnlich aussehen, paarweise zu ordnen, so daß die Austretende gleich in die ihrigen hineinschlüpfen kann. Auch hierbei herrscht strenge Etikette; die Schuhe der vornehmsten Dame werden in die Mitte gestellt, diejenigen von weniger vornehmen in einem weiteren Halbkreis ringsum.

Bald nach der Ankunft eines Gastes wird der Kaffee von Sklaven in kleinen Täßchen herumgereicht und das wiederholt sich bei dem Hinzukommen eines jeden neuen Besuchers. Außerdem genießt man frisches Obst und Konfekt. Das »Nötigen« kennt man zum Glück nicht.

Ebensowenig hat die Wirtin nötig, immer für eine, oft recht gezwungene Unterhaltung zu sorgen, wie sie hier zum guten Ton gehört und die größten Anstrengungen erfordert. Nein, man gibt sich ganz frei und plaudert ungeniert über alles, was einem einfällt. Theater, Konzerte, Bälle, Zirkus gibt es nicht, so daß der Gesprächsstoff schon ziemlich beschränkt ist, und geistreiche Bemerkungen über das Wetter zu machen liebt man auch dort nicht. So ergeht sich denn die Unterhaltung meist über die persönlichen Angelegenheiten und über Agrikultur und alles was damit zusammenhängt. Jeder und jede Vornehme treibt Landwirtschaft, obschon wenig rationell, doch mit großem Interesse.

Frei und unbeschränkt darf man sich seiner guten Laune hingeben, darf lachen und scherzen, ohne genau zu berechnen, ob die eigene Würde nicht etwa ein wenig leiden könnte. Neben so vielen anderen Vorteilen ist eben dem Süden auch der gegeben, daß seine Bewohner meist fröhlich, heiter und vergnügt sind. Warum sollten sie nicht, da die Natur ihnen mit gutem Beispiel vorangeht, und immer sonnig und heiter erscheint? Ein klarer, im vollen Sonnenlicht strahlender Himmel läßt den Spleen im Süden nie aufkommen. Dazu gewährt die Natur dem Menschen das, was ihm zum Leben nötig, mit so verschwenderischer Hand, daß ihm Sorgen nur selten nahe treten.

Keinem Hausherrn ist erlaubt, zu Besuchszeiten die Räume seiner Frau, seiner Tochter oder seiner Mutter zu betreten. Bloß der Herrscher und seine allernächsten männlichen Familienglieder sind von diesem Gebote dispensiert; indes sobald eine uns völlig ebenbürtige Cousine aus Oman anwesend war, durften auch meine Brüder und Neffen nicht unangemeldet bei uns eintreten. Besuche ich also eine verheiratete Schwester, so muß deren Mann unten in seinem Empfangszimmer bleiben, bis ich mich wieder entfernt habe. Hat ein Hausherr gerade zur Besuchszeit eine sehr dringende Angelegenheit mit seiner Frau, Tochter oder Mutter zu besprechen, so läßt er dieselbe für einen Augenblick in ein anderes Zimmer bitten. Ganz ebenso handeln die Damen, wenn sie ihre männlichen Angehörigen sprechen wollen zu einer Zeit, da diese im Kreise ihrer Freunde sich befinden.

Diese Sitte wird auch ebenso streng befolgt, wenn eine Dame ihrer Freundin für den ganzen Tag, also von früh halb sechs bis abends sieben Uhr, einen Besuch abstattet. Da haben dann die Herren manchmal viele Mühe, den fremden Damen nicht in den Weg zu kommen, so daß sie dieselben wider Willen doch sehen. Sicher ist das lästig. Aber den Druck dieser wie anderer besonderer Sitten empfindet der

Orientale selbst nicht im geringsten. Er ist in diesen Anschauungen aufgewachsen, er hat keine anderen kennengelernt, um Vergleiche zu ziehen, er findet sie also ganz natürlich und richtig. Überall die Macht der Gewohnheit mit ihren tiefdringenden Einflüssen! Ich leugne durchaus nicht, daß es im Orient gar vieles gibt, was bei objektiver Betrachtung überflüssig oder selbst übertrieben erscheint. Allein ist Europa von solchen schiefen Anschauungen und Bräuchen frei? Dort die strengste Zurückhaltung zwischen Mann und Frau; hier die zügelloseste Freiheit. Dort trotz der Hitze eine beständige Umhüllung und Maskierung; hier im kalten Norden Dekolletieren u. s. w. Das sind gewiß extreme Gegensätze; man übertreibt hier wie dort.

Drei bis vier Stunden dehnen sich solche Damenbesuche unter lebhaftester Unterhaltung und Gestikulation aus. Endlich bricht man auf. Da gilt es, die fest schlafenden Sklaven zu wecken, und sich wieder zum Zuge zu ordnen. Die Laternen läßt man auch während der Besuchszeit brennen, zwecklos allerdings, es gehört aber zum guten Ton.

Nachdem die Wirtin den Besucherinnen noch ein Geschenk gereicht, sei es auch nur eine Kleinigkeit, und nachdem man unter denselben Zeremonien wie beim Empfang sich verabschiedet, setzt sich der Zug in Bewegung, um nach Hause zurückzukehren. Verlasse ich mit einer Schwester oder einer Freundin zusammen das Haus, dann entsteht auf der Straße immer noch ein kleiner Wirrwar, ehe der Knäuel der beiden Gefolge sich entwirrt hat. Unseren Weg kann jeder noch lange nachher verfolgen, so intensiv und nachhaltig durchdringt die Menge unseres Parfüms die passierten Straßen. Um Mitternacht müssen alle zu Hause angelangt sein; das ist der späteste Termin für das Nachtgebet.

Einen besonderen Vorteil haben die Araberinnen noch vor den Europäerinnen voraus: sie sind der Pflicht, sich für eine Gesellschaft, zu welcher sie eingeladen waren, zu bedanken, gänzlich überhoben. Sie brauchen nicht zu heucheln und sich zu verstellen. Wie schlimm ist es nicht schon, daß man sich in einer Gesellschaft langweilt; und dafür noch danken müssen? Gar oft habe ich gehört, wie Damen ihrer Wirtin die schönsten, schmeichelhaftesten Komplimente sagten ob ihrer reizenden Gesellschaft, und wie sie dann draußen vor der Tür sich in der allerbeißendsten Kritik ergingen. O die abscheuliche Verstellung! Würden wir nicht unserem barmherzigen Schöpfer näher stehen, wenn jeder vor allem sich bestrebte, immer offen und aufrichtig mit seinen Nebenmenschen zu verkehren? Wozu die ewige Maskerade?

Die Audienz. Verkehr der Herren untereinander

Es ist eine althergebrachte Sitte, daß der Herrscher zweimal täglich, und zwar nach dem Frühstück und nach dem vierten Gebete, seinen männlichen Verwandten, seinen Ministern und anderen Beamten, sowie allen, welche ihn sehen oder sprechen wollen, freien Zugang gewährt. Der für diese Versammlungen bestimmte Audienzsaal (arabisch *barze*) in unserem Hause lag im Erdgeschoß, dicht am Strande des Meeres, dessen Wellen zur Zeit der Flut immer die Grundmauern dieses Flügels bespülten, und auf dessen weite, belebte Fläche man durch die Fenster eine herrliche Aussicht hatte. Der Saal war groß und doch reichte oft der Raum nicht hin, um alle die Besucher zu fassen. Seine Einrichtung trug denselben einfachen Charakter, wie ein jedes arabische Zimmer; außer Teppichen, wandhohen Spiegeln, Uhren und einer Menge an den Seiten entlang stehender Stühle, fand sich keine weitere Ausstattung vor.

Da kein vornehmer Araber allein ausgeht, so umdrängten immer ein paar hundert Trabanten die Tür; wer Platz fand, ließ sich auf den steinernen an den Mauern des Hauses hinlaufenden Bänken nieder; die Späterkommenden mußten auf dem offenen Palaisplatz stehend das Herauskommen ihrer Herren oder Freunde erwarten. Das waren immer interessante Bilder für uns. Zur Audienz erschienen die Herren stets in voller Staatstoilette, also im Turban, in dem bis zu den Knöcheln reichenden Überrock *(Dschocha)* und mit der Schärpe umgürtet.

Im Hause trägt der Araber auf dem wöchentlich einmal kahl geschorenen Kopf nur eine weiße, oft recht hübsch gestickte Mütze; beim Ausgehen setzt er den Turban *(amame)* auf. Das Aufbauen desselben erfordert eine gewisse Geschicklichkeit; mancher braucht wohl eine halbe Stunde dazu, um ihn kunstgerecht herzustellen. Daher geht man beim Abnehmen auch sehr behutsam zu Werke, da bei der kleinsten Unvorsichtigkeit das Ganze zusammenfällt. Wer etwas auf sich hält, ordnet ihn bei dem jedesmaligen Ausgehen von neuem. Das Tuch, welches zum Turban verwendet wird, ist verhältnismäßig wohlfeil und kommt nicht teurer als fünf bis acht Dollars zu stehen. Viel kostbarer sind die Stoffe der Schärpe *(mahsem)*, deren Preise von zwanzig bis zweihundert Dollars steigen. Diese Stoffe sind seidene und reich mit Gold- und Silberfäden durchwebt. Ein Vornehmer besitzt stets eine ganze Anzahl Schärpen und wechselt sie etwa so, wie man hier mit Krawatten zu verfahren pflegt. Ältere und fromme Leute, die der Mode weniger huldigen, tragen nur einfache weiße oder schwarzseidene *Mahsems*.

Zur vollen Toilette eines Arabers gehören, wie schon oft erwähnt, natürlich auch seine Waffen. Frau, Tochter oder Sohn reichen ihm dieselben gewöhnlich, wenn er sich zum Ausgehen rüstet.

Ehe die Herren das Audienzzimmer betreten, entledigen sie sich ihrer Schuhe, wobei die Abstufung der Rangklassen genau erkennbar ist. Das niedere Volk zieht schon von weitem die *Watje* aus, die Vornehmeren unmittelbar vor der Tür. Dabei darf man durchaus nicht an Despotismus denken; es ist dies ein völlig eingebürgerter, freiwilliger Brauch. Der Araber beweist jedem Stande, alter Sitte gemäß, seine gebührende Achtung; vor allem ist er von einer pietätvollen, instinktiv royalistischen Gesinnung gegen seinen Herrscher und dessen ganzes Haus erfüllt.

Hat sich der Versammlungssaal gefüllt, dann bricht der Sultan auf, um die Notabeln zu begrüßen. Sein feierlicher Zug ordnete sich zur Zeit meines Vaters immer folgendermaßen: Voran schritt eine Abteilung Negergarde; dann folgte eine Schar junger Eunuchen, nach ihnen die Obereunuchen; endlich kam unser Vater mit seinen Söhnen hinter sich, dergestalt, daß die jüngsten derselben den Schluß machten. Unten vor der Tür der *Barze* bildeten die Garde und die Eunuchen Spalier, durch welches der Vater mit seinen Söhnen in den Saal hineintrat. Alle erhoben sich, um ihn zu begrüßen, und die gleichen Zeremonien wiederholten sich, wenn er wieder in geordnetem Zuge die Versammlung verließ. Umgekehrt erwies auch unser Vater allen die gebührende Ehre. Wenn ein Vornehmer sich entfernen wollte, so begleitete er ihn wohl ein paar Schritte, während alle so lange sich gleichfalls erhoben. Es mag dies dem Europäer sonderbar erscheinen, und es liegt bei der sonstigen zeremoniellen Art des Arabers allerdings ein gewisser Widerspruch darin, daß jeder kommen und gehen konnte, ohne sich an den Monarchen zu binden und etwa erst nach diesem aufzubrechen.

In der Vormittagsaudienz wurde Kaffee nur selten, am Abend hingegen immer gereicht; dann begann die Arbeit, wenn man so sagen darf. Jeder durfte seine Anliegen, Bitten oder Beschwerden vorbringen und um Bescheid bitten. Fast alles wurde nur mündlich verhandelt, da man schriftliche Erledigung von Geschäften nicht liebt. So mußten denn die Petenten meist selbst kommen und ihre Sachen vortragen. Geringfügigere Angelegenheiten wurden indes gewöhnlich an die Minister, an die Kadis (die angestellten Richter), oder an die Obereunuchen zur Entscheidung verwiesen. Anderthalb bis drei Stunden dauerte die Audienz; wer in dieser Zeit nicht abgefertigt werden konnte, oder wer zu spät gekommen sich nicht in die volle *Barze* einzudrängen vermochte, der wurde von den Obereunuchen für den nächsten Tag wiederbestellt, und seine Sache kam dann zuerst zur Verhandlung.

Prinzen dürfen vom vierzehnten bis sechzehnten Lebensjahr an die Versammlung besuchen und sind dann hierzu verpflichtet. Ebenso muß jeder Notable sich aus Achtung vor dem Herrscher alltäglich einfinden, wenn er nicht durch ganz dringende Gründe abgehalten ist. Fehlt einmal einer mehrere Tage nacheinander, so werden Sklaven hingesandt, um sich nach dem Grunde seines Ausbleibens zu erkundigen. Liegt er krank darnieder, so kann er versichert sein, daß der Herr bald nachher selbst kommen wird, um ihn zu besuchen. Mag er auch an der ansteckendsten Krankheit leiden, an Cholera, an den Pocken, das hält niemanden ab, ist doch alles von Gott bestimmt und geordnet! Die Pflegerinnen des Kranken, Frau, Mutter, Tochter oder Schwester, müssen natürlich, solange Herrenbesuch anwesend ist, das Zimmer räumen.

Jeder vornehme Araber hat eine solche *Barze* im Erdgeschoß seines Hauses, also abseits der Damengemächer eingerichtet, wo er für gewöhnlich lebt und seine Freunde und Bekannten empfängt. Der Fußboden ist meist mit weißen und schwarzen Marmorplatten, welche aus Frankreich eingeführt werden, belegt; Teppiche oder Matten gibt es hier nicht, da man sich nicht der angenehmen Kühle der Steine berauben mag.

Die Herren besuchen einander in denselben Stunden, wie die Damen, also am liebsten des abends nach sieben Uhr. Ein bestimmtes Ziel muß der Araber haben, wenn er ausgeht. Daß man aus Gesundheitsrücksichten spazieren gehen kann und soll, davon hat er keine Ahnung, und wenn er einen Europäer abends auf seinem Dache auf und ab wandeln sieht, so meint er wohl, daß derselbe auf seine besondere, christliche Art bete.

Über das Zeremoniell bei den Besuchen der Herren und über ihre Unterhaltungen brauche ich nichts hinzuzufügen; das alles gestaltet sich analog den Damengesellschaften; nur werden unter den Herren natürlich allgemeinere Fragen, welche das wohl der Stadt und des Landes betreffen und vor allem immer die Ereignisse der letzten Audienz, die verschiedenen Bittgesuche, die mannigfaltigen Prozesse, die da entschieden worden sind, besprochen. Zu den Versammlungen der Herren, besonders zu den Audienzen, werden auch Europäer bereitwillig zugelassen, und so ist das patriarchalische Treiben in denselben mit allen feinen Licht- und Schattenseiten im Norden mehr bekannt, als das abgeschlossene Leben der orientalischen Frauen.

Die Fastenzeit
Ramadan

Jedermann hat wohl davon gehört, daß die Muhamedaner einen ganzen Monat hindurch, solange die Sonne am Himmel sichtbar ist, alltäglich zu fasten haben. Man darf nun dieses Fasten der Muhamedaner nicht etwa mit demjenigen der Katholiken vergleichen, welches im Vergleich zu jenem fast kinderleicht ist. Für jeden Muslim ist das Fasten obligatorisch und seine Kinder muß er von ihrem zwölften Jahre an gleichfalls dazu anhalten. Da meine Mutter sehr gläubig war, so ließ sie mich schon mit meinem neunten Jahr den Monat *Ramadan* heiligen.

Es ist sicherlich nichts Leichtes für ein Kind von neun Jahren, volle vierzehneinhalb Stunden täglich weder essen noch trinken zu dürfen. Der Hunger ist bei weitem nicht so quälend, wie der furchtbare, unbeschreibliche Durst eines Bewohners der Tropengegenden. Bei meinem Alter hatte ich natürlich von Religion nur schwache Begriffe und so muß ich zu meiner Beschämung gestehen, daß ich anfangs heimlich hier und da etwas Wasser genascht habe. Auf eindringliches Befragen beichtete ich diese Sünde reuevoll meiner Mutter und erlangte ihre Verzeihung unter der Bedingung, die heiligen Gebote der Religion nicht wieder zu übertreten. Ich war die ersten Tage ganz betäubt, und man suchte mich soviel als möglich schlafen zu lassen, damit ich den Druck nicht so schwer empfinden sollte. Die Bestimmungen darüber sind äußerst streng gefaßt; nicht einmal den Speichel darf man absichtlich verschlucken, will man dem Gesetze treu bleiben.

Um vier Uhr morgens ertönt ein Kanonenschuß von unserem Schiffe zum Zeichen, daß das Fasten beginnt. Wenn man mitten im Essen ist, muß man sofort aufhören; hat man etwa ein Trinkgefäß ergriffen, um zum letzten Male für vierzehneinhalb Stunden seinen Durst zu stillen, so soll man es unberührt wegstellen, sobald der Schuß gehört wird. Kein erwachsener und gesunder Mensch darf von diesem Augenblick an etwas essen oder trinken. Man liebt es, den Tag über viel zu schlafen und die Nacht dann recht lange unter allerlei Genüssen aufzubleiben.

Um sechs Uhr geht die Sonne unter; man verrichtet sein Abendgebet und kann dann schon um halb sieben sein Fasten unterbrechen. Die schönsten Früchte, und vor allem köstlich mundendes Wasser in kühlenden, porösen Tonkrügen, sind schon bereitgestellt, um dem Schmachtenden eine erste Erquickung zu bieten. Bald versammelt sich die Familie, um eine wahrhaft lukullische Mahlzeit einzunehmen, die für die harte Entbehrung reichlich entschädigt. So genügsam der Araber sonst ist, so einfach er üblicherweise lebt, bei den Mahlzeiten während des *Ramadan* wird er geradezu zum Schwelger und entwickelt im Essen und Trinken eine große Üppigkeit.

In dieser Zeit lebt man besonders gesellig und bringt die Abende, oder vielmehr die Nächte, gern beieinander zu, durch fromme Gesänge, Deklamationen und Erzählungen erbaut, aber immer dazwischen essend und trinkend. Um zwölf Uhr ertönt der erste Kanonenschuß und erweckt diejenigen, welche eingeschlafen sind, um das Nachtessen (*Suhur*) zu bereiten. Zwischen drei und vier Uhr wird dieses angerichtet; kleine Kinder, die um neun oder zehn zu Bett gebracht worden sind, weckt man dazu auf. Der *Suhur* wird selten gemeinschaftlich eingenommen, sondern jeder speist in der Regel auf seinem Zimmer für sich.

In dieser Weise lebt man den ganzen Monat hindurch. Anfänglich stellen sich häufige Ohnmachten ein; die Menschen werden fast zusehends schlank und mager. Aber allmählich gewöhnt man sich an den Druck der Entbehrung, man verschläft nicht mehr den Tag, und viele, die bisher nur bei der Mahlzeit und beim Gebet sichtbar waren, zeigen sich wieder regelmäßig auf der Galerie.

Alle sollen das Fasten streng beobachten, und der Herr soll es auch seinen Sklaven anbefehlen. Die, welche im Haushalt und zur persönlichen Bedienung gebraucht werden, die man also zu kontrollieren vermag, werden dazu angehalten. Dagegen den Arbeitssklaven auf den Plantagen, die meistens ohne jegliche Religion sind, steht es frei, ob sie fasten wollen oder nicht.

Kinder und Kranke sind vom Fasten dispensiert. Indes müssen die letzteren noch im Laufe desselben Jahres, sobald sie genesen sind, ebensoviel Tage, als sie versäumt haben, »ununterbrochen« nachträglich fasten. Die gleiche Bestimmung gilt für solche, die sich auf einer beschwerlichen Reise befinden. Auch Frauen, welche ihrer Entbindung entgegensehen, dürfen, wenn das anhaltende Fasten ihnen zu beschwerlich fällt, ihrer Pflicht nachträglich genügen; sie vermeiden es aber gern, um dann nicht allein die Entbehrung tragen zu müssen, was so viel härter für sie wäre. Kommt eine Frau während des *Ramadan* nieder, so muß sie das Fasten sofort unterbrechen und kann es frühestens nach vierzehn Tagen wieder aufnehmen. Aber immer herrscht das strengste Gebot, daß man jeden versäumten Tag nachzufasten verpflichtet ist. Verletzt jemand sich so, daß Blut herauskommt, oder wird er von einem plötzlichen Unwohlsein befallen, ohne krank zu sein, so muß er den Tag dennoch fasten, ihn aber nach Schluß der Fastenzeit doch nachholen.

Das Fasten ist nun natürlich keine rein äußerliche Prüfung für den Menschen; in dieser Zeit hält der fromme Muhamedaner vor allem Einkehr in sich selbst. Er bemüht sich, seine moralischen Fehler zu entdecken und zu bessern und um Vergebung seiner Sünden zu beten. Also etwa so wie der gute Christ in der Karwoche zum heiligen Abendmahl sich vorbereitet. Selbst böse Tiere hütet man sich in dieser heiligen Zeit zu töten und bestrebt sich vielmehr, soviel als möglich Gutes zu tun. So hat der *Ramadan* etwas Gemütvolles; der Mensch, und wenn er sonst noch so hart wäre, wird versöhnlicher und freundlicher; er fühlt sich durch die lang anhaltende Entsagung im Dienste des Herrn diesem gleichsam näher gerückt, das erhebt ihn und bessert ihn, den einen freilich vielleicht nur auf kürzere Zeit, andere aber für ihr ganzes Leben.

Vor allem zeigt sich die traditionelle Gastfreundschaft der Araber in dieser Zeit auf ihrem Höhepunkte, sie ist jetzt geradezu religiöse Pflicht. Jeder, der eine Familie, einen eigenen Haushalt besitzt, speist Fremde, so viele er nur finden kann, oft Leute, deren Namen er gar nicht kennt. Er beauftragt einfach den Vorbeter der Moschee, welche er zu besuchen pflegt, allabendlich eine bestimmte Anzahl Fremder zum Essen zu ihm zu schicken. Es sind das nicht nur arme Leute, sondern oft Männer von hoher Geburt und von Vermögen, aber sie sind fremd und vermissen gerade in dieser heiligen Zeit ihre Heimat am meisten. Einem solchen einen kleinen Ersatz zu gewähren, erfreut den echten, gastfreundlichen Araber immer. Niemand findet es unpassend, sich vielleicht von einem Ärmeren bewirten zu lassen, und am allerwenigsten würde er je an eine Vergeltung dem Wirte gegenüber denken dürfen; das wäre eine der schwersten Beleidigungen. Wahrlich, bei solchen Prinzipien kann der Egoismus keine tiefen Wurzeln schlagen, und wohl den Völkern, die eine solche Nächstenliebe noch für unverbrüchliche Pflicht erachten.

In gewisser Beziehung hat der Monat *Ramadan* Ähnlichkeit mit der Zeit vor dem Weihnachtsfeste hier. Man hat da für allerlei Geschenke zu sorgen, die am ersten Tage des nachfolgenden Monats *Schewal*, einem der zwei hohen Festtage der Muhamedaner, zur Verteilung gelangen sollen. Handarbeiten pflegt man nur wenige zu verschenken und immer nur an die nächststehenden Personen, nie an gleichgültige Leute. Ganz wie hier können solche Arbeiten nur unter großen Schwierigkeiten vollendet werden. Gar manchmal sah ich ein einsames Wesen beim hellen Licht des afrikanischen Mondes an einem versteckten Plätzchen emsig und ängstlich mit einer zarten Arbeit sich plagen und abmühen.

Im allgemeinen aber werden die Geschenke fertig gekauft. Das beste Geschäft machen dabei die Goldschmiede. Dieses Gewerbe liegt bei uns ganz in den Händen der Hindu und Banjan, welche an Schlauheit, Lug und Trug nichts zu wünschen übrig lassen. Dieselben sind sehr geschickt in ihrem Fache und haben es verstanden, die arabischen Goldschmiede allmählich ganz aus dem Felde zu schlagen. Sie haben vor dem Feste alle Hände voll zu tun; eine Bestellung folgt der anderen und alle nehmen sie an. Wollten wir nun die bestellten Gegenstände wirklich zur rechten Zeit erhalten, dann mußten wir gewöhnlich ein paar bewaffnete Sklaven in die Werkstätte unseres Meisters schicken, die ihn bei der Arbeit bewachten und verhinderten, andere Bestellungen zu erledigen. Das klingt sehr drastisch; aber nur diese Maßregel, welche eine meiner Schwestern ersonnen hatte, konnte uns helfen, denn wie gesagt diese Hindu und Banjan sind die ärgsten Schwindler, denen ihr Wort nicht heilig ist und dabei zugleich außerordentlich feig.

Zu den beliebtesten Geschenken gehören allerlei Waffen. Europäerinnen mag es seltsam erscheinen, daß eine Araberin ihrem Manne, ihrem Bruder, ihrem erwachsenen Sohne oder ihrem Auserwählten kostbare Waffen schenkt. Aber gerade mit Waffen treiben die Araber den allerhöchsten Luxus, sie suchen sich jedes schön gearbeitete Stück zu verschaffen und können nie genug davon haben. Kosten

Schmuck der Frauen

scheuen sie nie, sobald es die Erwerbung einer Waffe gilt.

Waffen und Geschmeide also stehen in erster Linie unter den Festgeschenken. Aber auch alles andere kann man schenken: edle Pferde, weiße Reitesel, und – ein Greuel für den zivilisierten Europäer – selbst Sklaven!

Unter solchen Sorgen und Besorgungen schwindet der Monat *Ramadan* immer rasch dahin. In der letzten Woche und oft noch früher, fängt man an für das bevorstehende Fest auch zu backen und weitere Vorbereitungen im Haushalt zu treffen; je näher der erste *Schewal* heranrückt, um so mehr steigern sich die Erwartung und die allgemeine Aufregung. Alle sind fieberhaft geschäftig, um mit ihren Geschenken oder mit ihrem Haushalt rechtzeitig ins Reine zu kommen.

Für besonders heilig gilt die Nacht vor dem 27. *Ramadan*, die »Nacht des Wertes«, in der Muhamed einst den Koran vom Himmel empfangen hat. Die Gebete, welche in dieser Nacht zum Herrn emporsteigen, dürfen sicher auf Erhörung rechnen.

Endlich ist der letzte Tag des *Ramadan* angebrochen, der 29. oder 30.; denn wir haben bekanntlich reine Mondmonate von 29 oder 30 Tagen, so daß auch das Jahr nur 355 Tage zählt. Jeder ist nun eifrigst bemüht, den neuen Mond zu entdecken. Kalender gibt es bei uns nur für die Gelehrten und die würden diesmal auch nichts helfen. Der neue Mond muß wirklich gesehen worden sein, ehe der Schluß der Fastenzeit erfolgen kann. Ein Glück, daß über den Muhamedanern der fast immer klare und heitere Himmel des Südens sich wölbt, der sich selten verschleiert wie im trüben Norden.

Wer ein Fernrohr oder ein Opernglas besitzt, wird viel

beneidet; das vielbegehrte Instrument wandert aus einer Hand in die andere; Bekannte und Freunde senden von weit her, um es sich für kurze Zeit zu borgen. Unser Vater schickt Leute mit scharfen Augen auf das Dach unserer Festung, welche noch aus den Zeiten der portugiesischen Herrschaft stammt, und auf die Spitzen der Masten, um über Land und Meer hin nach dem neuen Monde auszuschauen.

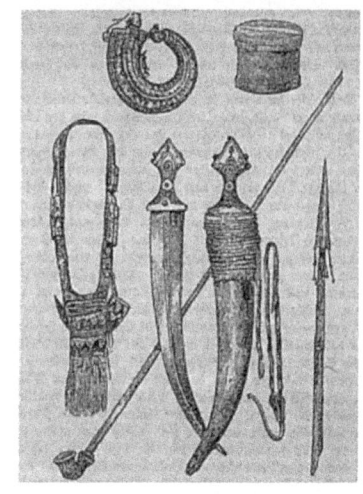

Waffen der Männer

Am Abend befinden sich alle in höchster Spannung; jeden Augenblick vemeint dieser oder jener einen Kanonenschuß zu hören, der uns die glückliche Entdeckung des Ersehnten verkünden soll. Jedes Geräusch deutet man in diesem Sinne, ohne in der Aufregung daran zu denken, daß ein Schuß von unseren unmittelbar vor dem Hause ankernden Schiffen immer den ganzen Palast erschüttert, so daß man denselben nicht nur hört, sondern auch wirklich fühlt. Endlich erdröhnt wirklich der Schuß; ein jubelnder Lärm erfüllt die ganze Stadt, und jeder ruft dem anderen *Id mbarak*, (gesegnetes Fest) zu.

So in der Stadt. Schwieriger gestaltet sich die Sache auf dem Lande, wo nicht unmittelbar die Fürsorge des Herrschers zu walten und allen ein allgemein gültiges Zeichen für die Beendigung der Fastenzeit zu geben vermag. Wer auf entlegenen Plantagen wohnt, der sendet wohl einen Reiter nach der Stadt, der ihm nach dem Kanonenschuß die sichere Meldung machen kann, daß man den neuen Mond wirklich gesehen. Andere lassen auf verschiedenen Punkten ihrer Besitzung Sklaven die höchsten Kokospalmen bis zur Krone erklimmen und von da aus den Horizont beobachten. Nun kommt es vor, daß ein solcher Lugaus sich täuscht und die schmale Mondsichel zu erkennen glaubt, wo nur ein zarter

Wolkenstreif aufsteigt. Sofort unterbricht man das Fasten, um nachträglich zu erfahren, daß dasselbe in der Stadt, welche allein maßgebend ist, noch andauert, und man die entsprechende Zeit noch »nachfasten« muß; sicherlich eine der herbsten Enttäuschungen, die dem festlich gestimmten Araber begegnen kann.

Das kleine Fest

Seit einer Woche hat man, wie berichtet, bereits gebacken. In den letzten Tagen hat man seinen reichlichen Bedarf an Schlachtvieh, an Ochsen, Schafen, Ziegen, Gazellen, Hühnern, Enten, Tauben (Kalbfleisch wird bei uns nicht gegessen, und der Genuß von Schweinefleisch ist jedem Muhamedaner streng untersagt) eingekauft; die Ställe sind gefüllt mit demselben, und viele Tiere, die dem Feste zum Opfer fallen sollen, müssen im Hofe untergebracht werden. Bei wohlhabenden Leuten sind die Eunuchen beauftragt, die Louisdors und Guineen in Mariatheresientaler umzuwechseln, die zur Festzeit unter die Bedürftigen und besonders unter die zahlreichen aus Oman zugewanderten verschämten Armen, welche keine Goldwährung kennen, verteilt werden.

Sobald nun der Kanonenschuß gefallen, und die frohe Kunde überallhin verbreitet ist, daß man wirklich morgens das sogenannte »kleine Fest« feiern darf, gestaltet sich das Leben in einem arabischen Hause immer pittoresker, immer aufregender und betäubender. Hunderte von freudestrahlenden Menschenkindern laufen eiligst, ihren gewöhnlichen gemessenen Schritt vergessend, hin und her; jeder will seinen Lieben seine Glück- und Segenswünsche aussprechen. Bei dieser freudigen religiösen Erregung sieht man nicht selten zwei Feinde sich die Hände zur Versöhnung reichen, weil sie die ihres allbarmherzigen Gottes in der Zeit der inneren Einkehr und Prüfung erlangt zu haben hoffen. Die freudige Aufregung, das hundertstimmige Rufen in allerlei Sprachen, das erregte Schimpfen der mit Arbeit überhäuften Sklaven, alles das läßt in dieser Nacht kaum jemanden zur Ruhe kommen.

Das Dienstpersonal zumal kann keine Ruhe genießen. Die Schlächter (Sklaven) stürzen sich hastig auf ihre brüllendenden, schreienden und quiekenden Opfer, um mit den vorgeschriebenen Worten »Im Namen Gottes, des Barmherzigen« deren Leben ein Ende zu machen. Streng rituell wird dem Vieh die Kehle durchgeschnitten, der Kopf sehr schnell abgetrennt und das geschlachtete Stück sofort abgehäutet; so gelangt es in die Küche und wird noch in der Nacht zum morgenden Festmahl zubereitet. An diesem Abend glich unser Schlachthof einem Blutmeer von all dem geschlachteten Vieh, und ein humaner Vegetarier würde mit Entsetzen über unsere Schwelle hinaus geeilt sein. Unseren in Sansibar einheimischen Vegetariern, den Banjans, waren denn unsere Feste allemal ein Greuel, sie hüteten sich scheu vor diesen Schlachthöfen. Sie sind die eigentlichen Manufakturisten und zugleich als Geldleiher die schlimmsten Halsabschneider der Welt. Von ihren Opfern bitter gehaßt, werden sie gerade bei solchen Gelegenheiten auf grausame Weise gehöhnt und verspottet. Unter dem Vorwande, diese oder jene Dame wünsche noch zum Feste etwas zu kaufen, liebt es namentlich das niedere Volk, die Banyans, die nie die Gelegenheit versäumen ein Geschäft zu machen, in diese blutigen Schlachthöfe zu locken und dort der allgemeinen Verspottung preiszugeben. Es ist dies ein bitterer Hohn. Denn diese moralisch so tief stehenden Sternanbeter haben noch wenigstens die eine gute Seite, daß sie den von ihrer Religion vorgeschriebenen vegetarischen Anschauungen außerordentlich treu anhängen.

Die Damen, welche schon der gewaltige Lärm dieses Treibens kaum schlafen lassen würde, haben noch allerlei wichtige Toilettensorgen im Kopfe. Am Feste wünscht jede sich vor den anderen hervorzutun; für die drei Tage welche dasselbe dauert, sind drei neue vollständige Kostüme angefertigt, jedes Stück der Tracht ganz neu von Kopf bis zu den Füßen. Was in dieser Zeit an frischen Rosen, Jasmin, Orangenblüten, Moschus, Ambra, Rosenwasser, Rosenöl und wie alle die duftenden Parfümerien des Orients heißen, verbraucht wird, würde eine Europäerin kaum glauben. Sie würde diesen Zahlen etwa ebenso gegenüberstehen, wie eine Orientalin den Quantitäten von Bier, die in Berlin am Pfingstfeste konsumiert werden. Manche arabische Dame gibt jährlich fünfhundert Dollar allein für Pafümerien aus, und die Nerven könnten diese Liebhaberei wohl kaum ertragen, wenn eben nicht immer Türen und Fenster offen ständen

Eine wichtige Rolle der Prunktoilette einer orientalischen

Dame überhaupt, namentlich aber an den Festen, spielt das *Henna*, aus den Blättern eines mittelgroßen Baumes bereitet, welches zum dauerhaften Rotfärben von Händen und Füßen der Frauen und Kinder dient. Die armen *Henna*bäume, die fast nie ihrer ganzen Blätterfülle sich zu erfreuen haben, sehen zu Festzeiten fast wie trockene Ruten aus; jedes Blättchen ist abgestreift und erst nach sechs bis acht Wochen treiben neue hervor. Es ist ein trauriger Anblick, sie dann inmitten der anderen vollbelaubten Bäume so kahl dastehen zu sehen.

Das für den Orientalen ganz unentbehrliche Henna wird auf zwei verschiedene Arten verwandt: als Heilmittel gegen Beulen, Hitzebläschen, Jucken und als Schönheitsmittel zum Färben von Händen und Füßen. Die Blättchen allein, welche denen der Myrthe gleichen, geben in beiden Fällen nie die gewünschte Wirkung; sie müssen immer erst, nachdem sie getrocknet und pulverisiert worden, mit dem Saft mehrerer Limonen, welche kleiner als die hiesigen Zitronen, jedoch weit saftreicher sind, und ein wenig Wasser angemacht werden. Man knetet die Mischung zu einem festen Teig, stellt denselben ein paar Stunden in die Sonne, wahrscheinlich um das Säuern zu befördern, und bearbeitet ihn dann nochmals mit Zitronensaft, so daß er wieder etwas weicher wird.

Nun kann die Verschönerung der betreffenden Dame beginnen. Da liegt sie auf ihrem kostbaren Bett, möglichst auf dem Rücken ausgestreckt, und darf sich nicht rühren. Zuerst trägt man den Hennateig kunstvoll platt auf die Füße bis etwa einen Zoll oberhalb der Sohle und auf die einzelnen, naturgemäß entwickelten, durch keinen Stiefeldruck verunstalteten Zehen; die Oberfläche der Füße bleibt ungefärbt. Darüber legt man große, weiche Blätter und umwickelt das ganze fest mit Tüchern. Ebenso verfährt man mit den Händen. Auch hier werden nur die inneren Handflächen halbmondförmig und die Fingerspitzen bis zum ersten Gelenk fingerhutförmig mit dem Teige belegt, dann wird alles umwickelt. So liegt nun die eitle Schöne die ganze Nacht festgebannt da und darf sich nicht rühren, um sich nicht durch Verschieben des Teiges zu verunstalten. Denn eben nur die bezeichneten Stellen dürfen rot gefärbt sein; wenn etwa auch der Handrücken oder ein weiteres Fingerglied die Farbe annimmt, so gilt das für äußerst häßlich.

Mögen nun Moskitos und Fliegen, von dem hellen Lichte

angezogen, scharenweise sich auf die Hilflose stürzen und sie noch so sehr plagen, sie darf sich nicht wehren. Bei Vornehmen ist die Hilflosigkeit etwas geringer. Sklavinnen, welche sich ablösen, müssen bei ihnen Wache halten und die lästigen Tiere durch Wedeln von ihrer Herrin fernhalten, bis der Morgen graut, wo der Teig sorgsam abgewaschen wird; in der nächsten Nacht beginnt dieselbe Qual von neuem. Drei qualvolle Nächte sind zu diesem Stücke der Damentoilette nötig, wenn man eine recht schöne, dunkelrote Farbe erzielen will, die dann allerdings trotz alles Waschens bis zu vier Wochen sich erhält.

Ich las einmal, daß es in Frankreich einst Mode war, sich nur von einem besonders kunstfertigen Friseur frisieren zu lassen; bei großen, allgemeineren Festlichkeiten mußte der Vielbegehrte schon tags vorher mit seiner Arbeit beginnen, um alle seine Kunden befriedigen zu können; die so früh frisierten Damen genossen dann das Vergnügen, die ganze Nacht steif und starr auf ihrem Lehnstuhl zu verbringen, wollten sie die modische Frisur nicht zerstören. Das erinnert mich lebhaft an meine Jugendjahre im Orient, obgleich unsere Eitelkeitsfoltern noch schwerer waren, als die oben geschilderten.

Ältere Damen und kleinere Kinder sind dieser Qualen enthoben. Ihnen dient das Henna nur als Kühlungsmittel, indem sie sich in einer flüssigeren Lösung desselben die ganze Hand waschen.

Der Tag des Festes ist angebrochen. Um vier Uhr sind alle bereits munter. Beim Morgengebet verweilt jeder ungewöhnlich lange; mit besonderer Andacht dankt man dem allmächtigen Schöpfer und Lenker der Welt für alles, was er uns beschieden, für das Gute wie für das Unglück, welches er uns als Prüfung auferlegt hat.

Gegen halb sechs Uhr ist man mit dem Morgengebet zu Ende. Schon sieht man hier und da geputzte Damen über die Galerie eilen, um den anderen ihre Gewänder und ihr Geschmeide zu zeigen, denn eine Stunde später ist der Glanz und die Pracht so allgemein, daß es für die einzelnen unmöglich erscheint, besonders hervorzustechen und sich eingehender betrachten und bewundern zu lassen. Der Vergleich mit einem gefüllten Ballsaal liegt nahe, wenn nur nicht bei den Toiletten im Norden fahle und eintönig weiße Gewänder zu sehr in den Vordergrund träten. Im Orient finden nur die lebhaftesten Farbenzusammenstellungen Beifall. Es würde das Auge einer europäischen Modedame sicher verletzen, eine vornehme Araberin in ihrer Prunktoilette vor sich zu sehen, etwa in einem hemdartigen Kleid von roter Seide, welches mit verschiedenen Mustern in Goldfäden durchwebt und über und über mit Gold- und Silberlitzen besetzt ist, und dazu in Beinkleidern von grünem Atlas! Ganz naturgemäß würde sie das gar zu absonderlich finden. Auch mir erging es ähnlich, als ich die Menschen in Europa meist grau in grau und schwarz in schwarz sich kleiden sah. So sollte ich also auch in Zukunft gehen? Diese zivilisierten Farben berührten mich äußerst unsympathisch, und es hat lange Zeit gedauert, ehe ich mich dem sogenannten feineren Geschmack zu unterwerfen vermochte.

Um sechs Uhr fällt ein neuer Schuß von unseren Schiffen, und nun folgt Schuß auf Schuß, um das Fest der Gläubigen zu feiern. Sind fremde Kriegsschiffe im Hafen, so beteiligen sie sich mit einundzwanzig Schüssen an dem Kanonendonner. Jeder Araber gibt seiner Festfreude nicht minder durch Schießen Ausdruck und spart an einem solchen Tag kein Pulver. Ein Fremder würde sicher in den Glauben versetzt werden, daß die Stadt bombardiert wird. Alle Schiffe sind festlich geschmückt; Flaggen wehen von allen Rahen und Masten unserer wie der fremden Schiffe.

Eine Stunde darauf sind alle Moscheen überfüllt; jeder Araber besucht dieselben heute, um noch ein besonderes Festgebet seinem Herrn dazubringen. Hunderte, die in den Gotteshäusern keinen Platz mehr finden, beten vor und neben denselben auf offener Straße. Das Gebet des Muhamedaners ist mit einer nicht unbedeutenden körperlichen Anstrengung verbunden, da derselbe sich unaufhörlich sehr tief zu verneigen und dabei angesichts des Allmächtigen stets die Stirn auf die platte Erde zu legen hat. Auf einer schmutzigen und mit Steinen besäten Straße ist das gewiß keine Kleinigkeit. Aber durch nichts, auch nicht durch Regen und Gewitter darf sich ein Gläubiger in seinem Gebete stören lassen, und an den großen Festen ist es eine besondere Pflicht, sein Gebet in oder bei der Moschee zu verrichten. Unser Vater begab sich ebenfalls immer einige Minuten vor dieser Gebetsstunde in die nahe gelegene Moschee, begleitet von seinen zahlreichen Söhnen und einem endlosen Gefolge.

Unterdessen hat sich die ohnehin schon so große Tätigkeit in unserem Hause noch mehr gesteigert, weil nun die Bewirtung der zahlreich zuströmenden Gratulanten mit der Rückkehr der Herren aus der Moschee ihren Anfang nimmt. Abermalige Kanonenschüsse verkünden das Ende der Gebetsstunde, und von jetzt ab darf sich jeder den lang entbehrten täglichen Leibgenüssen unbeschränkt hingeben; denn auch in den ersten Stunden des neuen Monats wird noch gefastet und erst das allgemeine Gebet in der Moschee schließt die Fastenzeit wirklich ab.

Wir Frauen erwarteten im Gemache des Vaters seine Rückkehr. Von hier aus konnten wir auch am leichtesten die Flut der Menge beobachten, die gekommen war, um den Vater zu sehen und zu gleicher Zeit sich von der Kunst unserer Köche zu überzeugen.

Trat der Vater ins Zimmer, so erhoben sich alle und gingen ihm entgegen, um ihm der Reihe nach Glück zu wünschen und ehrerbietig seine gütige Hand zu küssen. Die vornehme Hand, ohne Unterschied des Geschlechts, hat an einem solchen Tage im Orient recht viel auszuhalten, das Waschen und Parfümieren derselben hört bis in die späte Nacht nicht auf. Nur im Range gleichstehende Menschen küssen sich gegenseitig die Hände; der Mittelstand küßt Vornehmere auf den zu diesem Zwecke vorgeneigten Kopf, aber richtiger auf das Kopftuch; eine gewöhnliche Frau darf ihre Lippen nur auf die Füße drücken.

Es nahte der Augenblick der Geschenkeverteilung. Der Vater ging mit meiner Schwester Chole und dem riesigen Obereunuchenchef Dschohar, die beide ob dieses Vertrauensbeweises nicht wenig beneidet wurden, in die Schatzkammer. Allerlei Vielbegehrtes kam da zum Vorschein: kostbare, kunstvoll mit Steinen besetzte und ausgelegte Waffen, orientalischer Frauenschmuck jeder Art vom einfachsten bis zum wertvollsten, die allerseltensten Kleidungsstoffe, welche eigens aus Persien, aus der Türkei oder aus China für diesen Zweck bezogen waren, Rosenöl und andere wohlriechende Öle in großen Wasserflaschen, deren Inhalt in kleinere Fläschchen verteilt wurde, und eine Menge bares Geld in funkelnden Goldstücken.

Die Verteilung geschah seitens des Vaters natürlich nur im Großen; unmöglich konnte er im Kopfe behalten, was alle seine Frauen und Kinder an Schmuck besaßen und was sie etwa sich besonders ersehnten. So fragte er gewöhnlich ein paar Tage vorher alle nach ihren Wünschen, und ob sie dies oder jenes wohl haben möchten. Aber man wandte sich gerne noch außerdem an Chole, damit sie dem Vater beim Aussuchen der Geschenke das Begehren der einzelnen in Erinnerung brächte.

Eunuchen sortierten alle Geschenke im Beisein des Vaters; jedes Teil wurde mit dem Namen des Empfängers oder der Empfängerin auf einem Streifen Papier bezeichnet und dem Betreffenden durch Eunuchen überbracht. Wie leicht begreiflich, unterwarf man die erhaltenen Gaben sofort, und zwar noch in Gegenwart des Überbringers, einer eingehenden Prüfung; häufig mußten die Eunuchen die Geschenke zu dem Vater zurücktragen mit dem anspruchsvollen Bemerken, man könne dies oder jenes nicht brauchen, wünsche aber das und das. Und siehe da, in den meisten Fällen erhielt man das Verlangte. Unser Vater war ja so außerordentlich gutmütig und nachsichtig; wer an seinen Edelmut appellierte, tat es nie vergebens.

Mit vollen Händen gab und schenkte der Vater; doch erhielt er nie etwas. Es ist eine schöne, herzliche Sitte in Deutschland, daß die Kinder, je nach ihrem Alter und ihren Verhältnissen, ihre Eltern zu Weihnachten und zum Geburtstage beschenken; das Familienhaupt im Orient steht sich dagegen schlecht: arabische Kinder, groß wie klein, schenken ihrem Vater nie etwas.

Im Vorstehenden habe ich nur von des Vaters Geschenken an unsere Familie gesprochen, aber damit waren seine Verpflichtungen noch lange nicht erfüllt. Heute erwartete alles von ihm Gaben: er mußte alle zur Zeit in Sansibar anwesenden vornehmeren asiatischen und afrikanischen Häuptlinge bedenken, alle Staatsbeamten, alle Soldaten und ihre Vorgesetzten, alle Matrosen und ihre Kapitäne, die Verwalter seiner fünfundvierzig Plantagen und endlich alle seine Sklaven, deren Zahl wohl mehr als sechs bis achttausend betrug. Natürlich waren die Geschenke je nach dem Range der Empfänger bemessen; die Sklaven zum Beispiel erhielten einfache Kleidungsstoffe.

Dazu kamen noch die Hunderte von verschämten Armen, die sich zum Teil noch vierzehn Tage später einstellten, um ein Festgeschenk zu erbitten. Das arme Volk hatte gute Zeit überall, denn alle wohlhabenden Leute bemühten sich reichlich für dasselbe zu sorgen.

Ähnliches Treiben wie in der Stadt, herrschte auch in Bet il Mtoni; auch hier wurden massenhaft Geschenke gespendet. Es erschien uns fast wunderbar, daß die Schatzkammer nicht einmal aufhörte, all den hohen Anforderungen, die während dieser drei Tage an sie gestellt wurden, besonders hinsichtlich des baren Geldes, Genüge zu leisten – ein Beweis, daß unser Vater doch auch ein tüchtiger Geschäftsmann gewesen sein muß.

Das große Fest

Der Muhamedaner feiert nur zwei große Feste alljährlich, was einem Katholiken mit seinen zahlreichen Feiertagen wohl unbegreiflich dünken mag. Zwei Monate liegen zwischen dem kleinen und dem großen Feste, dem *Id il hadsch*, das man in Europa und in der Türkei gewöhnlich als großes Beiramsfest bezeichnet.

Alles wiederholt sich bei demselben, wie beim vorher beschriebenen Feste, nur ist die Feier noch schöner und großartiger, und die Menschen sind noch weihevoller gestimmt. Es ist die Zeit der großen Pilgerfahrt nach Mekka, an welcher jeder Gläubige wenigstens einmal in seinem Leben teilzunehmen trachtet. Die Schrecken der Cholera und anderer Seuchen, die oft viele Tausende von Pilgern dahinraffen, kümmern den frommen Muslim nicht; jedes Jahr machen sich neue ungezählte Scharen auf, um in der heiligen Stadt des Propheten vom Allerhöchsten völlige Vergebung ihrer Sünden zu erflehen. Weite Strecken haben die Armen zu Fuß zu durchwandern; die Transporte auf Schiffen, wo einer fast auf dem anderen liegt, sind entsetzlich. Aber mit Gottvertrauen ziehen sie dahin, ihr Leben steht in des Herrn Hand. Wahrlich, solche Zuversicht, die keine Anstrengungen, keine Beschwerden, keine Gefahren scheut, um einer religiösen Pflicht nachzukommen, eine solche Zuversicht des Glaubens darf wohl Erhörung des Gebetes erwarten.

Dieses größte Fest des Muhamedaners fällt auf den zehnten Tag des zwölften Monats des Jahres und dauert drei bis sieben Tage. Viele heiligen dasselbe schon seit dem ersten Tage des Monats durch ein neuntägiges freiwilliges Fasten, genau so wie es die frommen Pilger in Mekka selbst tun.

Jeder, dem es nur seine Verhältnisse erlauben, sorgt für ein Schaf, welches am ersten Feiertage geschlachtet und unter die Armen verteilt wird. Das Gesetz schreibt vor, daß das zum Opfern bestimmte Schaf das beste sein muß, das sich nur auftreiben läßt, und daß es keinen Fehler haben darf. Es soll vollständig normal sein, nicht einmal einen Zahn zu wenig haben. Ein ganz fehlerfreis Schaf ist natürlich nicht leicht zu bekommen, und wir schickten schon vierzehn Tage vorher oder noch früher einige Sklaven aus, um die ganze Insel durchforschen und ein gutes Opferschaf kaufen zu lassen; wenn sie nichts Geeignetes fanden, mußten sie nach dem afrikanischen Festland hinübersetzten und dort im Innern, wo man mehr Auswahl hatte, ihr Glück versuchen. Auf diese Weise stellten sich schon die Auslagen ziemlich hoch, und noch höher war der Einkaufspreis selbst; die Herdenbesitzer wußten recht gut, wie notwendig der vornehme Araber ein solches Musterstück braucht, und daß er gern jede Summe dafür zahlt. Von dem Fleische dieses Opfertieres darf weder der Opfernde selbst noch seine Familie oder seine Sklaven auch nur ein Stückchen genießen: nichts davon darf im Hause verbleiben, sondern alles gehört den Armen.

Für die Armen ist das große Fest überhaupt das wichtigste Ereignis im ganzen Jahre; gerade hierbei kommt eine der besten Sitten des Muhamedaners zur Geltung: die allgemeine Selbstbesteuerung zugunsten der Bedürftigen.

Im echten Orient (die Türkei, Ägypten und Tunis mit ihrer halben Kultur also ausgenommen) hat man von Staatspapieren und Aktien keine Ahnung; das Wort »Geldanlegen« existiert dort nicht. Der Besitz besteht vielmehr einzig in vollbezahlten Plantagen, in Häusern, in Sklaven, in Schmuck und in klingender Münze. Von dem Reste dessen, was der Muhamedaner von seiner Ernte, von dem Mietsertrage seiner Häuser oder von seinen sonstigen Einnahmen am Schlusse des Jahres übrig behält, muß er, den religiösen Satzungen zufolge, den zehnten Teil den Armen geben.

Gleichzeitig muß er seine sämtlichen Schätze an Edelsteinen, Gold und Silber von Sachverständigen taxieren lassen und von derem Werte ebenfalls den zehnten Teil alljährlich den Armen schenken. Dort also nicht nur eine Einkommen-, sondern sogar eine Vermögensteuer!

Alles dies geschieht ohne jegliche obrigkeitliche Kontrolle; jeder ist nur durch sein eigenes Gefühl, seine eigene Gewissenhaftigkeit gebunden. Aber diese Vorschrift des Propheten wird besonders heilig gehalten, und nur die allerschlechtesten Menschen entziehen sich ihrer Befolgung. Über solche Mildtätigkeitsakte pflegt man auch nie zu sprechen; man handelt ganz nach der Lehre, daß die Linke nicht wissen soll, was die Rechte tut. Weder Vater noch Mutter, noch Kind dürfen erfahren, was ich mit meinem gütigen Gott verhandelt habe. Mit der peinlichsten Sorgfalt bemüht man sich, seiner Pflicht bis in die kleinsten Einzelheiten hinab in allen Stücken Genüge zu leisten, um nicht später durch Gewissensbisse gequält zu werden.

Unter diesen Umständen erklärt es sich, daß eine Menge von Bettlern, wenn ich mich so ausdrücken darf, geradezu eine unumgängliche notwendige Institution eines jeden muhamedanischen Staates ist; wie könnte man sonst die Pflicht jener Selbstbesteuerung erfüllen? Diese Armen sind denn auch keineswegs mit den hiesigen, bemitleidenswerten wirklichen Armen zu vergleichen; vielleicht die Hälfte von ihnen sind Leute, welche mehr besitzen, als sie überhaupt brauchen. Das Betteln ist ihr Geschäft, es ist ihnen zur anderen Natur geworden und ohne Betteln vermögen sie sich nicht mehr glücklich zu fühlen. Häufig vererbt sich dies Gewerbe ganz regelrecht und man wird dann mit den Worten angesprochen: »Kennst du mich denn nicht? Ich bin ja die Tochter, der Sohn, die Schwägerin und so weiter von dem und dem oder der und der, denen du so viel zu geben pflegtest, als sie noch lebten. Jetzt trete ich in ihre Stelle und wenn du Almosen zu geben hast, so bitte, schicke sie mir da und da hin.«

Bei Gelübden, welche wir jährlich mehrere Male zu erfüllen Gelegenheit hatten, kamen solche Arme zu Hunderten von allen Seiten herbei, um an der dabei üblichen Verteilung von Almosen teilzunehmen. Liegt jemand schwer krank darnieder, so stehen unter seinen Fenstern den ganzen Tag über sich ablösend Arme, welche dergleichen geschickt auszukundschaften verstehen und erhalten immer reichliche Gaben, die in diesem Falle *Sadaka* heißen. Kein Muhamedaner wird bei einer solchen Gelegenheit einen Bettler abweisen und wenn er ihm auch das Letzte geben sollte. Mag es nun reine Nächstenliebe sein, mag er die Hoffnung hegen, durch solche Gaben den Allerhöchsten freundlicher zu stimmen und seine Gnade zu erlangen, jedenfalls ist es doch ein schöner Brauch.

Recht viele Bettler sind allerdings auch mit Wunden und Geschwüren bedeckt; manche laufen nasenlos und schrecklich entstellt umher. Sie sind die Opfer einer schweren Krankheit, welche wir *Belas* nennen; Hände und Füße werden dabei zumeist angegriffen und das betroffene Glied bleibt für immer schneeweiß. Niemand will mit solchen Kranken etwas zu tun haben; man vermeidet sie überall, denn das Leiden gilt für ansteckend. Ob diese Krankheit der Aussatz ist, weiß ich nicht zu sagen. Auch diese Bedauernswerten finden immer reiche Almosen, die ihnen ihr schweres Dasein einigermaßen erleichtern.

Das Schenken hört aber mit dem Festmahl nicht auf. Wer krank gewesen, wer sonst irgendwie, etwa durch eine Reise verhindert war zur üblichen Zeit sich einzustellen, der verzichtet durchaus nicht auf seine Art von Anrecht auf Geschenk. Mögen auch Wochen und Monate seit den Feiertagen vergangen sein, mag das nächste Fest sogar schon heranrücken, er kommt doch und erbittet nachträglich sein Festgeschenk.

Die neun oder zehn Monate, welche nun folgen, haben keine religiöse Feier weiter aufzuweisen; das regelmäßige Leben tritt wieder ein und wird nur dann und wann durch eine besondere Festlichkeit unterbrochen, wie ich schon mehrere erwähnt habe und in folgendem Kapitel noch eine zu schildern gedenke.

Das Feiern der Geburtstage kennt man bei uns nicht.

Ein Opferfest an der Quelle Tschemschem

Im Alter von etwa fünfzehn Jahren trug ich einst zum erstenmal ein neues, rotseidenes, damasziertes Kleid; ich wurde unwohl und am anderen Tage hatte eine Art Entzündung sich fast über meinen ganzen Körper verbreitet. Die älteren, erfahrenen Leute wußten nun sofort mit Bestimmtheit, daß ich behext sei, oder wenigstens ein neidisches Wesen den hübschen Stoff mit dem bösen Blick bedacht habe. Von jeher in dieser Hinsicht etwas skeptisch, mochte ich mich von dem neuen Kleide nicht trennen und legte es trotz aller Vorstellungen, bei nächster Gelegenheit wieder an. Mochte nun die Farbe einen giftigen Stoff enthalten, oder mochte irgend eine andere, selbstverständlich natürliche Ursache mitspielen, ich wurde wiederum unwohl und mußte mich zu Bett legen. Nun war die Sache ganz klar; ich durfte das Kleid nicht mehr tragen und schenkte es, um mir einigermaßen Ruhe zu verschaffen, einer beherzten Bürgersfrau, welche ebensowenig wie ich an Hexerei glaubte. Eigentlich hätte ich, der herrschenden Sitte nach, es »besprechen« lassen, oder noch lieber verbrennen müssen, um jede Wirkung des bösen Einflusses gründlich zu vernichten.

Dies nur eine kleine Probe von dem Aberglauben, der im Orient so außerordentlich wuchert. Ich habe schon früher darüber gesprochen und will hier nur noch einige Details geben, im Zusammenhang mit der Schilderung eines Opferfestes, das lediglich im Aberglauben seinen Ursprung hat.

Manche Quellen gelten für besonders wunderkräftig; nicht das Wasser, sondern der in ihm wohnende und es beherrschende Geist. Wenn man ihn nun richtig behandelt, dann tut er alles für seinen gläubigen Verehrer; er vermag Kranke zu heilen, vermißte Menschen in die Heimat zurückzubringen, Heiratslustige in den Hafen der Ehe zu führen, kinderlosen Ehepaaren ein Baby zu spenden, erzürnte Eltern, Ehehälften, Freunde versöhnlich und zur Milde zu stimmen, verlorene Dinge, wie Gold, Sklaven, Vieh zurückzuschaffen, Arme mit den Schätzen eines Krösus zu beglücken: Alles traut man ihm zu

Die bevorzugteste Quelle der Insel Sansibar heißt Tschemschem; sie liegt einige Stunden von der Stadt entfernt. Sucht man diese Wunderstätte auf, so bekommt man den Eindruck, als ob der Geist sehr genügsam sei und mit recht geringen Gaben vorliebnehme. Einen kleinen, höchstens zwei Zoll breiten Streifen Zeug, das im Winde flattert, oder wohl gar eine bloße Eierschale findet man da als Opfer von armen, hilfsbedürftigen Gläubigen. Besonders empfänglich aber ist der Geist für allerlei Süßigkeiten (*halve* genannt), Riechpulver und Weihrauch; will man aber des Erfolges ganz sicher sein, so muß man ihm Blut als Tribut spenden.

Viele Bedrängte wandern nach Tschemschem hin, um, irgendeinem Gelübde entsprechend, ein solches Opfer darzubringen. Man wendet bei Gelübden schlau eine kleine Vorsicht an; man setzt nämlich eine bestimmte Frist, innerhalb deren der Geist den gehegten Wunsch erfüllen muß, wofür man ihm dieses oder jenes Opfer gelobt. Hält der Geist diese Frist nicht ein, dann ist man von seinem Versprechen völlig entbunden; er mag sich also gut vorsehen. Andererseits aber hält man ihm auch wieder richtig Wort. Wenn jemand der ein Gelübde (*nadra*) getan hat, vor der Zeit stirbt, so nehmen seine Angehörigen die Erfüllung desselben auf sich.

Als kleines Kind bin ich oft zu einer solchen heiligen Quelle mitgenommen worden, und es waren immer schöne, angenehme Tage. Seidem ich aber nicht mehr *Kibibi* (»kleine Herrin«) sondern wirklich *Bibi* (»Herrin«) hieß, also in einem Alter, da ich bereits schärfer zu beobachten und klarer zu denken imstande war, habe ich nur einem einzigen, sehr großartigen Opferfeste beigewohnt.

Meine nun leider verstorbene Schwester Chadudsch lag an einer Krankheit schwer darnieder; ihre besorgte Umgebung tat das Gelübde, daß die Leidende, wenn sie die Krankheit glücklich überstehen und völlig wiederhergestellt würde, selbst nach Tschemschem gehen und daselbst für die wiedererlangte Gesundheit ihr Opfer niederlegen solle. Chadudsch genas und war nun verpflichtet, das für sie getane Versprechen zur Ausführung zu bringen.

Vier Wochen vor dem bestimmten Tage schon wurden einige ihrer Lieblingsschwestern von ihren Freundinnen und Bekannten zu dem Feste eingeladen; gleichzeitig begannen die umfassendsten Vorbereitungen. Der Besuch von zehn

Subskriptionsbällen in Berlin könnte kaum soviel Aufregung, Sorgen und Ausgaben verursachen, als unsere bevorstehende Wallfahrt. Man hatte nicht nur für sich selbst und vielleicht ein paar hoffnungsvolle Töchter zu sorgen, sondern es galt auch, ein ganzes Regiment von Sklaven beiderlei Geschlechts auszustatten, welche in Kleidung und Geschmeide den Reichtum ihrer Herrinnen repräsentieren sollten, und sodann für ganze Scharen von Reittieren zu sorgen. Die Damen wollten nicht minder bei einer Gelegenheit, wo Hunderte von Menschen zusammenströmten, in vollem Glanze erscheinen und sich bewundern lassen und wenn möglich ihre Gefährtinnen überstrahlen. Kein Wunder, daß Künstler und Handwerker alle Hände voll zu tun hatten, um den großen Anforderungen möglichst zu genügen. Die Juweliere haben nie Vorrat an fertiger Ware, sondern sie arbeiten jedes einzelne Stück nur auf Bestellung; sie waren demgemäß am meisten belagert und überbürdet. Auf ihnen lag ebenfalls noch die Aufgabe, den Gold- und Silberschmuck der Reitgeschirre, sowie die mit Edelmetall beschlagenen und verzierten Waffen der Sklaven nachzusehen und zu putzen. Vor allem das Reitzeug mußte strahlen und glänzen, denn eine solche Opferwallfahrt gestaltet sich stets zu einer Art Korso; man bietet alles auf und scheute keine Kosten, trotzdem man manches Schmuckstück bei der massenhaften Nachfrage zehnfach bezahlen muß. Mit hohen Kosten und nicht minder vielen Schweißtropfen mußten wir unsere Eitelkeit bezahlen, denn auch die heiß brennende afrikanische Sonne wurde unberücksichtigt gelassen; ihr zum Trotz trugen wir Lyoner Samt und andere schwerseidene Stoffe, die mit reicher Stickerei übersät waren. Hoffahrt muß einmal Zwang leiden!

An dem festgesetzten Tage ritt ich um halb sechs Uhr früh zu meiner Schwester, um sie abzuholen. Es war keine leichte Arbeit, durch die große Menschenmenge zu ihr zu gelangen. Als alle auf ihren reichgeschmückten Tieren saßen, wurde das Zeichen zum Aufbruch gegeben, und paarweise ritt die glänzende Gesellschaft scherzend und plaudernd ab. Der Ritt war lang und scharf, aber in der Morgenfrische sehr angenehm. Endlich erreichten wir die entzückend schön gelegene Quelle.

Wir fanden die nötigen Vorbereitungen schon getroffen; der sonst einsame und verlassene Platz war heut ein Stück Zauberland, das jeder Beschreibung spottet. Seit ein paar

Tagen hatten eine Menge Sklaven was nur nötig war aus der Stadt herbeigeschleppt, hatten das hohe Gras abgeschnitten, Teppiche unter den mächtigen Bäumen zum Rasten ausgebreitet, Spiegel an die Stämme der Mango genagelt, Rückenkissen an dieselben gelehnt und alle nur erforderlichen Utensilien bereit gelegt. Tags vorher hatte man geschlachtet, gekocht und gebraten für das fröhliche Festmahl.

Bald nach unserer Ankunft wurde gedeckt, und wir ließen uns unter dem Schatten der Bäume, durch deren breites Laubwerk hier und da das tiefe Blau des Himmels durchstrahlte, zum Frühstück nieder. Tief hat sich dieses Bild meinem Gedächtnis eingeprägt; die von Schönheit, buntfarbig schimmernder Kleidung und kostbarem Geschmeide strahlende Gesellschaft in der wildromantischen, reichen Vegetation eines tropischen Waldes, vor einer munter rieselnden Quelle, die schönsten Erzeugnisse menschlicher Kunst inmitten der reichsten urwüchsigen Natur; wahrlich ein Bild, das keine Phantasie eines Malers zu ersinnen im Stande ist, ganz entsprechend aber den märchenhaften Schilderungen in »Tausend und Eine Nacht«.

Die großen omanischen Esel wurden, nachdem die Reiterinnen voll Übermut in einem Satze herabgesprungen oder, vorsichtig den Rücken eines gebückten Eunuchen als Stufe benutzend, herabgestiegen waren, sofort abgesattelt. Man fesselte ihre Vorderfüße mit einem kurzen Strick, um das Weglaufen zu erschweren und trieb sie auf die Weide. Dort blieben sie den ganzen Tag über ohne Aufsicht und erst am Nachmittage holte man sie zurück.

Etwa zwei Stunden nach der Ankunft schickten wir uns an, zu dem Opfer zu schreiten, das uns hierher geführt. Heute sollte der Quellgeist an dem Blute eines ausgesucht schönen Stiers sich laben und erfreuen, nicht zu gedenken aller der Süßigkeiten, der Unmassen roher Eier, welche an dem Rande des Wasser zerschlagen wurden. Auch zwei Fahnen wurden ihm geweiht, eine blutrote, unsere Hausflagge, und eine weiße, als Zeichen des Friedens.

Unser Lagerplatz befand sich einige Minuten von dem Orte, wo die Quelle aus dem Boden hervorsprudelte; dorthin begab sich die gesamte Gesellschaft, um der Zeremonie beizuwohnen. Eine Kammerfrau meiner Schwester trat dicht an den Ursprung der Quelle und hielt eine kleine Ansprache an den Geist derselben. Sie erzählte von der schweren Erkrankung ihrer Gebieterin, und wie man zu dem Gelübde als letztem Mittel habe greifen müssen. Sie dankte dem gnädigen Geiste, daß er ihrer Herrin endlich die Gesundheit zurückgegeben, die sich nun persönlich aufgemacht habe, um das gelobte Dankopfer darzubringen.

Der Stier wurde herangeführt und geschlachtet; das Blut fing man sorgsam auf und besprengte damit die Quelle und ihre Umgebung; auch von Rosenwasser wurden reiche Spenden gebracht. Moschus und Ambra wurde auf die mit glühenden Holzkohlen gefüllten, silbernen Räuchergefäße geworfen und verbreitete angenehmen Geruch. Mit einigen Gebeten, welche man stehend hersagte, schloß die eigentliche Zeremonie.

Von dem Opfertiere erhielt der unsichtbare Geist nur das Blut und die edlen Organe, Herz, Leber usw., die man in kleine Stücke zerschnitt und rings um die Quelle ausstreute. Das übrige Fleisch, sollte, dem Brauche gemäß, unter die Armen verteilt werden, weder der Opfernde noch seine Angehörigen durften eigentlich davon genießen. Weil aber die Quelle Tschemschem weit von der Stadt entfernt liegt, und Arme in der ganzen näheren Umgebung nicht aufzufinden sind, so traf man bei der Beschwörung mit dem Geiste gleichsam ein stillschweigendes Abkommen, daß man angesichts dieser Weitläufigkeiten das Opfertier gleich selbst verzehren wolle, und so bildete dieses Fleisch denn einen Teil unseres Mahles am Nachmittag.

So lange wir uns auf unserem Rastorte aufhielten, hatten wir häufig Gelegenheit zu bemerken, wie dieses oder jenes Glied unserer Gesellschaft für kurze Zeit unsichtbar wurde und scheu allen Fragen nach dem Grunde des Verschwindens auswich. Man vermied denn auch, sie allzusehr damit zu plagen. Sie hatten in aller Stille die Wunderquelle aufgesucht, um den, ebenso diskreten wie mächtigen Geiste ihre Bekümmernisse, ihre körperlichen und geistigen Leiden, namentlich eine unglückliche Liebe, zu klagen und seine Hilfe zu erflehen. Natürlich wollten sie dabei allein an der Quelle sein, und es war immer sehr peinlich, wenn zwei gleich trüb gestimmte Seelen an dem stillen Platze unerwartet auf einander stießen.

Nicht alle diese Gelübde konnte man naturgemäß an die große Glocke hängen, wollte man nicht seine innersten Geheimnisse den rücksichtslosen Zungen seiner lieben Nebenmenschen preisgeben. War nun ein streng geheim gehaltener Wunsch in Erfüllung gegangen, dann durfte man auch einen

Bevollmächtigten mit dem versprochenen Opfer ohne Aufsehen heimlich zur Quelle schicken, doch auch nur, wenn man bei Ablegung des Gelübdes dies ausdrücklich gewissermaßen verabredet hatte. Dagegen wenn es galt, für die Genesung von schwerer Krankheit zu danken, oder die Hilfe des Geistes bei der Zurückführung eines lieben Verschollenen zu erbitten, wenn man also nichts vor der Welt zu verbergen brauchte, dann wurde in der Regel das Opferfest großartig und mit allem möglichen Pomp gefeiert.

Bis vier Uhr nachmittags verbrachten wir die Zeit mit Essen und Trinken von Scharbet, Kokoswasser und Limonade, Spazierengehen, Spielen, Ruhen und Beten. Dann holte man die Pferde und Esel von der Weide, um sie zu satteln. Wieder entfaltete sich ein neues Bild voller Leben. Das Satteln der Reittiere, namentlich mit Damensätteln, erfordert eine besondere Geschicklichkeit, die unter zwanzig Sklaven vielleicht nur einer besitzt. Ich habe nicht selten gesehen, wie eine Dame samt ihrem Sattelzeug schon in der ersten Viertelstunde unter den Leib ihres Tieres rutschte und dem schrecklichsten Gelächter anheimfiel. Hat nun jemand einen so geschickten Menschen unter seinem Troß, so wird derselbe von allen Seiten eifrigst umworben und hat bei der Lebhaftigkeit und Ungeduld der feinen Bittstellerinnen viele Mühe sie alle zu befriedigen.

Noch auf andere Weise wird die Geduld auf eine harte Probe gestellt. Die Neger besitzen außer anderen Untugenden auch die, gerade das Notwendigste zu verlegen und zu vergessen; es kostet also viel Zeit, ehe alles zusammengebracht ist. Hin und wieder hat auch ein Esel es verstanden sich seiner Fesseln zu entledigen, ist entlaufen und versetzt die Herrin in die größte Verlegenheit. Kurz immer gibt es neuen Grund zum Ärger, neue Veranlassung zu Szenen. Eine Stunde vergeht wohl, bis man aufsitzen kann.

Dann bestieg man sein Tier, setzte sich fest in dem hohen Sattel (wehe der Armen, die schlecht ritt, sie wurde unbarmherzig verspottet und ausgelacht) und sprengte unter dem Klirren und Rasseln seiner Sklaven und unter hundertstimmigem Beifallsrufen in fröhlichem Galopp der Stadt zu. Ich habe schon erwähnt, wie schnell der Neger zu laufen vermag. Gerade bei solchen Gelegenheiten, wo auch uns fernerstehende Damen mit ihrem Troß anwesend waren, entwickelten sie ihre größte Kunst. Wollte ich einen Augenblick halten und eine Schwester oder Freundin erwarten, um mit ihr während des Ritts zu plaudern, so fand ich bei meinen schweißtriefenden Schnelläufern immer die größte Abneigung dagegen. Es war für sie eine Ehrensache, zuerst am Ziele anzulangen. So unglaublich es klingt: vor einem solchen Lauf konnten es die sonst so leichtsinnigen Menschen über sich gewinnen, bei Essen einmal Maß zu halten und sich nicht zu überladen

In Mnasimodja oder Ngambo wurde wieder zum Gebet halt gemacht, und nach Einbruch der Nacht ritten wir gesammelt in die Stadt bis vor die Haustür meiner Schwester. Wieder enstand ein lebhaftes Durcheinander. Man stieg ab, um sich bei Chadudsch zu verabschieden und hatte viel Mühe, sich durch die Esel, Pferde und Menschen hindurchzuwinden. Wir Schwestern und nächsten Verwandten hatten der Etikette gemäß den Vorzug, daß wir nicht abzusteigen brauchten; sobald sich also der Schwarm etwas zerstreut hatte, und wir nicht mehr befürchten mußten, irgend jemanden mit unseren Eseln zu beschädigen, ritten wir an Chadudsch heran und nahmen gleichfalls Abschied. Damit endete das Fest, welches wegen seiner Großartigkeit noch Wochen lang das Hauptthema unserer Unterhaltung blieb.

Krankheiten und ärztliche Behandlung; Besessene

Die Menschen wachsen im Orient ohne weiter bewußte Körper- und Gesundheitspflege auf; nur selten und nur bei harten Krankheitsfällen bemüht man sich ein wenig der Natur zu Hilfe zu kommen; aber die Mittel, welche man dann anwendet, sind reiner Hokuspokus.

Eine Hauptrolle spielt hierbei das abscheuliche Schröpfen, eine Marter, die man höchstens ganz kleinen Kindern erspart. Mag jemand von Pocken oder von Cholera befallen sein, mag er über die verschiedensten Leiden und Schmerzen klagen: als Universalmittel wird das Schröpfen betrachtet. Es dient auch als Präventivmittel, indem sich selbst kerngesunde Menschen, denen durchaus nichts fehlt, mindestens einmal im Jahre schröpfen lassen, ganz so wie es früher auch in Europa Sitte war; man meint dadurch das But zu reinigen und den Körper gegen etwa bevorstehende Krankheiten zu kräftigen.

Bei den Vornehmen tritt an die Stelle des Schröpfens in ganz analoger Weise das Aderlassen. Übergroße Vorsicht ist dabei nicht zu verspüren. Noch heute entsinne ich mich lebhaft des entsetzlichen Anblicks, welchen mir in einem ziemlich dunklen Korridor in Bet il Mtoni eines Tages eine meiner Schwestern gewährte. Regungslos und weiß wie eine Leiche wurde sie von ihren Getreuen dahergetragen. Ich brach in ein fürchterliches Geschrei aus und alarmierte das ganze Haus. Nur langsam vermochte mich die Versicherung beruhigen, daß meine Schwester nicht, wie ich gefürchtet hatte, tot sei, sondern nur infolge zu großen Blutverlustes bei einem Aderlaß in Ohnmacht liege. Der Fall war in der Tat kritisch und erst nach langer Zeit erholte sich die arme Leidende.

Ob in dem heißen Klima eine solche Blutentziehung von Zeit zu Zeit dem Körper heilsam sein kann, weiß ich nicht zu beurteilen. Jedenfalls kann die Art und Weise, wie man dabei zu Werke geht, nur große Gefahren heraufbeschwören.

Sehr angenehm und sicher wohltätig wirkt das Kneten der Glieder. Ich habe schon erwähnt, daß man unter zartem Kneten einschläft und ebenso erweckt wird; ich habe auch von der großen Geschicklichkeit gesprochen, die unsere Sklavinnen hierbei beweisen. Dies Kneten ist nun auch bei Indispositionen aller Art, vorzüglich bei allen »Leibschmerzen« ein sehr gebräuchliches und beliebtes Linderungsmittel.

Ebensoviel hält man von dem häßlichen Vomieren und man verfügt zu diesem Zwecke über die schauererregendsten Kräuter. Dieselben werden zu einem abscheulichen Gebräu zusammengekocht, welches man trinken soll. Allein schon der bloße Geruch bringt in der Regel die gewünschte Wirkung hervor.

Bei schweren Krankheiten wendet man sich an die Gottheit und so gelten Koransprüche für heilbringend. Ein allgemein als fromm anerkannter Mensch schreibt die passenden Sprüche mit einer Lösung von Safran auf einen weißen Teller. Mit etwas Wasser (meist Rosenwasser) wird die Schrift aufgelöst und dies Gemisch dem Kranken zu trinken gegeben. Dreimal täglich muß er diese Medizin einnehmen, morgens, mittags und abends; dabei muß man sich wohl hüten, daß kein Tropfen von der geheiligten Flüssigkeit auf den Boden herabträufelt. Ich selbst habe dieses Mittel einst, als ich sechs Wochen lang in heftigem Fieber darniederlag, lange Zeit hindurch brauchen müssen.

Bei einer sehr kranken, in der Gunst des Vaters stehenden Person wurde hin und wieder bei uns eine Ausnahme gemacht und eine männliche Person, sei es nun ein wirklicher Arzt oder ein Zauberer, an das Krankenbett der Betreffenden zugelassen. So entsinne ich mich noch, als einst meine Schwester Chole an hartnäckigen Ohrenschmerzen litt, und diese gar nicht besser werden wollten, trotz aller angewendeten Quacksalbereien, daß ein seiner Zeit viel gerühmter persischer Arzt (arab. *Hakim*) für sie geholt wurde. Ich war noch ein kleines Kind und durfte somit der Konsultationszeremonie beiwohnen. Chole wurde zu diesem Zweck bis zur Unkenntlichkeit in *Schele* gehüllt, nur das eine kranke Ohr war unbedeckt; in dieser Vermummung nahm sie auf der schon früher beschriebenen *Medde* Platz. Ihren Rücken auf dem kostbaren *Tekie* gelehnt, umstanden sie an der rechten Seite der Vater, an der linken Seite mein Bruder Chalid; meine anderen jüngeren Brüder schlossen einen Kreis um sie; letztere waren sämtlich im Ausgehkostüm, mit vielen Waffen angetan, erschienen. Von zahlreichen Eunuchen begleitet, kam der Asiate in das Krankenzimmer, nachdem andere Eunuchen an verschiedenen Punkten des Hauses als Wachen aufgestellt waren, um den weiblichen Bewohneren des Hauses beim Passieren der Perser das Rückzugsignal geben zu können. – Der *Hakim* durfte natürlich nicht selbst mit der Kranken sprechen, sondern mußte seine Fragen an den Vater respektive die Brüder richten, welche ihm auch die Antwort gaben.

Als ich später einst an Typhus erkrankte, einige Tage im Delirium darniederlag und alle angewendeten arabischen wie suahilischen Mittel nicht helfen wollten, entschloß sich meine Tante Asche, die Schwester meines Vaters, die Hilfe eines europäischen Arztes in Anspruch zu nehmen. Da unser Vater nicht mehr am Leben war, war ich gewissermaßen mein eigener Herr geworden, und es bedurfte deshalb einer solchen Zeremonie wie bei Chole nicht mehr. Der betreffende Arzt , der die arabischen Sitten kannte, verlangte durchaus, mir den Puls fühlen zu dürfen, was meine um mich besorgte Tante nach vielem Bedenken erlaubte. Ein Troß von Eunuchen wurde aber doch zu diesem Zweck aufgeboten und man hüllte mich, ebenso wie Chole, in meine *Schele*. Bei dieser Gelegenheit befand ich mich in einem betäubten Zustand und die Begebenheit wurde mir erst später von meiner Tante wiedererzählt. Als nun schließlich der Arzt noch meine Zunge zu sehen verlangte, wurde er von dem Obereunuchen Dschohar ob dieses in seinen Augen ganz unerhörten Verlangens dermaßen angefahren, daß der sich in seinem Berufe gekränkt fühlende Jünger Aeskulaps unverrichteter Sache mit Zorn erfüllt unsere Schwelle verließ.

Wo man mit solchen Universalmitteln zu kurieren versucht, da liegt natürlich immer eine mangelhafte Kenntnis oder geradezu Unkenntnis des menschlichen Körpers, seiner regelmäßigen Funktionen und der Störungen derselben zugrunde. Von alledem weiß der Araber nichts, er kann also auch die Krankheiten nicht klassifizieren. Alle inneren Krankheiten zerfallen ihm einfach in zwei Kategorien: Leibschmerzen und Kopfschmerzen. Ob Magen, Leber, Milz oder Unterleib erkrankt ist, man kennt nur die gemeinsame Bezeichnung »Leibschmerzen«; unter die Kopfschmerzen verweist man alles, was uns den Kopf angreift, bis zur Gehirnerweichung und zum Sonnenstich. Der wirklichen Ursache, dem Grunde des Leidens vermag man nicht nachzuforschen. Wollen dann alle Hausmittel nichts helfen, so schickt man wohl einen Eunuchen zu einem europäischen Konsulatsarzt und erbittet eine Medizin. Daß dieser Arzt übel daran ist, der die Kranke nicht sehen darf und über ihre Krankheit nur die unsichersten Nachrichten erhält, läßt sich denken; ebenso begreiflich ist es, daß die Kranke in den meisten Fällen eine falsche, im besten Falle wenigstens unschädliche Medizin bekommt.

Diät kennt man dementsprechend auch nicht. Hat der Typhus-, Cholera- oder Pockenkranke auf irgend etwas Appetit, so darf er denselben unbekümmert mit allem stillen, was nur die Küche zu liefern vermag. Was die Natur verlangt, meint man, ist ihr auch zuträglich. Überall spielt der feste Glaube an die göttliche Bestimmung herein. Derselbe macht den Muslim ebenso bei den meisten Krankheiten blind gegen jede Ansteckungsgefahr; niemand denkt daran, zum Beispiel einen Pockenkranken streng von den anderen abzuschließen. Nicht minder verhindert diese so tief verwurzelte Anschauung sanitäre Vorsichtsmaßregeln. Das persische Bad zwischen Bet il Sahel und Bet il Tani, über welches, wie oben erwähnt, die Verbindung beider Häuser lief, war baufällig geworden und wurde ganz als Müllgrube benutzt. Nichtsdestoweniger baute man, als die Wohnungsnot immer mehr wuchs, auch auf diese halbe Ruine Baracken, deren Insassen also, sozusagen auf dem Unrat wohnten. Wie tief dieser Glaube bei den Versuchen, Cholerakordons zu ziehen oder die großen Pilgerfahrten strenger zu überwachen, eingreift, ist bekannt.

Nur über einige Krankheiten möchte ich noch einzelnes hier hervorheben. Die Pocken herrschen leider in Sansibar permanent und fordern Tausende von Opfern. Der ganze Körper des Kranken wird mit einer Salbe von *Dschiso (Curcuma)* überzogen und so in die Sonne gelegt. Oder man bestreicht die Pocken mit Kokosmilch, die dem brennenden *Dschiso* jedenfalls vorzuziehen ist. Hat sich der Körper über und über mit Wunden bedeckt, so daß der Kranke die Bettwärme nicht mehr zu ertragen vermag, so legt man ihn auf eine weiche Strohmatte oder auf ein ganz frisches, großes Bananenblatt, dessen harte Rippe man vorher sorgfältig auslöst. Dies sind die einzigen Erleichterungen, welche dem Kranken zuteil werden; innere Mittel wendet man nicht an. Nur mit Wasser vermeidet man ihn in Berührung zu bringen.

Die Schwindsucht, die leider auch kein seltener Gast ist,

besonders die galoppierende, läßt man ganz unbeachtet, man hat für sie keinerlei Behandlung. Gerade diese Krankheit aber ist die gefürchtetste; man hält sie für ansteckend und, wie die europäischen Ärzte behaupten, nicht mit Unrecht. Ein Schwindsüchtiger wird scheu gemieden und leidet so noch viel mehr. Wo solch ein Armer gesessen hat, nimmt man nur ungern Platz; mit Überwindung reicht man ihm die Hand und nie trinkt man aus einem Gefäße, das seine Lippen berührt haben. Eine junge, bildschöne Stiefmutter von mir litt unbeschreiblich an dieser Krankheit; noch bis zuletzt vermochte sie jedoch vormittags ihr Lager zu verlassen und die anderen Bewohner des Hauses zu besuchen. Meinem Kindesauge entging es nicht, wie unwillkommen sie allen war; sie tat mir außerordentlich leid und als sie endlich ganz an das Bett gefesselt war, schlich ich mich oft zur ihr, um ihr diesen oder jenen Liebesdienst zu erweisen, aber ganz im geheimen natürlich. Sie hatte ja nur einen kleinen Sohn, keine Tochter, die sie hätte pflegen können.

Nicht wenige meiner Lieben sind dieser heimtückischen Krankheit, meist im blühenden Alter, zum Opfer gefallen! Auch nach dem Tode behandelt man den Nachlaß mit größter Vorsicht. Kleidungsstücke und Betten werden außerhalb des Hauses am Meeresstrande gewaschen; Gold und Silber erhitzt, um allen Ansteckungsstoff herauszubringen.

Unter Kindern tritt der gefürchtete Keuchhusten ebenso häufig auf, wie hier. Die Kranken bekommen »Tauwasser« in Menge zu trinken, das alle Morgen von den Riesenblättern der Banane gesammelt wird. Außerdem wendet man ein abergläubisches Mittel an. Man schneidet aus der getrockneten Schale einer Art von Kürbis, namens *Hawaschi*, eine Menge runder Scheiben in der Größe eines Markstückes, reiht dieselben auf einen dicken Faden und hängt dann diese heilbringende Kette dem Kinde um den Hals.

Ein sehr gewöhnliches Leiden bildet eine Art von Geschwüren, welche recht schmerzhaft sind. Diese beklebt man mit den braunen vertrockneten Schalen einer Zwiebel, die gleichsam die Stelle des englischen Pflasters vertritt. Um sie zum Aufgehen zu treiben, wendet man warmen Mehlteig an.

Man sieht: überall nur die einfachsten Hausmittel, keine ärztliche Behandlung, überhaupt keine Ärzte. Nie weiß man sich recht zu helfen; was Wunder, daß man zu Wunderbarem greift, daß man sich gern an Wahrsagerinnen wendet?

Diese *Basarin*, so heißen sie, sind sehr gesuchte Leute und stehen sich nicht schlecht. Wir zogen bei Krankheiten gewöhnlich eine einäugige, ungefähr fünfzig Jahre alte Frau zu Rate, welche aus Hadramant stammte, also eine *Schihrie* war. Ihr Zauberwerkzeug bestand in einem sehr schmutzigen Beutel, der die verschiedenartigsten Dinge enthielt: kleine Muscheln, allerlei Meersteinchen, runde, gebleichte Knochen von irgend einer Tierleiche, alle möglichen Scherben von Porzellan und Glas, verrostete eiserne Nägel, verbogene Kupfer- und Silbermünzen und dergleichen mehr. Sollte sie nun eine Frage beantworten, so betete sie zu Gott, daß Er ihr nur das Richtige zu sehen und zu sprechen verleihen möge, schnürte den Beutel auf, mischte dessen Inhalt durcheinander und schüttete dann alles vor sich hin. Je nach der Lage aller jener Sächelchen erteilt sie dann ihre Antwort, ob der Kranke genesen werde oder nicht und so weiter. Der Zufall schien der *Basara* mehr als anderen Propheten günstig zu sein; denn ihre Sprüche trafen, so oft ich an solchen Zauberkünsten teilnahm, häufig ein und sie machte dabei ihr gutes Geschäft, denn sofort erhielt sie nur eine kleine Gabe; wenn sich aber ihr Ausspruch bewahrheitete, so überwies man ihr immer noch ein größeres, freiwilliges Geschenk.

Leichter als innere Krankheiten sind natürlich äußere Verletzungen zu heilen. Da helfen ja oft die gewöhnlichen Hausmittel, ein Stück Zundschwamm zum Stillen des Blutes bei offenen Wunden und Ähnliches. Gefährlicher sind Knochenbrüche, wie ich selbst erfahren habe. Ich war noch sehr klein und also nicht tafelfähig. Mein Vater hatte mir wieder einen Teller voll Leckerbissen geschickt, und ich eilte hastig die Treppe hinunter, um meiner Mutter alle die Herrlichkeiten zu zeigen; da versah ich mich in meiner freudigen Hast, stürzte tief hinab und brach den Unterarm. Meine Tante, die Schwester meines Vaters, und mein Bruder Bargasch verbanden mir den Arm, richteten jedoch leider den Knochen nicht gerade ein, so daß er noch heute etwas schief steht und mich alltäglich an jenen Sturz und an die Not meiner Landsleute, daß sie keine Ärzte haben, erinnert.

Ein sehr wichtiges Thema habe ich bisher übergangen: den Herrn Teufel! Daß im Orient fast jeder an den leibhaftigen Teufel glaubt, ist bekannt; weniger vielleicht, daß er besonders gern im Menschen seinen Wohnsitz aufschlägt. Kaum ein Kind existierte bei uns, das nicht einmal vom

Teufel besessen gewesen wäre. Sobald ein neugeborenes Baby, aus welchem Grunde es auch sein mag, zu viel schreit oder etwas unruhig wird, so ist es sicherlich besessen und man schreitet sogleich zur Austreibung des bösen Geistes. Ganz kleine Zwiebeln und Knoblauch reiht man wie Perlen auf einen Faden und hängt dieses Collier dem Kinde um Hals und Arme. Das Mittel ist einfach und gar nicht so dumm, wie es im ersten Augenblick erscheinen mag; denn wenn der böse Teufel wirklich ein Riechorgan besäße, so würde er solchem Angriff wohl kaum standhalten.

Auch Erwachsene sind häufig besessen, Männer nur sehr selten, aber viele Frauen und namentlich unter den Abessinierinnen wohl die Hälfte. Die äußeren Anzeichen sind häufige Krampfanfälle, Appetitlosigkeit und allgemeine Apathie, Vorliebe für einsamen Aufenthalt in dunklen Zimmern und ähnliche krankhafte Erscheinungen. Eine im Gerede besessen zu sein stehende Person hat einen ganz besonderen Nimbus, sie wird außerordentlich geehrt oder – gefürchtet.

Indes muß man klar darüber sein, ob sie auch wirklich von einem Geiste besessen ist und wird zu diesem Zwecke eine besondere Untersuchung veranstaltet. Sie oder ihre Angehörige laden zu dieser Zeremonie eine Gesellschaft ein, die nur aus anerkannt besessenen Personen besteht. Diese Armen bilden unter sich eine Art von Geheimbund und verschließen gern alles, was sie treiben, vor dem Auge der Außenwelt.

Die Kranke wird also in einem dunkeln Zimmer hingesetzt und mit ihrer *Schele* dicht umhüllt, so daß auch nicht der abgedämpfteste Lichtstrahl zu ihr durchzudringen vermag. Hierauf beginnt man dieselbe im wahrsten Sinne des Wortes einzuräuchern, indem man ihr das Räuchergefäß unter dem Tuche direkt unter die Nase hält. Die Gesellschaft ringsum stimmt einen eigenartigen Gesang an und schüttelt immer die Köpfe hin und wieder. Auch darf ein abessinisches Gebräu hierbei nicht fehlen, ein Gemisch aus Korn und Datteln, welches bis zur Grenze der Gärung gebracht worden und das gar kein übles Getränk ist. Unter allen diesen Einflüssen beginnt das Opfer in eine Art von Hellseherei zu verfallen, und wie man mir berichtete, in sehr unzusammenhängender Sprache zu reden. Endlich ist sie in vollster Ekstase, tobt mit schäumendem Munde umher, stößt wirre Worte durcheinander aus: jetzt ist der Geist in ihr. Die Anwesenden fangen an, mit ihm zu sprechen und sich nach seinen Absichten zu erkundigen. Denn es sind nicht immer böse Geister, welche die Kranke plagen, sondern auch gute, die aus besonderer Liebe und Neigung sich an sie heften und sie für ihr Leben behüten und beschirmen wollen. Häufig streiten auch zwei Geister, ein guter und ein böser, um eine Person und geben sich bei dieser Beschwörungszeremonie beide zu erkennen. Dann sollen entsetzliche Szenen folgen, und nur wenige Beherzte ertragen es, einem solchen Auftritte bis zuletzt beizuwohnen.

Ein böser Geist wird nicht selten von erfahrenen Meisterinnen ausgetrieben. Mit einem guten schließt man hingegen einen festen Vertrag. Danach darf derselbe nur zu bestimmten Zeiten sein Opfer heimsuchen, wobei er allemal auf einen festlichen Empfang zu rechnen hat, und muß seinem Liebling alles, was ihm und seinen Angehörigen bevorsteht, sei es nun Gutes oder Schlimmes, vorher verkünden.

Mit diesem bösen, abergläubischen Treiben sind leider auch noch manche andere Rohheiten verbunden. Viele Besessene leiden nicht, daß die Opfertiere (Hühner und Ziegen), welche sie sich zu ihren geheimnisvollen Festen ausersehen haben, vorher geschlachtet werden, da sie das warme Blut derselben trinken. Dazu verschlingen sie rohes Fleisch, und rohe Eier brauchen sie dutzendweise. Die Armen, welche geprüft worden sind, ob wirklich ein Geist in ihnen wohnt, liegen Tage lang darnach danieder.

Auch hierbei konnte ich beobachten, wie gerade die schlechtesten Beispiele am schnellsten auf die Menschen einzuwirken pflegen. Obschon alle Muhamedaner dem Aberglauben in großem Maße huldigen, so sind doch die Omaner weit entfernt, solchen Unsinn zu glauben. Kommen sie nun nach Afrika, so finden sie anfänglich die Zustände ganz vernegert und möchten am liebsten sofort wieder heimkehren. Indes in Kürze werden sie gerade für alles, was sie eben noch verschrieen, am empfänglichsten und nehmen die abgeschmacktesten Anschauungen in sich auf. Ich selbst kannte eine solche, vorher so absprechende Araberin, welche der festen Überzeugung war, sie sei von einem bösen Geiste besessen, der sie in der letzten Zeit wiederholt krank gemacht habe, und sie müsse, um ihn zu versöhnen, ein Fest veranstalten.

Doch genug von diesen traurigen Dingen!

Nur eine Frage möchte ich mir zum Schluß noch erlauben: Wäre es nicht vielleicht passender und humaner, einen weiblichen Arzt nach Sansibar zu schicken, als den demoralisierenden Spiritus? Soll denn immer die Korruption der Zivilisation vorangehen? Hier ist ein großes Feld für die christliche Nächstenliebe, wo hundertfältige Frucht zu ernten ist. So sehr viele Schwierigkeiten bietet die Sache nicht. Ich selbst bin gern bereit, wenn irgend ein Verein eine geeignete Persönlichkeit hinzusenden sich entschlösse, derselben beim Erlernen von etwas Arabisch und Suahilisch behilflich zu sein; das ist ja das Allerwenigste, womit ich meiner geliebten Heimat zu dienen vermag. Und in pekuniärer Beziehung dürfte sich das Unternehmen auch lohnen. Aber ein weiblicher Arzt müßte es sein; ein solcher kann im Orient mehr wirken, als zehn Herren. Wird der erstere hier schon von vielen Damen in manchen Fällen lieber aufgesucht, wie viel mehr im Orient, bei dem Muhamedaner. Mit freundlichem, heiteren, entgegenkommenden Wesen sind die Herzen der Orientalinnen nicht schwer zu gewinnen; die Dame würde sich bald belohnt finden und sicherlich sich sagen können, daß sie ein sehr gutes Werk tut.

Die Sklaverei

Ein vielumstrittenes Thema bildet den Inhalt dieses Kapitels; ich weiß, daß ich mir durch meine Auffassung nicht viele Freunde machen werde, indes, ich halte es für meine Pflicht, sie auszusprechen. Es ist mir zu viel Unkenntnis dieser Frage überall entgegengetreten und selbst die Eingeweihteren übersehen zu oft, daß wir es hierbei durchaus nicht bloß mit echt humanen Bestrebungen seitens der Europäer zu tun haben, daß vielmehr im Hintergrunde politische Interessen versteckt liegen.

Ich war noch ein Kind, als die zwischen meinem Vater und England vereinbarte Frist ablief, nach welcher die Sklaven aller in Sansibar ansässigen englischen Untertanen, also der Hindu und Banjan, frei sein sollten. Es war eine sehr harte Zeit für die betreffenden Besitzer; ihr Weinen und Klagen wollte kein Ende nehmen. Die Vornehmsten unter ihnen schickten Frauen und Töchter zu uns und erflehten unsere Fürsprache, obwohl wir ihnen zu helfen doch ganz außerstande waren. Einige besaßen zur Bewirtschaftung ihrer Güter hundert und mehr Sklaven. Alle diese waren mit einem Tage frei und die Herren ruiniert; die Arbeiter fehlten, sie konnten ihre Güter nicht bebauen und hatten also auch keinen Ertrag aus denselben. Und unserer schönen Insel war das zweifelhafte Glück zuteil geworden, nun plötzlich ein paar tausend Nichtstuer, Vagabunden und Diebe zu besitzen. Die befreiten großen Kinder sahen das Wesen der Freiheit darin, daß man nicht mehr zu arbeiten brauche und sie wollten diese Freiheit recht feiern, ganz unbekümmert darum, daß sie nun von ihren Herren weder Obdach noch Unterhalt mehr erwarten konnten. Die humanen Apostel der Antisklavereivereine ließen nichts mehr von sich hören; sie hatten ihr Ziel erreicht, hatten die armen Opfer aus der des Menschen unwürdigen Sklaverei befreit; was weiter aus ihnen wurde, das bekümmerte sie wenig; höchstens strickten ihre Damen, um den Unsinn voll zu machen, für die Bewohner des heißen Südens wollene Strümpfe. Mochten die Beherrscher der betreffenden Länder zusehen, wie sie mit diesem arbeitsscheuen Volke fertig wurden. Denn das wird jeder, der in Afrika, in Brasilien, in Nordamerika oder wo es sonst Neger gibt, nur einige Zeit gelebt hat, bestätigen:

neben allen Vorzügen besitzt die schwarze Rasse eine ganz hervorragende Arbeitsscheu und erfordert beständige Aufsicht.

Nur die englischen Untertanen, ich wiederhole es, durften seit jener Zeit keine Sklaven mehr halten; meinem Vater selbst konnte England für sein Land keine Vorschriften machen, und so besteht die Sklaverei noch heute in Sansibar, wie in allen muhamedanischen Staaten des Orients. Man muß sich indes wohl hüten, sein Urteil über die Sklaverei im Orient nach dem zu bilden, was man von der Sklaverei in Nordamerika oder in Brasilien gehört hat. Der Sklave eines Muslim befindet sich in einer ganz anderen, unvergleichlich besseren Lage.

Das Schlimmste an dieser Institution ist der Sklavenhandel, das Wegführen der Armen aus dem Innern des Kontinents an die Küste; auf diesen langen Märschen gehen Unzählige zugrunde an den Strapazen, an Hunger und Durst, was aber ihr Führer alles mit zu ertragen hat. Den Sklavenhändlern eine besondere Bosheit zuzuschreiben bei diesen harten Entbehrungen ist der reine Unsinn. Ist es doch sein eigener Vorteil, die Leute möglichst gut herauszuführen, denn oft hat er sein ganzes Vermögen in einer solchen Karawane stecken.

Hat man das Ziel glücklich erreicht, so sind die Sklaven durchgehends in jeder Hinsicht gut versorgt. Sie müssen freilich unentgeltlich für ihre Herren arbeiten, aber sie sind auch frei von allen Sorgen, haben ihren sicheren Unterhalt, und ihr Wohl liegt der Herrschaft am Herzen. Oder soll denn jeder Nicht-Christ durchaus ein herzloses Geschöpf sein?

Der Neger liebt vor allem die Bequemlichkeit und geht nur zur Arbeit, wenn er muß; so bedarf es der strengsten Kontrolle, damit er sein im Verhältnis zu den hier gestellten Anforderungen recht geringes Arbeitspensum erledigt. Sie sind durchaus nicht alle Musterkinder; auch Diebe, Trinker, Ausreißer, Brandstifter gibt es unter ihnen. Was nun mit diesen machen? Man kann sie doch unmöglich straflos ausgehen lassen; da hätte man bald die schönste Anarchie. Aus dem Einsperren macht sich ein solcher Mensch nichts; im Gegenteil, es würde ihn überaus angenehm berühren, wenn er ein paar Tage an einem kühlen Orte, nur mit Unterbrechung der Mahlzeiten, die Zeit verträumen und verschlafen dürfte, um dann neugestärkt seine bösen Wege fortzusetzen.

Sklavenmarkt in Sansibar

Sicherlich würde bald die größere Hälfte aller Negersklaven mit Vorliebe einen so angenehmen Aufenthalt sich zu verdienen bestrebt sein.

Unter diesen Umständen bleibt nur ein heilsames Auskunftsmittel: die Prügelstrafe. Darüber schlägt man nun hier wieder großen Lärm, natürlich nur in gewissen Kreisen, die immer bloß von Theorien ausgehen, und es verschmähen, die praktischen Verhältnisse zu studieren. Allerdings ist das Prügeln inhuman; aber man gebe doch einen Ersatz dafür! Beiläufig, sollte nicht auch bei manchem unter den Tausenden von Zuchthäuslern hier hin und wieder eine Tracht Prügel besser angewandt sein, als die falsche humane Behandlung, die alle über einen Kamm schert? –

Tyrannei wird überall mit Recht verurteilt, mag sie nun den armen Neger treffen oder etwa den in den sibirischen Bergwerken schmachtenden gebildeten Menschen. Aber man muß doch Billigkeit walten lassen; nicht jede Einrichtung ist überall gerecht oder ungerecht. Die Sklaverei ist eine uralte Institution der orientalischen Völker; ob man sie je wird ganz beseitigen können, bezweifle ich; jedenfalls ist es Torheit, so alte Sitten mit einem Male umstürzen zu wollen. Alles Gute will seine Zeit haben; und dann gehe man dem Orientalen auch mit gutem Beispiele voran. Gar viele Europäer halten sich im Orient selbst Sklaven und kaufen sich solche, wenn ihr Interesse in Frage kommt. Natürlich berichtet man das nicht Hause, oder man entschuldigt es etwa damit, daß es im »Dienste der Wissenschaft« geschehe. Die gute Wissenschaft muß eben für so vieles Böse als verhüllender Schleier dienen. Ob der Araber die Sklaven bei Feld- oder Hausarbeit benutzt, oder ob der zivilisierte Europäer sie als Gepäckträger verwendet, wobei die Arbeit meistens viel härter und schwerer ist, das ist gleichgültig, die Moral der Sache bleibt dieselbe. Auch sind diese europäischen Sklavenhalter durchaus nicht immer so human, den gekauften Negern später ihre Freiheit zu geben, wie es der Araber so häufig tut; sondern wenn sie für den Herrn nicht mehr brauchbar sind, verkauft er sie einfach wieder. Es erregte seinerzeit keine geringe Erbitterung unter der muhamedanischen Bevölkerung Sansibars, als man vernahm, daß ein heimkehrender Engländer seine Sklavin ohne Umstände vorher wieder verkauft hatte, freilich nicht auf dem offenen Marktplatz, wo jetzt eine englische Kirche steht, sondern in der Stille an einen arabischen Beamten.

Ein anderer Fall war nicht minder verletzend für alle Araber. Ein Herr, dessen Haus unmittelbar neben dem französischen Konsulat stand, züchtigte seinen widerspenstigen Sklaven einst mit dem verdienten Nachdruck. Da die Neger überhaupt feige sind und niemals Schmerzen still zu ertragen vermögen, so schlug der Taugenichts furchtbaren Lärm und veranlaßte dadurch eine etwas hochmütige Intervention des französischen Konsuls. Dieser Mann selbst war sicher kein rechter Apostel und schien vielmehr dem Grundsatz zu huldigen: Ahmt meine Worte nach, nicht meine Taten. Er lebte nämlich mit einer von ihm selbst gekauften schwarzen Sklavin, welche ihn mit einer pechschwarzen Tochter beschenkte, die später in der französischen Mission ihr Unterkommen fand. Ein Eingreifen seitens eines solchen Mannes mußte den Araber in seinem Gefühle aufs Tiefste verletzen, und er ließ ihm kurz erwidern, jener möge sich um seine eigenen Angelegenheiten bekümmern und nicht um die eines Fremden.

Es kann niemanden wundern, wenn die Araber nach solchen Erfahrungen von dem höchsten Mißtrauen gegen die Europäer erfüllt sind; sie ersehnen die glücklichen Zeiten zurück, als sie noch sicher waren vor den alles umstürzenden Ideen derselben. Die Aufhebung der Sklaverei betreibe man, so meinen sie, nur zu dem Zwecke, um sie zu ruinieren und damit den Islam zu schädigen. In erster Linie trauen sie den Engländern allerlei hinterhältige Pläne zu.

Glaubt man wirklich die Sklaverei allmählich beseitigen und einen so gewaltigen Umschwung aller Verhältnisse herbeiführen zu können, so ist dabei große Vorsicht notwendig. Schritt für Schritt darf man nur vorgehen; man muß die Neger zum Denken und zum Arbeiten erziehen und man muß ihre Herren in anschaulicher Weise, mit schärfster Verleugnung jeder Gewinnsucht, belehren, wie sie bei Anwendung besserer landwirtschaftlicher Geräte und Maschinen gar leicht Hunderte von Sklaven entbehren können, die sie jetzt noch zum Bestellen ihrer Felder unbedingt brauchen. Der Araber muß erkennen, daß man ihn nicht ruinieren will, daß man ihm ebensoviel Gerechtigkeit angedeihen läßt, als dem Neger.

In solcher Art vorzugehen, erscheint mir humaner und christlicher, als demonstrativ auf dem Sklavenmarkt eine Kirche zu erbauen, zu der kein Bedürfnis vorlag, da schon zwei Kapellen, eine katholische und eine evangelische existierten, beide ohne eine nennenswerte Gemeinde. Wie das einen Orientalen zu verletzen geeignet war, begreift jeder, der die dortigen Verhältnisse nur ein wenig kennt. Der Araber ist, wie fast alle Orientalen, von Haus aus konservativ und hält an seinen Überlieferungen mit größter Zähigkeit fest; um so weniger sollte man Neuerungen überstürzen, welche ihm unmöglich und unfaßbar erscheinen. Verhält er sich ablehnend gegen dieselben, so spricht man gleich von Fanatismus und Religionshaß der Muhamedaner; dieser soll alles erklären, was man sich selber nicht klarzumachen versteht. Der Religionshaß ist aber gar nicht so schlimm, wie Nachstehendes beweist: Als ich jüngst, schon seit langer Zeit zum Christentum übergetreten, nach neunzehnjähriger Abwesenheit Sansibar wieder besuchte, kamen mir alle mit größter Freundlichkeit entgegen; selbst aus den Moscheen traten Leute heraus, um mich zu begrüßen und mich Gottes Schutze zu befehlen; und doch hätte ich als Renegatin weit eher ihren Haß verdient als ein geborener Christ, wenn überhaupt Religionshaß meine Landsleute so sehr beherrschte. Nein, nicht Religionshaß ist es, vielmehr der Trieb der Selbsterhaltung, der sich bei ihnen um so schärfer geltend macht, je mehr sie in ihren wichtigsten Lebensinteressen von rücksichtslosen, nicht orientierten und oft unwürdigen Vertretern der Zivilisation und des Christentums bedroht werden.

Der Neger anderseits ist für jetzt im ganzen noch ziemlich

gleichgültig gegen jede Religion, die meisten der auf Sansibar befindlichen Schwarzen sind sicherlich ganz indifferent in dieser Beziehung. Gar viele, welche zum Christentum übertreten, lassen sich dabei lediglich vom augenblicklichen Vorteil leiten. Ein englischer Missionar, der lange Jahre in Mombasa (kleine Insel nördlich von Sansibar) gewirkt hatte, klagte mir offen sein Leid, daß die Zahl seiner Anhänger, von einem festen Stamm abgesehen, gestiegen und gefallen wäre mit dem Bestand seiner Vorräte, die ihm aus England für die Neubekehrten zukamen. Es gilt zunächst überhaupt das Gefühl für Religion zu wecken, ehe man Neger mit den höheren Lehren vertraut machen kann. Also auch hier nur Schritt vor Schritt! Darin mögen manche der braven Männer gefehlt haben, die ihre Kraft, ihre Gesundheit, ja ihr Leben einsetzten und noch einsetzen, um die so wenig denkende Negerrasse allmählich zu höherer Kultur und zum Christentum emporzuheben.

An eines möchte ich zum Schluß noch erinnern. Jener Gordon, der seinerzeit als entschiedenster Gegner der Sklaverei und des Sklavenhandels aufgetreten war, begann seine zweite, so kurze Zeit dauernde Herrschaft im Sudan damit, daß er seine früheren Gesetze aufhob. Von der Notwendigkeit der Sklaverei in Afrika wird er wohl nicht überzeugt gewesen sein, sicher aber von der Notwendigkeit, eine so tief eingewurzelte Institution nicht mit einem Schlage zu beseitigen, sondern ganz allmählich eine Milderung und dann erst die Abschaffung derselben anzubahnen.

Der Tod meiner Mutter.
Eine Palastrevolution

Seit dem Tode des Vaters lebte ich, wie erzählt, in Bet il Tani in beglückender Liebe und Freundschaft mit meiner Mutter und mit Chole. Da verbreitete sich etwa drei Jahre später über die Stadt und die ganze Insel Sansibar eine verheerende Choleraepidemie, welche auch in unserem Hause fast täglich Menschenleben hinwegraffte. Es war in der heißesten Jahreszeit. In einer Nacht vermochte ich bei der erdrückenden Hitze in dem hohen Bett nicht einzuschlafen und befahl deshalb meinem Kammermädchen, eine weiche Matte auf dem Fußboden auszubreiten, auf der ich Kühlung und damit auch den Schlaf zu finden hoffte und wirklich fand.

Wer beschreibt meine Überraschung, als ich, gegen Morgen erwachend, meine innigst geliebte Mutter zu meinen Füßen sich vor Schmerzen winden sah. Auf meine bestürzte Frage, ob sie unwohl sei, weil sie so stöhne, erwiderte sie nur, sie habe bereits seit Mitte der Nacht an dieser Stelle gelegen; sie fühle, daß die Cholera sie ergriffen habe und wolle, wenn es sein müsse, wenigstens in meiner Nähe sterben. Es war eine harte Qual für mich, meine geliebte gute Mutter so schwer unter der tückischen Krankheit leiden zu sehen und nicht helfen zu können. Zwei Tage lang widerstand sie den Angriffen derselben, um dann für immer von mir gerissen zu werden.

Mein Schmerz war grenzenlos; unwillig mißachtete ich alle Mahnungen und Warnungen, mich nicht zu fest an die teure Leiche anzuschmiegen, damit ich nicht selbst der Seuche zum Opfer fiele. Ich wünschte ja nichts Besseres, als daß Gott mich mit meiner Mutter zusammen zu sich berufen möge! Die Epidemie verschonte mich dennoch; es war des Allgütigen und Allweisen Wille, ich mußte mich ergeben.

Im Alter von kaum fünfzehn Jahren stand ich nun vater- und mutterlos in der Welt, einem Schiffe vergleichbar, welches ohne Steuer auf den sturmbewegten Wogen des Meeres dahintreibt. Meine Mutter hatte mich stets so klug und verständig geleitet, für mich gesorgt und gedacht, und nun sollte ich mit einem Male ganz die Pflichten einer Erwachsenen auf mich nehmen, mein eigenes Wohlergehen sowie das meiner

Leute allein bedenken. Glücklicherweise hat Gott es so gefügt, daß mit der Erkenntnis der Pflicht zumeist auch die Kraft dieselbe zu erfüllen sich einstellt. Ich vermochte allmählich meine Lage zu überschauen und meine Angelegenheiten selbständig, ohne fremde Hilfe zu leiten.

Aber neue Prüfungen traten bald darauf an mich heran, und ich erlag ihnen: ohne zu wissen, wie es gekommen war, fand ich mich plötzlich in eine Verschwörung gegen meinen edlen Bruder Madschid tief verwickelt!

Es war überhaupt, als ob nach dem Tode unseres Vaters nur Unfriede in unserer Mitte herrschen sollte, anstatt daß wir alle für Einen und Einer für alle standen, wie es uns ziemte. Unter sechsunddreißig Geschwistern wird freilich nur selten volle Eintracht bestehen, und so bildeten sich auch bei uns verschiedene, durch engere Bande der Liebe zusammengehaltene Gruppen von je drei oder vier Geschwistern heraus. Für Fremde waren unsere Verhältnisse ganz unentwirrbar; selbst unsere nächsten Bekannten vermochten sich nicht immer in unserem Parteiwesen zurechtzufinden, wodurch gar manche Unannehmlichkeit für sie und uns entstand. Ein treuer Freund meines Bruders, eine aufrichtige Freundin meiner Schwester mußten, wenn die letzteren nicht zu meinem Kreise gehörten, unter allen Umständen meine bittersten Feinde sein, gleichviel welche Meinung sie persönlich von mir hegten. Daß solche Zerfahrenheit und Zerrissenheit keinen Segen im Gefolge haben konnte, wird jedem Unbefangenen einleuchten; allein unser Auge war durch die Leidenschaft getrübt und eigentlich ohne rechten Grund verfolgten wir uns gegenseitig mit blindem Haß.

Der Verkehr untereinander hörte bald vollständig auf. Zahlreiche Spione, die wir alle hielten, sorgten für die Erweiterung der Kluft, indem sie uns jedes Wort, jede Absicht unserer Gegner hinterbrachten. Des Nachts stellten diese ehrenwerten Leute sich bei uns ein und holten sich eine der Wichtigkeit oder der Gehässigkeit ihrer Nachricht entsprechende Belohnung. Die Louisdors und die Guineen flossen zu keiner Zeit reichlicher aus unseren Händen als damals. Häufig zählten wir die Goldstücke gar nicht, sondern griffen blindlings in den leinenen *Kis* (Sack, Tasche), um unsere Spione mit einer ganzen Hand voll Geld für ihre Mühe zu entschädigen. Manchmal wurden wir in später Nachtstunde aus dem Schlafe geweckt, weil eine geheimnisvoll vermummte Gestalt beim Portier Einlaß begehrte und uns persönlich zu sprechen verlangte. Solche nächtliche Unterredungen pflegten unsern *Kis* allemal besonders zu erleichtern, dagegen den weiteren Schlaf ganz unmöglich zu machen und die Stimmung für die nächste Zeit noch um einige Grad mehr zu erhitzen.

Wir waren sämtlich von einer Art Krankheit befallen. Jeder suchte den anderen zu überbieten. Wenn einer von uns Lust bezeigte, ein schönes Pferd, ein Haus, eine Plantage zu kaufen, dann trieben seine Gegner den Preis, zur Freude der Eigentümer natürlich, oft bis zum Vier- und Sechsfachen in die Höhe, lediglich um jenem einen Schabernack zu spielen. Trug eine Schwester einen neuen Schmuck, sofort liefen von allen Seiten bei dem betreffenden Juwelier Bestellungen für einen gleichen oder wenn möglich noch schöneren ein. Das Volk erkannte diese unsere große Schwäche schnell, und Kaufleute wie Handwerker wußten aus unserem Unfrieden reichen Vorteil zu ziehen.

Madschid und Chole standen damals im besten Einvernehmen, was mich, die ich beide von Herzen liebte, außerordentlich freute. Sie behandelten mich namentlich nach dem Verluste meiner Mutter ganz wie ein eigenes Kind. Allein dieses schöne Verhältnis trübte sich allmählich um meines Bruders Bargasch willen, und endlich trat der formelle Bruch zwischen Madschid und Chole ein. So eng ich an Chole hing, so muß ich leider doch der Wahrheit gemäß gestehen, daß sie und nicht Madschid die Schuld an dem Bruche trug. Es liegt mir fern, auf alle die einzelnen Umstände einzugehen, welche die üble Verwicklung nach und nach heraufbeschworen; wir waren alle wie betört und verblendet.

Für mich war diese Zeit reich an inneren Kämpfen. Ich wohnte mit Chole in einem Hause, wir aßen und tranken zusammen und waren den ganzen Tag unzertrennlich. Und nun begann diese den von mir ebenso geliebten Madschid ohne Ursache mehr und mehr zu meiden, zuletzt ihm alles Böse wünschend. Anfangs hoffte ich noch neutral bleiben zu können, ja ich wagte es, den in der Tat vorwurfsfreien Bruder zu verteidigen, dessen Schuld ja nur darin bestand, daß er der regierende Sultan war und nicht Bargasch. Indessen in der Leidenschaft kennt der Mensch keine Gerechtigkeit und auch Chole ließ nicht nach in ihrem Groll.

Monate lang stand ich so gleichsam zwischen zwei Feuern; ich wollte das Beste und konnte doch nichts erreichen.

Zwischen zwei geliebten Menschen schwankte ich hin und her, und als ich einer Entscheidung nicht mehr aus dem Wege zu gehen imstande war, da schlug ich mich auf die Seite Choles, die zwar im Unrecht war, aber meinem Herzen doch noch näher stand und mehr und mehr mich beherrschte. Was gibt es denn auch in der Welt, das wir unseren Lieben, obschon nicht ohne Kampf mit uns selbst, doch endlich nicht zum Opfer bringen? Vor ihren Bitten und Flehen fallen unsere Meinungen, unsere Grundsätze, ja unsere heiligen Überzeugungen von uns ab wie im Herbst die vertrockneten Blätter eines Baumes, ohne daß der gesunde Stamm dagegen etwas zu tun imstande ist.

Madschid, eine durchaus edle Natur, genoß die herzliche Liebe des Volkes. Aber er war leidend und konnte nicht überall selbst eingreifen, sondern mußte einen großen Teil der Geschäfte seinen Ministern überlassen. Einer unter diesen, Sleman bin Ali, verstand es leider zu gut, sich bei seinem Herrn unentbehrlich zu machen. Ein schlauer, eigennütziger Patron, brachte er es allmählich dahin, daß sein Wort im Lande alles bedeutete und die übrigen Minister ihm gegenüber fast als bloße Nullen erschienen. Er war anmaßend genug, wo ihm die Gelegenheit paßte, geradezu den Herrn zu spielen. Und dabei besaß er für solche Würde nicht einmal die Reife des Alters, welche jeder Araber ehrt, sondern war, wie man hier zu sagen pflegt, noch ganz grün und überdies das Muster eines Dandy, der seinen noblen Passionen alles opfert. In seiner Eitelkeit und Schlauheit bewarb er sich um eine meiner Stiefmütter, die ihrem Alter nach sehr gut seine Mutter hätte sein können. Fatme, eine Tscherkessin, schlug seine Hand nicht aus, eine Kurzsicht, welche sich nachher schwer genug an ihr bestrafte. Sleman hatte nämlich nur beabsichtigt, ihr großes Vermögen an sich zu bringen.

Dieser böse Geist also beeinflußte Madschid in jeder Weise und hetzte im Stillen namentlich alle Geschwister gegeneinander, um bei ihrer Uneinigkeit seine persönliche Macht zu bewahren. Es gelang ihm nur zu gut, überall Unheil anzustiften; in unserer Familie erfolgte Reibung auf Reibung, viele Notable wurden zurückgesetzt und verletzt, und es spitzten sich die Verhältnisse zuletzt derartig zu, daß man laut zu murren begann.

Ein Segen war es, daß neben ihm wenigstens ein tüchtiger, braver Mann als Minister aushielt, welcher sich stets bemühte, Slemans Fehler abzuschwächen oder wieder gutzumachen. Dies war Muhamed bin Abd Allah il Schaksi, ein von Haus aus sehr reicher Mann und ein großmütiger, edler Charakter, dem nichts ferner lag, als eine selbstsüchtige Handlung zu begehen. Daß zwischen ihm und seinem Kollegen kein gutes Einvernehmen herrschen konnte, ist wohl selbstverständlich.

Die Spannung der Geschwister und die Mißstimmung eines Teiles der Bevölkerung suchte nun mein Bruder Bargasch zu seinen Gunsten auszunutzen. Madschid hatte nur eine Tochter und keinen Sohn; so stand Bargasch dem Throne am nächsten und wurde seit dem Tode unseres Vaters allgemein als Thronfolger angesehen. Daß in Oman noch zwei andere ältere Brüder lebten, Muhammed und Turki, das blieb ganz unberücksichtigt; Oman lag ja so ferne.

Im Orient aber haben leider die Thronerben es immer eilig, selbst die Zügel der Regierung zu ergreifen. Sie lassen es sich nicht anfechten, daß etwa noch Näherberechtigte vorhanden sind; um ihr Ziel zu erreichen, wenden sie alle Mittel an und lassen Gesetz und Recht vollkommen in den Hintergrund treten.

So war es auch mit Bargasch. Beim Tode des Vaters war es ihm mißglückt, sich der Herrschaft zu bemächtigen; doch seinen Plan hatte er nicht aufgegeben. An dessen Durchführung begann er ernstlicher zu denken, seitdem er mit seiner rechten Schwester Meje aus Bet il Mtoni in die Stadt übergesiedelt war. Beide Geschwister bezogen ein Haus, welches der Wohnung von Chole und mir gegenüber lag und einst als ein zweites Kavalierhaus der Fürstin Schesade (von Persien) gedient hatte.

Für uns begann damit eine Periode des aufgeregtesten Lebens. Alles haarklein zu erzählen, erlaubt mir die schwesterliche Pietät nicht, wiewohl gewisse Handlungen wahrlich keine Rücksicht verdienten. Sogar die große Härte, welche man mir gegenüber noch jetzt fortwährend beweist, darf mich nicht verleiten, öffentlich den Schleier zu lüften. Unser arabisches Sprichwort: »daß das ganze Weltmeer nicht ausreicht, um eine Blutsverwandtschaft wegzuwaschen«, ist mir noch zu gut im Gedächtnis.

Kaum hatten die beiden Geschwister also sich in unserer Nähe niedergelassen, als sich eine große Freundschaft zwischen Bargasch und Chole entfaltete und der erstere bald den ganzen Tag bei uns zubrachte. Darob fühlte sich Meje zurückgesetzt, und als sie anderen gegenüber ihrer Verstimmung Ausdruck gab, entstand zwischen ihr und Chole eine starke Spannung. Es kam so weit, daß, wenn beide Schwestern sich begegneten, sie einander nicht grüßten. Die Verhältnisse wurden immer unerquicklicher und der Friede begann aus unseren bisher so ruhigen Häusern für immer zu schwinden. Ich war froh, mit diesem neuen Zwiespalt zwischen Chole und Meje nichts zu tun zu haben; aber die tödlich erzürnten Schwestern schütteten mir immer, voll Groll gegeneinander, ihr Herz aus, und so wurde ich auch hier mit hineingezogen.

Chole war Meje gegenüber im Unrecht; sie war überhaupt in dieser schlimmen Zeit gar nicht wiederzuerkennen; Bargasch war ihr Abgott, welchem sie rücksichtslos alles opferte, und ich, die ihr nicht weniger huldigte, folgte ihr immer wieder auf allen Wegen. Im stillen bedauerte ich die tief betrübte Meje aufrichtig, denn trotz ihrer stolzen Natur besaß sie soviel Einsicht und ruhiges Verständnis, daß man mit ihr sympathisieren mußte. Sie allein von uns sah klar voraus, daß aus diesem Parteitreiben gegen Madschid kein Glück und Segen ersprießen würde und beständig rief sie: »Ihr werdet sehen! ihr werdet sehen!«

Meine Freundschaft mit meinen beiden Nichten Schembua und Farschu übertrug sich bald ebenso auf Bargasch und sie traten unserem Bunde bei. Sie wohnten uns gleichfalls gegenüber, nur eine schmale Gasse trennte ihre Wohnung von der Bargaschs. Unsere drei Nachbarhäuser bildeten also einen sehr gefährlichen Mittelpunkt für eine Verschwörung.

Bargasch bemühte sich nun vor allem auch eine Anzahl von Notablen und Häuptlingen an sich zu ziehen. Die Araber zerfallen in zahllose größere oder kleinere Stämme, deren jeder einen Führer hat, welchem sie unbedingt gehorchen. Es liegt deshalb jedem Prinzen viel daran, mit einem oder mehreren solcher Häuptlinge offen oder, was man vorzieht, insgeheim eine engere Freundschaft zu unterhalten, um im Augenblick der Aktion ihres Beistands sicher zu sein; Versprechen von einflußreichen Stellungen und anderen Vorteilen spielen dabei natürlich eine Hauptrolle. Kein Stamm wird je seinen Führer im Stiche lassen, so stark ist das Gefühl der Zusammengehörigkeit und Anhänglichkeit ausgebildet. Wie weit das geht, erhellt am besten daraus, daß jeder, der Schreiben gelernt hat, es selten unterläßt, seinem Namen auch noch den seines Stammes hinzuzufügen. Wir zum Beispiel gehören dem *Lebu Saidi* an, einem kleinen, aber tapferen Stamm, und bei einer vollen Unterschrift meines Namens habe ich stets dies zu erwähnen.

Mit solchen Häuptlingen trat Bargasch in näheren Verkehr und bildete sich allmählich aus ihnen einen kleinen Hof, was viel Gerede auf unserer Insel verursachte. Das größte Ärgernis erregte es, daß es zumeist schlecht beleumundete, zänkische und streitsüchtige Menschen waren, die Tag und Nacht bei ihm aus- und eingingen, Leute, welche er entschieden von seiner Umgebung hätte fernhalten sollen. Und doch war es so natürlich; gutgesonnene, rechtlich denkende Menschen gaben sich eben zu seinen Umsturzplänen nicht her.

Je mehr die Zahl der bösen Elemente in Bargaschs Verkehr zunahm, je mehr man sein verstecktes Spiel zu durchschauen anfing, um so mehr zogen sich die, denen das Wohl unserer Familie am Herzen lag und die keine Abenteuer liebten, zurück. An ihre Stelle traten dann Menschen, von denen es, wie in der ganzen Welt, so auch in Sansibar Unzählige gibt: gekränkte Ehrgeizige und übersehene Größen, welche zu allem bereit sind, wenn es nur zugleich ihren Rachedurst wegen des vermeintlich erlittenen Unrechts stillt. Dutzende von Unzufriedenen sahen sich schon im Geiste als Bargaschs Minister oder in anderen hohen Stellungen; Hunderte rechneten bestimmt auf Besitz und Würden, woran sie früher selbst im Traume nicht gedacht hätten. Derartige Kreaturen kamen von weit und breit her und traten der Verschwörung bei, angeblich um Bargasch, in Wirklichkeit aber um sich selbst zu dienen. Daß auch der Erbärmlichste mit offenen Armen empfangen wurde, ist bei der Lage der Dinge selbstverständlich.

Als die Zahl der Getreuen immer schneller wuchs, ging man daran, bestimmter an die Einzelheiten der Erhebung zu denken. Der Plan ging dahin, Madschid unerwartet zu überrumpeln und Bargasch sofort als Sultan zu proklamieren. Für alle Fälle mußte man aber auf einen offenen Kampf gefaßt sein. Versammlung auf Versammlung wurde gehalten, um diesen oder jenen Häuptling noch zu gewinnen, und zwar immer in finsterer Nacht, manchmal um acht, manchmal um vier Uhr, je nachdem der Mond auf- und unterging, und allen präsidierte Bargasch persönlich. Wie sehr haben wir damals das helle Licht des Mondes verwünscht, das so oft unsere Pläne aufhielt, da wir doch alles Aufsehen vermeiden mußten. Fieberhafte Aufregung und tiefstes Mißtrauen gegen jedermann beherrschte uns alle. Immer glaubten wir uns beobachtet und belauscht, oft besorgten wir eigenhändig die Pflichten unserer Dienerschaft, um dieselbe nur von uns möglichst fernzuhalten und sie nicht unser böses Werk erraten zu lassen. Besuche machten wir Frauen gar nicht mehr und sehr selten empfingen wir noch jemanden.

Bargasch wurde immer erregter. Nachdem er wie alle übrigen Prinzen bisher regelmäßig den Audienzen unter Madschids Vorsitz beigewohnt hatte, begann er dieselben zu vernachlässigen, erschien wöchentlich nur noch ein- oder zweimal und blieb schließlich ganz weg. Das gilt bei uns als ein Anzeichen von großem Mißvergnügen, und wenn ein Untertan ostentativ die Audienz meidet, so wird er einfach wegen dieser Renitenz bestraft. Nun konnte kein Mensch mehr an Bargaschs feindlichen Plänen zweifeln, die viele noch nicht hatten glauben wollen. Und Bargasch selbst begann in seiner Hitze sehr unklug zu handeln; er machte die Gegner aufmerksam, und an das Gelingen einer Überrumpelung war seitdem kaum mehr zu denken.

Noch einmal versuchte Madschid, mich in aller Stille von meinem Irrwege zurückzuleiten, ehe es zu spät wurde. Da er selbst unter den obwaltenden Umständen nicht mehr nach Bet il Tani kommen konnte und ich in gleicher Weise sein Haus schon seit langem mied, bat er eine von mir besonders geliebte Stiefmutter, sich zu mir zu begeben und mir in seinem Namen die Bitte zu wiederholen, daß ich doch den Parteiumtrieben seiner Feinde fern bleiben und mich nicht ohne Weiteres von ihnen ins Schlepptau nehmen lassen möge; von dieser Seite hätte ich niemals Dank zu erwarten und die Reue würde mir nicht erspart bleiben, wenn ich dennoch bei der schlechten Sache treu ausharrte. Und dann müsse ich auch die Folgen meines Tuns auf mich nehmen; denn wenn es zu einem Bombardement unseres Nachbarhauses käme, so sei er nicht mehr imstande, meinetwegen eine Ausnahme zu machen.

Die Warnung es edlen Bruders kam zu spät. Ich hatte bereits Chole und Bargasch mein Wort verpfändet und hielt es nun für meine heilige Pflicht, das gegebene Versprechen auch zu halten und zu erfüllen. Tief betrübt und bitterlich weinend schied meine Stiefmutter von mir. Sie hatte es so gut gemeint! Später hatte sie die traurige Genugtuung, mir die so richtig eingetroffene Voraussage Madschids ins Gedächtnis zurückrufen zu können.

Um kein Mißtrauen wachzurufen und um mir nicht etwa durch vermeintes Doppelspiel den häßlichen Namen »Mutter der zwei Gesichter«* zuzuziehen, hielt ich es für geraten, fortan jegliche Verbindung mit Madschid und seinen Anhängern strikt zu vermeiden und widmete mich ausschließlich der Verschwörung.

Madschid wäre es in dieser Zeit noch ein leichtes gewesen, seinen übel beratenen Bruder samt seinen Anhängern, nachdem der Verdacht immer dringender geworden war, festnehmen und auf einige Zeit in eine Festung stecken zu lassen, bis sie sich eines Besseren besonnen hätten. Allein solcher Entschluß war ihm nicht möglich; in seiner Natur lag keine durchgreifende Strenge. Noch immer hoffte er auf freiwillige Umkehr seines Bruders und wollte deshalb nicht voreilig gegen ihn vorgehen; es war ja zwischen ihm und Bargasch so gar nichts vorgefallen, was dessen Feindschaft hätte rechtfertigen können. Vor allem wünschte er uns vier Frauen, die wir so sehr in die Sache verwickelt waren, um jeden Preis zu schonen.

Madschids Nachsicht währte lange. Erst als allmählich ganze Scharen in ihren *Barnus* vollständig eingemummter Gestalten Bargaschs Tür belagerten, hielt es die Regierung für geraten, unsere drei Häuser beobachten zu lassen. Allein damit hatten sie nur geringen Erfolg, da die Wachen Bluschen waren, geworbene Soldaten aus Balutschistan, die von rührender Anhänglichkeit an unsere Dynastie erfüllt, lieber sich selbst in Gefahr begeben, als einen von uns kompromittiert hätten. Das bekamen meine gewandten und klugen Geschwister bald heraus und trafen demgemäß ihre Vorkehrungen. Die gefährlicheren Gänge besorgten wir, unbekümmert um Sitte und Brauch, stets persönlich; uns wagte kein Mensch zu belästigen, während andere auf Schritt und Tritt verfolgt und untersucht wurden. Hin und wieder wurde wohl ein Unvorsichtiger verhaftet, aber das schadete unserer Partei nichts.

Unsere Häuser waren einem Ameisenhaufen vergleichbar. Niemand saß müßig da, alle arbeiteten an dem Gelingen unseres Werkes. Unsere Spione überbrachten die Nachricht,

---

* So bezeichnet man bei uns falsche Frauen.

daß die Regierung entschlossen sei, unserem Gebaren endlich ein Ende zu machen und die Verdächtigen sämtlich einzusperren oder von der Insel zu verweisen. Als diese Meldung einlief, waren unsere Vorbereitungen noch lange nicht beendet, und so mußte jetzt das Doppelte geleistet werden. Eine Art Dauercakes wurde in großen Massen gebacken und in der Nacht nach Marseille gebracht, welches den Hauptstützpunkt für die Erhebung bilden sollte.

Ich, das jüngste weibliche Mitglied der Verschwörung, wurde wegen meiner Kenntnis der Schreibkunst gleichsam der Generalsekretär des Bundes und hatte die ganze Korrespondenz mit den Häuptlingen zu übernehmen. Freilich war ich schon alt genug, um von bitteren Gewissensbissen geplagt zu werden. Daß die Kugeln, das Pulver, die Gewehre, welche ich bestellen mußte, die Bestimmung hatten, ganz unschuldige Menschen zu töten, lastete nicht wenig auf meiner Seele. Allein was tun? Sollte ich mein Wort brechen und meine geliebte Schwester gerade jetzt, wo die Gefahr mit jedem Tage wuchs, im Stiche lassen? Nimmermehr! Ich wäre vielmehr für sie mit Freuden durchs Feuer gegangen. Meine enge Verbindung mit Chole hielt mich in der Verschwörung fest, weit mehr als die Anhänglichkeit an meinen Bruder Bargasch.

Bargasch, der Sohn einer Abessinierin, ist außerordentlich begabt und war uns an Verstand und kluger Berechnung weit überlegen. Stolz und herrisch in seinem Wesen, verstand er es, jedem zu imponieren. Aber wie wenig Liebe er sich erworben hatte, beweist der Umstand, daß in unserer großen Familie außer uns vier Frauen nur ein einziger Bruder noch zu ihm übertrat, der wohl erst zwölfjährige Abd il Aziz, und auch dieser nur, weil er Choles Pflegekind war. Es wollte niemand etwas mit ihm zu tun haben, seitdem er die Leiche des Vaters so heimlich und ohne alle Zeremonien beigesetzt hatte; als er vollends seine Verschwörung zu organisieren begann, da zogen sich alle von ihm zurück. Ich erinnere mich noch eines Abends, als zwei meiner Schwestern, denen ich auf einem meiner seltenen Ausgänge begegnet war, mich bis auf etwa fünfhundert Schritt von meinem Hause begleiteten, dann aber eiligst kehrt machten, bloß um nicht Bargaschs Haus nahe zu kommen.

Trotz der strengsten Überwachung wirkten wir emsig weiter; und auch unter sehr schwierigen Umständen wurden noch Versamlungen abgehalten; schon war der Tag der offenen Empörung festgesetzt: da umstellten plötzlich einige hundert Soldaten Bargaschs Haus. Geschickt hatten die Soldaten einen Moment abgewartet, wo Bargasch sicher sich zu Hause befand, und sie hatten Befehl, alle Bewohner des Hauses gänzlich vom Verkehr mit der Außenwelt abzuschneiden, bis dieselben sich gutwillig ergäben. Unser Schrecken war unbeschreiblich, machte jedoch bald einer erhöhten Anspannung aller Kräfte Platz.

Wir erwarteten natürlich, in unseren Häusern dasselbe Schicksal zu erleiden, und dann war unsere Sache ganz verloren. Die Minister und andere Würdenträger hatten, wie wir später erfuhren, wirklich für gleichzeitige Blockierung aller drei gefährlichen Häuser gesprochen; doch Madschid war nicht dazu zu bewegen, denn er wollte uns Frauen durchaus geschont wissen.

Wenige Minuten nach dem Aufmarsch der Soldaten standen wir sechs Verschwörer, je zwei in jedem Hause, an unseren Fenstern und beratschlagten über die schmale Gasse hinüber, was zu tun sei. Wir befanden uns in sehr gereizter Stimmung und namentlich Bargasch wollte von Unterwerfung und Ergebung durchaus nichts wissen.

Doch die Not war groß. Fast alle Häuser in Sansibar besitzen keine Brunnen, so daß hoch und niedrig ihren Bedarf an Wasser aus öffentlichen Brunnen entnehmen müssen. Nun hatte man allerdings in Bargaschs Haus aus Vorsicht seit einigen Tagen einen Vorrat gesammelt, allein dieses Wasser konnte bei der herrschenden Temperatur nicht mehr als Trinkwasser dienen und ließ sich höchstens zum Waschen und Kochen benutzen. An Proviant mangelte es nicht, die Belagerten hatten reichlich für einige Wochen zu leben; aber gerade das Unentbehrlichste in den Tropenländern, das Wasser, fehlte. Unter solchen Umständen war nicht daran zu denken, sich länger als ein paar Tage zu halten.

Während die Männer ratlos sich in Phrasen ergingen, ersann eine Frau mit erfinderischem Geist einen glücklichen Ausweg und rettete jene vor einer schnellen Niederlage. Sie schlug vor, einen Schlauch aus Segeltuch zu nähen und durch diesen Wasser von unserm Dach auf dasjenige von Bargaschs Haus hinüberzuleiten. Das Segeltuch wurde geholt, ein paar Dutzend Hände stellten in einer halben Stunde den Schlauch fertig, und mit Einbruch der Dunkelheit konnten die Eingeschlossenen sich an einem köstlich labenden Trunke erfrischen. Freilich hatten wir große Vorsicht anzuwenden, um nicht von den Feinden bemerkt zu werden. Glücklicherweise bewachten die Posten meist nur die einzige nach dem Meere zu gelegene Tür von Bargaschs Haus, vielleicht *wollten* sie auch unsere Rettungsarbeit nicht sehen.

Hatten wir Frauen bisher schon viel, recht viel geholfen, so mußten wir jetzt die Sache ganz allein weiterführen. Nur durch unsere Vermittlung war Bargasch imstande, vom Fenster aus die Verbindung mit seiner Partei zu unterhalten. Manche von den Führern waren mit ihm eingeschlossen und befanden sich in sehr übler Lage, da sie wegen der Anwesenheit meiner Schwester Meje in ihrer Freiheit im Hause selbst sehr beschränkt und fast ganz auf den Aufenthalt im Versammlungszimmer des Erdgeschosses angewiesen waren. Doch der einflußreiche, tatkräftige Führer des Stammes *Hurt* befand sich in Freiheit und vermochte das Anwerben von Soldaten fortzusetzen.

Unser ganzer Plan mußte geändert werden; es wurde beschlossen, alle Parteigenossen auf dem herrlichen Gute meiner Nichten, Marseille, zu sammeln und sich dort zu verschanzen. Diese Idee war gar nicht übel. Marseille bot an sich schon den Anschein einer kleinen Festung und vermochte bequem mehrere hundert Menschen zu fassen. Dorthin wurde also der Waffenvorrat und die Munition geschafft und die geworbene Mannschaft in der Umgebung einquartiert, um von diesem Stützpunkt aus die ganze Insel zu beunruhigen. Alles gelang in kurzer Zeit, da wir alle unsere Mittel aufboten. Eine allgemeine Kriegskasse existierte nicht, sondern wir bezahlten abwechselnd, je nachdem uns Geld zur Verfügung stand, aus unserem eigenen Beutel und außerdem stellte jede von uns noch eine Anzahl wohlgerüsteter Sklaven.

Als alles im Stillen nach Marseille geschafft worden war, begannen wir einen Hauptstreich zu erwägen. Es handelte sich um nichts Geringeres, als daß wir Frauen Bargasch aus seinem Hause befreien und damit der Verschwörung ihr Haupt zurückgeben wollten, der dann das Ganze von Marseille aus persönlich leiten sollte. Daß es sich um ein sehr gefährliches Unternehmen handelte, ist einleuchtend, aber uns schreckte keine Gefahr, wir waren entschlossen, das Wagnis zu bestehen.

Wir hatten bis dahin noch keinen Versuch gemacht, unsere eingesperrten Geschwister zu besuchen. Wir wünschten jegliches Aufsehen zu vermeiden, das unserer Sache nur schaden konnte, und andererseits fürchteten wir, die Wachen könnten uns zurückweisen und hiermit unseren Stolz nicht wenig kränken. Doch frisch gewagt ist halb gewonnen! Es gab für uns kein Bedenken mehr, und so bestimmten wir den Abend für die geplante Entführung, dies war ja die einzige Rettung für uns.

Der denkwürdige Abend brach herein. Nach dem Dunkelwerden verließen Chole und ich mit einem großen, ausgesuchten Gefolge unser Haus, vereinigten uns mit dem Zuge unserer Nichten, welche nach Verabredung zugleich aufgebrochen waren, und begaben uns nach Bargaschs Tür. Bei der Wache wurde unser Vortrab zurückgehalten, ohne daß die Soldaten wußten, wer eigentlich folgte. Unerschrokkenes Vorgehen allein konnte unsere Expedition gelingen lassen. »Chole«, sagte ich, als man schon Miene machte, zurückzuweichen, »wir wollen selbst zu dem Obersten gehen und uns zu erkennen geben, man wird uns doch respektieren.«

Diesem Vorschlag widersprach allerdings Sitte und Brauch vollständig, aber in einer so gefährlichen Situation durften wir uns nicht von gewöhnlichen Bedenken aufhalten lassen. Befanden wir uns nicht ohnehin schon auf dem Wege, ganz Ungewöhnliches zu vollbringen? War denn unsere ganze Verschwörung etwas Erlaubtes? Unsere Leidenschaft ließ uns alles vergessen.

Chole und ich traten aus dem Zuge heraus, gingen auf die ahnungslosen Offiziere los und begannen ihnen gründlich den Text zu lesen. Man kann sich deren Verblüffung vorstellen; einen solchen Überfall konnten sie nicht im Traume vermuten. Die armen Menschen fanden lange kein Wort der Entgegnung, und als sie sich einigermaßen gesammelt hatten, ergingen sie sich dermaßen in Entschuldigungen, daß ich mich im Bewußtsein unserer schlimmen Absicht tief beschämt fühlte. Kein einziger von der ganzen Wache durfte uns einen solchen Plan zutrauen, und wir stellten uns so ungehalten, daß uns kein Zagen verraten konnte.

Unser Zweck war erreicht; auch eine gewisse Frist wurde uns gestattet, unsere gefangenen Geschwister zu besuchen, und nachdem wir den Eingang gewonnen, wuchs auch unsere Hoffnung auf ein glückliches Herauskommen, zusammen mit unserem Bruder.

Meje und Bargasch fanden wir in sehr begreiflicher Aufregung. Sie hatten den ganzen Auftritt mit der Wache von oben beobachtet, und es hatte sie die bange Furcht beschlichen, daß wir doch am Ende gezwungen sein würden, umzukehren und sie ihrem Schicksale zu überlassen. Nun machte Bargasch neue Schwierigkeiten; sein männlicher Sinn sträubte sich dagegen, sich in der Umhüllung der Frauentracht zu verbergen. Jedoch wir mußten sehr eilen; wir konnten ja nicht wissen, ob nicht die Wache von unserem Besuche Meldung abgestattet und Verhaltungsmaßnahmen gefordert hatte. Und so wie Bargasch vor uns stand, ließ ihn niemand aus dem Hause; die Wache hatte strengen Befehl, jede verdächtige Person auf der Stelle niederzuschießen, was klar beweist, daß man von unserer Kühnheit sich nichts träumen ließ, weil man ohne Zweifel dann andere Anordnungen getroffen hätte. Wir standen wie auf einem Krater, der jeden Augenblick sich öffnen und uns verschlingen konnte.

Endlich ließ sich Bargasch, nachdem er sich bis an die Zähne bewaffnet hatte, mit einer *Schele* umhüllen, so daß ihm nur die Augen frei blieben, und Abd il Aziz wurde in gleicher Weise verkleidet; nur die beiden Brüder sollten das Palais mit uns verlassen. Aus unserem Gefolge wurden die größten Frauen ausgesucht, um, zum Schutze für Bargasch, neben uns zu gehen. Vor dem Aufbruch dachte wir alle noch des Allmächtigen und verrichteten ein stilles Gebet, das leicht unser letztes überhaupt werden konnte.

Um keinen Verdacht zu erregen, mußten wir noch einmal jede Kunst der Verstellung üben, mußten uns, trotz der Aufregung und des Herzklopfens, langsam und gemessen bewegen und anscheinend harmlos plaudern; ein schnellerer Schritt schon konnte uns verraten. Und siehe da! die Wache gab uns respektvoll den Weg frei und wir durften ganz unbehelligt mit unserer Beute abziehen. Wer nur einmal in ähnlich banger Lage sich befunden, der wird begreifen, daß dieser Abend, so lange ich lebe, mir stets unvergeßlich bleibt bis in die geringste Einzelheit hinein.

Wir hatten vorher schriftlich einige Häuptlinge von unserem Vorhaben unterrichtet und mit denselben die Verabredung getroffen, daß sie sich außerhalb der Stadt zu einer gewissen Stunde mit ihren Getreuen versammeln sollten. Kämen wir nicht binnen einer bestimmten Frist, so wäre das ein Zeichen, daß unsere Unternehmung fehlgeschlagen; dann sollten sie wieder auseinander gehen und weiterer

Nachricht harren. Der Platz der Versammlung lag weit von der Stadt entfernt, ganz im Grünen.

Nachdem wir den bewohnten Stadtteil in gewöhnlichem Schritt hinter uns gelassen, setzten wir uns in Lauf; es galt, die Versammlung noch bei rechter Zeit zu erreichen. Wie eine fliehende Kolonne begannen wir das Feld mit unseren sonst so zarten Füßen zu durchmessen; wir eilten über Stock und Stein, ganz unbekümmert um unsere so schön mit Gold gestickten Pantoffel. Die leise gewisperten Mahnworte unserer Diener, doch vorsichtiger zu laufen, da wir gerade ein Dornenfeld kreuzten, fanden taube Ohren; und dabei war die Nacht dunkel und unsere Laternen hatten wir, sobald wir aus der Stadt waren, auslöschen lassen.

Triefend vor Schweiß und ganz außer Atem erhielten wir endlich von unserem Vorläufer die Nachricht, daß wir uns unmittelbar vor der Versammlung befänden. Jetzt war auch uns Frauen mehr Reserve geboten. Wir bewegten uns langsamer und vernahmen bald leises Husten und Räuspern, Signale der Harrenden, obwohl wir bei der herrschenden Dunkelheit keine einzige Person zu unterscheiden imstande waren. Eine Stimme drang leise und vorsichtig zu uns herüber: »Hoheit bist Du es?« und auf die bejahende Antwort erfolgt ein allgemeines, leises: »Gelobt sei der Herr!« Wir waren am Ziele.

Bargasch, der auf dem ganzen Wege große Erregung gezeigt und kaum ein Wort gesprochen, warf seine Umhüllung eiligst ab, rief uns ein kurzes Lebewohl zu, faßte den zwölfjährigen Abd il Aziz bei der Hand und war sofort unserem Blick entschwunden. Noch in dieser Nacht mußte er zu Fuß Marseille erreichen.

Einige Zeit standen wir erschöpft und sprachlos still, den Dahineilenden vergeblich nachschauend. Die späte Nachtstunde mahnte uns indessen, unser Heim aufzusuchen, und so traten wir lautlos, nicht ohne Besorgnisse, den weiten Rückweg an. Um kein Aufsehen zu erregen, trennten wir uns bei der Annäherung an die bereits still gewordene Stadt und begaben uns in kleinen Gruppen und auf Umwegen in unsere Wohnungen.

Endlich angelangt, fühlten wir uns bis zum Äußersten erschöpft. Uns war ganz kläglich zu Mute; die hochgradige Aufregung des Tages und der für eine Araberin ganz ungewöhnliche, weite und schnelle Marsch konnten nicht ohne Folgen bleiben. An Ruhe oder gar an Schlaf war in dieser

Nacht nicht zu denken. Alle ächzten und stöhnten; einige fielen in Ohnmacht und Weinkrämpfe erschütterten bald diese, bald jene. Es war nicht wunderbar, daß die Ärmsten alle Herrschaft über sich verloren; die Erlebnisse der letzten Stunden waren allzu aufregend, hatten zu viele Kraft gekostet. Zweimal hatten wir unseren Weg durch Reihen von Soldaten mit scharf geladenem Gewehr und aufgepflanztem Bajonnet nehmen müssen, der geringste Mißgriff hätte ausgereicht, um uns den Tod zu bringen. Daß die Entführung uns so gut gelingen würde, konnte kein Mensch vorher wissen, und als wir uns auf unseren Weg machten, mußten wir auf beides gefaßt sein: auf Durchführung unseres Unternehmens oder auf den Tod.

Die ganze Nacht hindurch horchten wir bang auf jedes Geräusch. Unser belastetes Gewissen ließ uns fortwährend Pferdegetrappel und Knallen von Gewehren vernehmen. Jeden Augenblick erwarteten wir das Nahen des Feindes, der nach Entdeckung unserer Tat uns sofort die wohlverdiente Strafe auferlegen würde.

Indes blieb, zu unserem nicht geringen Erstaunen, alles still; wir sahen von oben, daß die Wache ruhig wie vorher an dem Hause auf und ab ging, in welchem Bargasch noch wenige Stunden vorher eingeschlossen gewesen war. Endlich begann es zu dämmern und wir wurden wie gewöhnlich von den Sklaven zum Gebet ermahnt. In der Regel beteten Chole und ich allein; heute, wo wir noch nicht wußten, welche Überraschungen der anbrechende Tag mit sich bringen würde, fanden wir uns in demselben Raume zusammen, um gemeinschaftlich unser Gebet dem Höchsten darzubringen. Und dann gaben wir uns der freudigen Hoffnung hin, daß Bargasch mit seinem Gefolge jetzt – es war etwa um fünf Uhr Morgens – in Marseille angelangt sein würde.

Bald aber kam eine Schreckensbotschaft. Bereits gegen sieben Uhr erfuhren wir, daß unsere Gegner über alle Vorgänge der verflossenen Nacht genau unterrichtet seien. Ein Bluschi, dessen unmittelbare Nähe wir gestern Abend mit Bargasch hatten passieren müssen, hatte denselben trotz seiner Umhüllung erkannt, jedoch aus Pietät für unseren verstorbenen Vater, dem er lange Jahre treu gedient, nicht sofort Alarm schlagen wollen in der Meinung, Bargasch werde seine Freiheit nur benutzen, um ins Ausland zu fliehen. Zugleich widerstrebte ihm der Gedanke, uns Frauen öffentlich kompromittiert zu wissen.

Als nun die früh in die Stadt hereinkommenden Marktleute erzählten, daß sie viele Araber nach der Gegend von Marseille hin hätten eilen sehen, schöpfte man zwar sofort Verdacht, daß das mit der Verschwörung zusammenhänge; aber nur jener Bluschi vermochte die wirkliche Sachlage zu durchschauen. Jetzt hielt er es für seine Pflicht, seine Wahrnehmung nicht länger für sich zu behalten, sondern sie zur Kenntnis der Regierung zu bringen. Beim Verhör brachte er zu seiner Entschuldigung nur vor, er hätte eher sein Leben darum gegeben, als sich entschließen können, uns Frauen in eine schiefe Lage zu bringen. Was aus dem edlen Menschen, der durch unser Unternehmen in einen so harten Gewissenskonflikt geriet, geworden ist, habe ich nicht erfahren.

Der Regierung blieb nunmehr nichts weiter übrig, als der offenen Rebellion mit offener Gewalt ein Ende zu machen. Sie schickte einige tausend Soldaten mit Kanonen nach Marseille. Unsere Parteigänger hatten mehr auf das Gelingen eines Überfalls und des kleinen Krieges gerechnet; einem offenen Kampfe waren sie nicht gewachsen. Die Kanonenkugeln zertrümmerten das einst so entzückende Schloß von Marseille und nach kurzem hartnäckigem Widerstand stoben die Empörer vor der Überzahl auseinander, nicht ohne daß Hunderte von unschuldigen Menschenleben dabei ihr Ende gefunden.

Der Leser wird natürlich fragen, was denn uns Frauen für unsere so tief einschneidende Teilnahme an der Empörung zuteil geworden, welche Strafe uns hierfür zudiktiert wurde. Wir erhielten gar keine Strafe! Freilich, hätte nicht der edle Madschid die Entscheidung in den Händen gehabt, so wären wir sicherlich nicht so billig davon gekommen; unser Treiben hatte doch die strengste Ahndung verdient.

Noch wußten wir nichts von dem Ausgang des Kampfes, als wir eines Morgens zu unserer Überraschung vernahmen, Bargasch, den wir in Marseille wähnten, sei in der Nacht total geschlagen und flüchtig in seinem Hause eingetroffen. Meje teilte uns alles, was sich ereignet hatte, mit, da Bargasch unentdeckt zu bleiben hoffte und deshalb vermied, sich am Fenster zu zeigen. Noch dachte er an nichts weniger als eine Unterwerfung und wollte bis zum Äußersten Widerstand leisten.

Außer ihm und dem kleinen Abd il Aziz, welcher sich trotz seiner Jugend höchst unerschrocken bewiesen und nie eine Spur von Furcht und Zagen hatte merken lassen, waren allmählich noch eine Anzahl Notable und viele Diener angekommen, so daß das ganze Haus, hauptsächlich die unteren Räume, wiederum vollständig überfüllt waren. Mit diesen Kräften hoffte Bargasch immer noch seinen Plan durchführen zu können, was ihm mit weit bedeutenderen doch mißlungen war. Auch wir, die wir so viel von unserem Eigentum verloren, geworbene Soldaten und Sklaven in Menge auf dem Kampfplatz hingeopfert, die Sympathien aller Geschwister und Verwandten eingebüßt hatten, kamen noch nicht zur Einsicht; wir waren viel zu sehr von der Leidenschaft verblendet, als daß wir an den kläglichen Schiffbruch hätten glauben können.

Noch an demselben Tage verbreitete sich die Kunde von Bargaschs Ankunft durch die ganze Stadt. Jedermann meinte, er sei nur gekommen, um sich seinem Bruder freiwillig zu stellen; Madschid selbst wollte ihm die Unterwerfung erleichtern. Anstatt Soldaten, sandte er diesmal seinen Neffen, Sud bin Hilal, mit der Botschaft zu ihm, er sei gern bereit, alles Geschehene zu vergessen, wenn nur Bargasch auf solche Pläne für immer verzichten wollte. Sud, ein außerordentlich milder und wohlwollender Mann, sollte allein den Gang unternehmen, als Zeichen der Friedfertigkeit seiner Mission.

Bargasch wollte anfänglich seinen bedeutend älteren Neffen nicht ins Haus einlassen, sondern verlangte, daß derselbe von der Straße aus sein Anliegen mitteile. Natürlich lehnte Sud dies bestimmt ab. Nach langem Warten endlich wurde ihm die Haustür ein wenig geöffnet, so daß kein anderer mit ihm hineinschlüpfen konnte, und er durfte nun die fest verbarrikadierte Treppe im wahren Sinne des Wortes hinaufklettern. Überall waren Vorkehrungen getroffen, um jeden Eindringling leicht niederschießen zu können. Die Treppe selbst war oben durch eine massive, feste Falltür abgeschlossen, eine Einrichtung, wie sie sich eben nur in diesem Hause seit den Zeiten unserer Stiefmutter Schesade vorfand, und diese Falltür war noch mit schweren Kisten überdeckt. Der Gesandte Madschids fand also einen ziemlich demütigenden Eingang, und nicht minder peinlich war das Ergebnis seiner Mission: er mußte abziehen, ohne das Geringste ausgerichtet zu haben, da Bargasch in der entschiedensten Ablehnung jeglicher Art von Nachgiebigkeit verharrte.

Madschid blieb solcher Hartnäckigkeit gegenüber nichts übrig, als nochmals Gewalt zu brauchen, so sehr es ihm auch widerstrebte. Der englische Konsul, mit welchem er beratschlagte, überzeugte ihn zuletzt von der Notwendigkeit, dem so lange andauernden bösen Treiben ein Ende zu machen und bot seine Hilfe an. Ein englisches Kanonenboot, welches zufällig im Hafen lag und das wegen seines geringeren Tiefganges zu diesem Zwecke besser geeignet war als unsere großen Kriegsschiffe, sollte unmittelbar vor Bargaschs Haus vor Anker gehen und durch ausgeschiffte Marinesoldaten dasselbe blockieren; wenn auch diese Demonstration ohne Erfolg bliebe, wollte man das feindliche Palais samt allen Insassen zusammenschießen.

Eines Morgens verließ ich mein Zimmer, das nach der schmalen Straße zu lag und keinen freien Ausblick auf das Meer gewährte, und begab mich zu Chole, um ihr, der älteren Schwester, wie es die Pietät erfordert, einen guten Morgen zu wünschen. Ich fand sie äußerst aufgeregt und händeringend in ihrem Gemach auf und ab gehend. »Salme, o Geliebte, wo bleibst Du so lange?« rief sie mir klagend zu, zeigte auf das Schiff und die englischen Soldaten und erzählte mir in abgebrochenen Sätzen alles, was vorgefallen.

Auf meinen Vorwurf, daß es zu einem solchen Vorgehen niemals gekommen wäre, wenn sie und Bargasch rechtzeitig nachgegeben hätten, mußte ich wiederum das alte Lied anhören, daß ich so wenig Interesse für die Sache zeigte. Aber mein Gott, was konnte ich mehr tun? Hatte ich mich nicht ebenso kompromittiert wie sie und die anderen? Hatte ich nicht das Meine ohne Berechnung geopfert? Hatte ich meine Person geschont, wenn es galt, hier oder da dem Bunde zu dienen? Das alles schien jetzt vergessen zu sein, bloß weil ich darauf hinwies, wie die Verhältnisse wirklich lagen. Nie trifft uns ein unverdienter Vorwurf so tief und schmerzlich, als wenn er von Leuten ausgeht, welche wir lieben und denen wir mit unserer ganzen Seele ergeben sind!

Bald fingen die Marinesoldaten an, vorerst noch mit Gewehren, Bargaschs Haus zu beschießen. Mehrere Kugeln drangen durch die Fenster und eine sauste dicht an meinem Bruder vorüber, um sich hinter ihm an der massiven Wand platt zu drücken. Jetzt erkannte man den Ernst der Situation, während man bisher immer noch alles für leere Drohung angesehen hatte. Bargasch, Meje und Abd il Aziz flohen wie alle Bewohner nach dem hinteren Teile des Hauses, um nicht sofort von den überall umherpfeifenden Kugeln getroffen zu werden.

Chole brach beim ersten Schuß in krampfhaftes Weinen aus, verwünschte Madschid, die Regierung und die Engländer durcheinander und klagte sie bitter an wegen des Unrechts, das jene uns zufügten! Bei dem Zunehmen des Feuers bemächtigte sich unseres Hauses ein panischer Schrecken; wir wohnten direkt hinter Bargaschs Palais und waren auf diese Weise selbst großer Gefahr ausgesetzt. Alle, hoch und niedrig, jung und alt, liefen planlos durcheinander. Hier nahm man voneinander für immer Abschied, dort bat man sich gegenseitig um Verzeihung für in fröhlicheren Tagen zugefügtes Unrecht; Kaltblütigere rafften ihre Schätze zusammen, um sie bei der Flucht mitzunehmen; andere standen weinend und jammernd beisammen, zu jedem Gedanken und Entschlusse unfähig; viele beteten, wo sie sich eben befanden, auf den Korridoren, auf den Treppen, im Hofe, auf dem mit Palisaden umgebenen Dache. Dem Beispiel dieser folgten andere Hausgenossen, und an Stelle der intensiven Aufgeregtheit stellte sich allmählich das so wunderbar beruhigende Bewußtsein ein, daß nicht der Menschen, sondern des Herrn Wille geschieht, daß unser Schicksal seit Anbeginn der Welt von dem Allgütigen und Allweisen bestimmt sei. Alle waren jetzt in Andacht versunken und neigten, als Zeichen tiefster Demut gegenüber dem Herrn, die Stirn zum Boden. Man mag das im aufgeklärten Europa Fanatismus nennen, oder wie man sonst will, sicher ist ein solcher Glaube für denjenigen, welcher ihm anhängt, unbeschreiblich friedenbringend, errettet ihn von dem Verzagen in der Not und läßt ihm auch die unwegsamsten Pfade unseres Lebens weniger gefahrvoll erscheinen, als sie in Wirklichkeit sind.

Alle die Hunderte, welche nach dem ersten Schrecken so gläubig dem Herrn vertrauten, hätten ja ebenso leicht sich flüchten können. Unsere Haustür stand angelweit offen und jedem war es möglich, sein Leben in Sicherheit zu bringen. Kein Mensch hätte bei einer solchen Veranlassung es uns verübelt, wenn wir am hellen Tage in Bet il Sahel eine Zufluchtsstätte suchten. Doch niemand dachte auch nur daran.

Chole bewog endlich angesichts der drohenden Gefahr den hartnäckigen Bruder, seine Unterwerfung anzubieten. Sie selbst lief gegen alle Etikette nach dem englischen Konsulat, um dies zu melden und um Einstellung der Feindseligkeiten zu bitten. Man wird fragen, warum ging sie nicht zu

Madschid, um mit diesem alles abzuschließen? Und diese Frage stellte sich einst ebenso die große Masse der Bewohner von Sansibar; sie konnten nicht glauben, daß Bargaschs und Choles Haß gegen Madschid so bitter sei, daß sie mit ihm unter keiner Bedingung zusammenkommen wollten. Beide fühlten sich vielleicht auch zu beschämt; lieber nahmen sie die Demütigung auf sich (und es war eine große Demütigung in den Augen aller echten Araber), die Hilfe und Intervention eines Fremden zu erbitten. Die Engländer besaßen damals noch bei weitem nicht die heutige Machtstellung im Osten Afrikas; sie hatten in Sansibar so wenig sich in innere Angelegenheiten zu mischen, wie etwa die Türken in die des deutschen Reiches. Erst seit 1875 haben sich, Dank der englischen Sklavenpolitik, die Verhältnisse bedeutend zu ihren Gunsten – und zum allmählichen Ruin unseres Volkes geändert.

Chole traf den englischen Konsul zwar nicht an; aber da man gleichzeitig aus Bargaschs Hause den Soldaten *Amn! Amn!* (Friede, Friede!) zurief, stellten dieselben sofort das Feuer ein, und so wurde das Verderben noch rechtzeitig abgewendet. Denn hätte das Kanonenboot wirklich sein Bombardement begonnen, dann säße heute sicher ein anderer Herrscher auf dem Throne von Sansibar und ich wäre nie nach Europa gekommen; ebenso sicherlich wären wir alle nicht so gut aus jener Unternehmung herausgekommen, wenn nicht ein edler Mensch wie Madschid die Entscheidung über uns gehabt hätte.

Um die Wiederkehr solcher Empörungen zu verhindern, wurde beschlossen, Bargasch nach Britisch-Ostindien und zwar nach Bombay zu verbannen. Dies geschah auf Anraten des englischen Konsuls. Wahrscheinlich beabsichtigten die Engländer, ihn, den gesetzmäßigen Thronfolger Madschids, in ihrer Gewalt zu haben und ihn in ihrem Interesse für ihre späteren Absichten gehörig zu erziehen. Am Abend versammelten wir uns noch einmal bei Bargasch und Meje, um den scheidenden Brüdern (denn Abd il Aziz entschloß sich freiwillig, Bargaschs Exil zu teilen) glückliche Reise zu wünschen; den nächsten Morgen bereits erhielten sie den Befehl, sich einzuschiffen. Ein englisches Kriegsschiff brachte sie nach Bombay. Etwa zwei Jahre hat Bargasch dort verlebt, ist dann in Frieden nach Sansibar zurückgekehrt und endlich im Jahre 1870, nach Madschids Tode, diesem auf den heiß ersehnten Thron gefolgt.

So endete unser mit so hohen Erwartungen begonnenes Unternehmen. Es war uns teuer zu stehen gekommen, besonders meinen beiden Nichten, die jedoch bei ihrem Reichtum den Verlust leichter zu verschmerzen vermochten; von unseren besten Sklaven waren viele gefallen und andere erinnerten uns als verstümmelte Invaliden fortwährend an das Unheil, welches wir heraufbeschworen hatten. Doch das war das Wenigste, was wir von unserer bösen Saat erwarten mußten. Viel drückender lastete es auf uns, daß wir, Chole, Meje, unsere Nichten und ich, von allen rechtlich denkenden Geschwistern und Verwandten auffällig gemieden und ignoriert wurden, und daß ich ihnen das im innersten Herzen gar nicht zu verübeln vermochte.

Madschid freilich blieb durchweg der großmütigste Bruder. Es wurde ihm vielfach vorgehalten, er dürfe uns nicht so straffrei ausgehen lassen, da es doch notorisch sei, daß ohne unsere Mitwirkung Bargasch längst im Gefängnis säße und manche Weitläufigkeit, ja der offene, blutige Kampf hätte vermieden werden können. Er erwiderte dann immer, das sei alles ganz richtig; indes vermöge er es nicht übers Herz zu bringen, uns Frauen bestraft oder gar erniedrigt zu sehen, eine Nachsicht und Großmut, welche wir in keiner Weise verdient hatten und die ihm von manchen von uns sogar noch als Schwäche ausgelegt wurde. Mir freilich ist es stets unverständlich gewesen, wie man es Schwäche nennen kann, wenn ein Bruder und Oheim seinen Schwestern und Nichten mit beispielloser Milde vergibt, um sie vor weiterer Erniedrigung zu bewahren. Allerdings suchten wir, wohl bekannt mit all den Hetzereien, die unsere Tat noch schwärzer malten, uns den Anschein zu geben, als ob wir alles, was wir getan, auch jetzt noch für recht und billig hielten. Der Stolz ließ uns unser Haupt nicht tiefer tragen; doch das war alles äußerlich, denn im Innern litten wir um so schwerer.

Viele Leute, die uns übel wollten oder durch Angebereien etwas bei der Regierung zu erreichen hofften, gaben sich inzwischen die größte Mühe, uns weiter zu beobachten. Wir selbst hatten davon nichts zu fürchten, unser Unternehmen war so vollständig gescheitert, daß wir es nicht hätten wieder aufnehmen können, selbst wenn wir es gewollt hätten; indessen berührte uns diese Spionage doch insofern unangenehm, als sie auch die bis dahin uns treu gebliebenen Freunde abhielt, öffentlich weiter mit uns zu verkehren. Selbst die habsüchtigen Banjan hielten sich lange von unserer Schwelle gänzlich fern und erst allmählich wagten sie es wieder, in der Dunkelheit sich zu uns zu schleichen und ihre indischen Kostbarkeiten mit gewohnter Dreistigkeit anzupreisen. Unsere Häuser, welche vordem Taubenschlägen glichen und immer voll Gäste waren, standen nunmehr öde und von der Außenwelt verlassen da.

Mir wurden die Verhältnisse zuletzt unerträglich. Wozu in der Stadt bleiben, wo mir nur Haß und Unfriede entgegentrat? Die Klagelieder, die ich alltäglich anhören mußte, konnten die Annehmlichkeiten des Lebens auch nicht erhöhen. So entschloß ich mich endlich, für längere Zeit auf eines meiner Landgüter zu gehen.

Kisimbani und Bububu

Nach wenigen Tagen schon sah mich die aufgehende Sonne auf meinem weißen Eselein meiner Plantage Kisimbani zueilen. Hier wollte ich die nächste Zeit über verweilen und in Ruhe warten, bis sich die noch so hoch gehenden Wogen der Feindschaft und des Hasses gelegt hätten. Chole, Meje und meine beiden Nichten folgten nach kurzer Frist meinem Beispiel, verließen gleichfalls die Stadt und zogen sich auf das Land zurück.

Seit dem Tode meiner Mutter hatte ich nur selten eine meiner drei Plantagen besucht und dann immer höchstens auf einen oder zwei Tage. Um so besser gefiel mir jetzt die Stille des Landlebens nach dem ruhelosen Treiben der Stadt bei meiner inneren Zerrissenheit ob unserer Zwietracht. In Kisimbani gerade konnte ich überall den Spuren meiner teuren Mutter folgen, die sich besonders gern dort aufgehalten hatte. Ich ging mit Vorliebe an alle die Plätze, wo sie einst zu gehen oder zu ruhen pflegte; alles erinnerte mich an die wachsame Fürsorge der mir so früh Entrissenen. Was sie mit geschickter Hand geleitet, oblag mir nun alles, und ich mußte mit den Geschäften auch alle die Unannehmlichkeiten auf mich nehmen, zu welchen alleinstehende Damen im Orient durch die gebotene Abschließung von der Männerwelt verurteilt sind.

Die Tyrannin Etikette verbietet uns, selbst mit unseren gewöhnlichen Beamten, sobald dieselben Freie sind, persönlich zu sprechen. Bestellungen und Abrechnungen mit ihnen können nur durch unsere Sklaven vermittelt werden, des Schreibens sind nur die wenigsten vornehmen Damen kundig; es gibt alleinstehende Damen genug, welche ihr Leben lang nie eine schriftliche Abrechnung von ihren Verwaltern zu sehen bekommen. Wenn dieselben nur für den Bedarf des Haushalts sorgen und nach dem Verkauf der Ernte ihnen so und so viel tausend Mariatheresientaler bar übersenden, sind die Herrinnen vollkommen zufrieden gestellt. Gewürznelken und Kokosnüsse bringen diese Summen; Kartoffeln dagegen, Yamswurzeln und die anderen Eßwaren, welche der Boden hervorbringt, ist man zu stolz zu verkaufen; was davon nicht im Hause verbraucht wird, darf der Verwalter zu seinem eigenen Nutzen verwenden. So erklärt es sich denn, daß solche Leute, die meist ganz arm aus Oman einwandern, bereits nach einigen Jahren mit einem ansehnlichen Vermögen nach Hause zurückkehren können.

So lange ich in der Stadt wohnte, kam mein in Kisimbani wohnender Verwalter Hassun alle acht bis vierzehn Tage in mein Haus, um mir durch meine Sklaven über alle Vorgänge auf dem Lande Bericht zu erstatten und meine etwaigen Befehle einzuholen. Für solche Fälle haben alleinstehende Damen im Erdgeschoß ihres Hauses stets ein eigenes Zimmer eingerichtet, wo die vom Ritt ermüdeten Männer sich etwas ausruhen und essen und trinken, bevor sie auf ihrem Esel wieder heimwärts traben.

Jetzt, wo ich längere Zeit in Kisimbani bleiben wollte, wurde mir aber der brave Hassun sehr unbequem. Der arme Mensch wußte gar nicht mehr, was er anfangen sollte; jeden Augenblick mußte er bald hierhin, bald dorthin entweichen, nur damit er, der freie, uns gleichstehende Mann, uns Frauen nicht absichtlich zu sehen bekäme. Ich zog es deshalb vor, ihn auf eine andere Plantage zu versetzen, welche er bisher mit beaufsichtigt hatte, und übergab seine Stelle einem abessinischen Sklaven, Murdschan (Koralle), der für seine Verhältnisse sehr gebildet zu nennen war, weil er sich auf Lesen und Schreiben verstand. Dabei besaß er eine große Energie, die bei der Überwachung und Leitung von einigen hundert Landsklaven sehr notwendig war. Die Abessinier sind überhaupt geweckte Leute, und wir kauften sie immer besonders gern und bevorzugten sie vor den Negern.

Nun durfte ich nach Herzenslust mich ergehen und umherreiten, ohne auf Schritt und Tritt die Wege des armen Hassun bin Ali zu kreuzen. Meine Haustiere, deren Zahl ich fortwährend vermehrte, gewährten mir vielen Genuß, mehrere Stunden täglich beschäftigte ich mich mit ihnen. Mit großer Freude suchte ich alte und kranke Leute in ihren kleinen, niedrigen Hütten auf und teilte ihnen von dem Überfluß meiner Küche durch meine Diener mit. Die kleinen Kinder der Sklaven, – eine Art »Dividende« der Herrschaften – ließ ich alle Morgen zu mir kommen, wo sie dann regelmäßig am Ziehbrunnen mit *Rassel*, den Blättern eines asiatischen Baumes, welche getrocknet und zerstoßen im Wasser aufschäumen und deshalb die Stelle der Seife vertreten, gewaschen und sodann reichlich gefüttert wurden. Bis ihre Eltern gegen vier Uhr nachmittags vom Felde zurückkamen, blieben sie in einem Teil des Hofes und spielten unter Aufsicht einer gewissenhaften Sklavin. So standen sich die armen Würmchen viel besser, als wenn sie auf dem Rücken der Mutter festgebunden den ganzen Tag in der Sonnenglut hätten schmachten müssen.

Das freie und unbeschränkte Leben auf dem Lande sagte mir außerordentlich zu und ich war von ganzer Seele froh, aus den Wirren der Stadt in diese Behaglichkeit gelangt zu sein. Die Frauen und Töchter unserer Notabeln im Umkreis von etwa zwei Meilen statteten mir sogleich nach meiner Übersiedlung, der Etikette gemäß, ihre Besuche ab und bald hatte ich Wochen, ja Monate lang Gäste im Hause.

Auch wildfremde Menschen kehrten häufig bei mir ein, um sich von einer Wanderung, im Herrenzimmer meines Hauses, zu erholen und auszuruhen. Das ist eine ganz selbstverständliche Sitte. Kisimbani liegt an einem Kreuzungspunkt zweier belebter Hauptstraßen und deshalb war hier die Zahl solcher Besucher eine besonders große.

Zwei Schwestern und ein Neffe waren meine nächsten Gutsnachbarn. Letzterer war der früh verwaiste, gute Fessal, Hilals Sohn, ein wie schon berichtet seelenguter, vielverkannter Mensch. Zum ersten Male fand er in mir jemanden, der ihn verstand; er schloß sich mir mit fast kindlichem Vertrauen an und kam alltäglich zu mir herübergeritten.

Mit der Stadt unterhielt ich gleichfalls regelmäßigen Verkehr. Zwei sich ablösende Boten mußten täglich früh dorthin aufbrechen und abends mir alle Neuigkeiten überbringen. Außerdem sandte ich zwei- bis dreimal in der Woche mein Kammermädchen hinein zu meinen Geschwistern und Freundinnen, um mir von denselben alles Wichtigere zu berichten. Umgekehrt kamen täglich wieder Boten von verschiedenen Herrschaften an, welche sich nach meinem Befinden erkundigen ließen.

So blieb ich in beständiger Verbindung mit der Stadt und es war mir eine große Freude, nur solche unschuldige Besuche zu empfangen und der bösen Spione los und ledig zu sein.

Die hohe Erregung, welche die so kläglich verlaufene Verschwörung verursacht hatte, war allmählich einer ruhigeren Stimmung gewichen; der Haß und die Uneinigkeit unter den Geschwistern bestand immer weiter. Das war für mich ein Grund mehr, vorläufig an keine Rückkehr nach der

Stadt zu denken; sogar zu einem kurzen Besuch mochte ich mich nicht verstehen, obwohl ein Ritt von zwei bis zweieinhalb Stunden mich hingebracht hätte: dagegen sah ich die zu mir haltenden Geschwister öfter bei mir. Solange ich mich in Kisimbani aufhielt, bin ich diesem Entschlusse stets treu geblieben.

Glücklich und zufrieden fühlte ich mich, bis auf eine einzige Entbehrung; ich vermißte das erhabene Meer, das ich bis dahin, solange ich lebte, mit ganz kurzen Unterbrechungen, täglich vor Augen gehabt hatte. Da meine Plantagen alle drei im Innern der Insel lagen, ein unerfüllter Wunsch aber damals etwas ganz Undenkbares für mich war, so nahm ich mir vor, da ich doch einmal auf dem Lande bleiben wollte, womöglich eine dicht am Meer belegene Plantage zu erwerben. Das war indes zu meinem Verdruß gar nicht so leicht, weil alle wünschenswert gelegenen Güter sich im Besitz von Leuten befanden, welche sie aus gleichem Geschmack zum Vergnügen und nicht der Rentabilität halber gekauft hatten. Der *Dellal* (Makler), welchen ich durch meine Sklaven mit den erforderlichen Nachforschungen betraute, schwur hoch und teuer, nicht eher ruhen zu wollen, als bis er eine geeignete Plantage gefunden hätte, mußte mir aber doch endlich melden, daß auch nicht eine verkäuflich sei.

Eben war er mit dieser unangenehmen Nachricht in Kisimbani eingetroffen und hatte mir dieselbe durch einen Diener übermitteln lassen, da kam eine Freundin zu mir zu Besuch und erzählte mir von einem unmittelbar am Meer gelegenen, mit einer hübschen Villa ausgestatteten Landsitz eines ihrer Vettern. Derselbe wohne beständig in der Stadt, benutze das Gut fast gar nicht, und so könne ich es vielleicht kaufen oder mieten.

Manchem wird diese meine Verlegenheit unbegreiflich erscheinen, denn in Deutschland glaubt man zumeist, daß bei uns das ganze Land reines Privateigentum des Sultans und seiner Familie sei und die Untertanen weder Recht noch Eigentum dem Herrscher gegenüber haben; man bildet sich ein, daß, wenn wir was begehren, wir es nur einfach wegzunehmen brauchen, ohne uns um die Einwilligung des betreffenden Eigentümers zu kümmern. So primitiv sind die Zustände unter Arabern nicht; bei uns ist das Privateigentum ebenso unantastbar, wie hier. Das ersieht man am besten daraus, daß es mir schwer wurde, das Gewünschte zu erlangen, obwohl ich es mit gutem Gelde bezahlen wollte. Zu

Mündung des Bububu

meinem Bedauern habe ich jetzt bei meinem Besuche in Sansibar erfahren müssen, daß die Rechtszustände neuerdings viel zu wünschen übrig lassen. Unter anderem wurde mir erzählt, daß die Besitzung des englischen Konsuls ein Geschenk des Sultans sei, welcher dieselbe dem früheren Eigentümer ohne jede Entschädigung weggenommen haben soll.

Am anderen Morgen früh ritten wir nach Bububu, so hieß das Gut, um es zunächst in Augenschein zu nehmen. Wir fanden das Haus verschlossen und es dauerte längere Zeit, ehe wir eingelassen wurden. Das Gut selbst machte den Eindruck, als ob man nicht viel Geld und Mühe darauf verwenden wolle und vielmehr der Fürsorge der Natur allein vertraue. Die Villa war dagegen groß und massiv gebaut. Das Haus lag frei, nur an einer Seite schloß sich ein geräumiger Hofraum an, in dessen einer Ecke die Küchen- und Dienstbotenräume sich befanden. Ein kleines Flüßchen, das mich lebhaft an den geliebten Mtoni erinnerte, ein ganz unschätzbarer Vorteil für unser Klima, durchlief den Hof. Das Entzückendste aber war die liebliche Aussicht vom ersten Stockwerk des Hauses. Unzählige große und kleine Palmen nahmen den Raum zu beiden Seiten ein und unmittelbar vor sich hatte man die weite Fläche der See, deren Wogen häufig die Mauern der Villa bespülten.

Ich war sofort entschlossen, Bububu zu kaufen oder zu mieten; am nächsten Morgen bereits eilte meine Freundin in die Stadt zu ihrem Vetter. Nach einigen Tagen ließ sie mir mitteilen, jener könne sich nicht entschließen, sein Gut zu verkaufen, böte mir aber mit Vergnügen die Villa zum Bewohnen an. Darauf ging ich natürlich nicht ein, nach langen Verhandlungen erreichte ich es endlich, daß er mir dieselbe für eine bestimmte Summe Mariatheresientaler jährlich vermietete.

Etwa eine Woche, nachdem der Kontrakt unterschrieben war – denn auch dergleichen ist in Sansibar nicht unbekannt – siedelte ich nach Bububu über, wo ich das erhabene Meer, für welches ich seit meiner frühesten Jugend bis zum heutigen Tage eine besondere Liebe empfinde, nun wieder so nahe vor Augen haben sollte.

Bloß der Abschied von meinem Neffen Fessal trübte mir anfangs meine Freude; er nahm sich unsere Trennung sehr zu Herzen und klagte, er werde nun außer seiner bejahrten Stiefmutter niemanden mehr haben, mit dem er ungeniert und frei sich aussprechen könne.

Alle meine verwöhnten Haustiere mußten mir folgen; sie waren nicht wenig verwundert, als sie, getrieben oder in Käfigen und Körben verpackt, hier anlangten und sich plötzlich in einem ganz anderen Hofe gegenseitig wieder begrüßten. Augenscheinlich waren sie mit dem Wechsel ebenso zufrieden wie ich. Während sie mit vollem Behagen aus dem Flüßchen tranken, oder, wie die Papageien, Enten und Tauben, lustig in dasselbe hineinliefen, saß ich fröhlich dabei, oder lustwandelte am schönen Strande entlang und beobachtete die mannigfach wechselnden Schiffe, welche, vom Norden kommend und der Stadt zusteuernd, sämtlich hier vorüber passieren mußten, sowie auch die vielen kleinen Fischerboote, die mit ihren singenden Insassen schnell dahinschossen. Oft glich das Meer geradezu einer belebten Straße.

Ich war jetzt auch der Stadt bedeutend näher gerückt und vermochte dieselbe mit Leichtigkeit zu Lande und zu Wasser zu erreichen. Meinen drei Brüdern Abd il Wehab, Hamdan und Dschjemschid bereitete es große Freude, mich auf dem nahen Bububu fast täglich unangemeldet zu überraschen, zu Pferd oder im Boot, wie es gerade bequem war. Sie zählten nur wenige Jahre mehr als ich, und wir waren stets vergnügt und lustig. Am liebsten ließen wir uns am Strande nieder, plauderten, aßen und tranken, spielten auch wohl Karten oder brannten ganze Körbe voll Feuerwerk ab, alles in harmlosester Fröhlichkeit und Ausgelassenheit. Namentlich wenn Djemschid, der »Katzenäugige« abends im Boote allein abfuhr, salutierte er uns lange noch mit einer Menge von *Fetak* (Feuerwerk) und wir erwiderten diese Abschiedsgrüße nicht minder verschwenderisch.

Ich lebte hier viel geselliger als in Kisimbani. Es verging kein Tag, an welchem ich nicht eine oder zwei, oft aber bis zu zehn Damen bei mir empfing, die teils auf einem weiteren Ausfluge begriffen in Bububu für mehrere Stunden rasteten, teils einen oder mehrere Tage bei mir blieben. Es war eine durchaus heitere, sorgenlose Zeit.

Wenn ich an diese schönen Tage meiner Jugend zurückdenke, da ich die Welt nur von ihren guten, herrlichen Seiten her kannte und noch keine Ahnung von den Dornen hatte, die später um so zahlreicher meinen Lebensweg allenthalben zu versperren drohten, wird mir das Herz schwer. In den Stunden der Trübsal aber sind jene heiligen Erinnerungen meiner Jugend, die Erinnerung an Eltern und Geschwister, an meine Heimat, immer wieder eine Erquickung für mich, und fast täglich sonne ich mich in ihnen. Ich erkenne mit Dank, daß überall die gütige Hand des Herrn waltet, der Glück und Unglück in seiner Allweisheit bemißt und dem Unglücklichen stets auch mancherlei Freude zum Troste spendet.

Mein Aufenthalt in Bububu sollte übrigens bald endigen. Eines Mittags musterte ich wieder, wie gewöhnlich, vom ersten Stockwerk meines Hauses aus mit einem großen Fernrohr die See, in der Erwartung, einen meiner Brüder schon von weitem herankommen zu sehen. In der Tat steuerte bald ein einzelnes Boot auf uns zu. Abd il Wehab kam diesmal allein und seine Züge verrieten mir sofort, daß er eine unangenehme Botschaft bringe.

»Abd il Wehab, was gibt es Neues, mein Bruder?« rief ich ihm beim Eintreten entgegen. »O Schwester, o Salme«, erwiderte er, »ich bin heute mit einer Bitte zu dir geschickt, die mir gar nicht gefallen will. Doch rate, von wem!« Und auf mein Drängen begann er endlich: »Du weißt, daß vor kurzem ein anderer englischer Konsul hier angekommen ist.« »Was geht mich der Engländer an? Hat er dich am Ende hierher gesandt?« »Nein!« »Nun, so sprich doch und berichte alles, ohne mich noch lange zu quälen.« »Aber bitte, grolle mir nicht, o Salme!« »Nein! Nein! Aber nun schnell deinen Auftrag!« »Ich komme im Auftrage von – Madschid, der dich inständigst bitten läßt, falls du ihn noch lieb hast, ihm Bububu abzutreten. Der neue englische Konsul ließ gestern bei ihm anfragen, ob er nicht Bububu als Landaufenthalt bekommen könne.«

Diese Bitte Madschids traf mich außerordentlich hart. Jedem anderen würde ich rundweg eine ablehnende Antwort erteilt haben, aber Madschid, gegen dessen Regierung und dessen Leben vielleicht ich mich so frevelhaft verschworen, konnte ich den im Stiche lassen? Ich hatte mich ihm bisher nicht nähern wollen, obgleich ich die feste Überzeugung hegte, daß er das Geschehene in seinem Gedächtnis längst ausgelöscht. Jetzt, da der Beleidigte und Gekränkte mir selbst die Hand entgegenstreckte (denn das war es, sonst hätte er ja den Engländer kurz mit der Erklärung abweisen können, über Bububu stehe ihm keine Verfügung zu), glaubte ich mit Erfüllung dieser Bitte zugleich einen kleinen Teil meiner schweren Schuld abtragen zu können. Ich teilte diesen Entschluß Abd il Wehab mit.

Madschid hatte mir für diesen Fall noch sagen lassen, er wisse, daß ich nicht wieder nach Bet il Mtoni zurückzukehren gesonnen sei, er wolle deshalb für mich durch Abd il Wehab eine passende Wohnung in der Stadt ausfindig machen lassen. Hierüber jedoch war ich nicht imstande, mich so schnell zu entscheiden; ich bat mir Bedenkzeit aus.

Ich war, vielleicht zum ersten Mal in meinem Leben, über eine materielle Angelegenheit von ganzem Herzen betrübt. Ich fühlte mich in Bububu so glücklich, daß ich es mir nie hätte besser wünschen können. Nachdem Abd il Wehab nach der Mahlzeit aufgebrochen und mich beim Abschied nochmals herzlich gebeten, doch ja nicht nach Kisimbani zurückzugehen, nahm ich im Geiste mit Tränen im Auge von allen meinen Lieblingspunkten schon Abschied. Ich schwankte lange, ob ich mich wirklich in das Treiben der Stadt stürzen solle; denn daß da ganz unvermeidlich neue Mißverständnisse entstehen würden, ahnte ich dunkel.

Am nächsten Morgen schrieb ich an Abd il Wehab, daß ich binnen acht Tagen Bububu räumen und es Madschid zur vollen Verfügung stellen würde. Ich traf alle meine Maßregeln, um nach Kisimbani zurück zu gehen, denn hierfür hatte ich mich zuletzt entschieden. Indessen am Nachmittag erschienen die drei lieben Brüder und riefen mir beim Eintreten sofort einstimmig zu: »Salme, aus Kisimbani wird diesmal nichts! wenn du uns lieb hast, so mußt du wieder zu uns nach der Stadt ziehen.« »Oder«, fügte dann der immer lustige Dschemschid hinzu, wenn du doch dich auf deiner Plantage verstecken willst, so überfallen wir dich in der Nacht und stecken dir das Haus in Brand!« Sie übermittelten mir zugleich die freundlichen Bitten ihrer Mütter (alle drei waren Tscherkessinnen), doch ja wieder in der Stadt mein Heim aufzuschlagen. Zum letzten Mal waren wir vier in dem herrlichen Bububu beisammen und als wir uns trennten, gingen meine Brüder im Triumphe fort, ich hatte ihnen versprochen, die Übersiedlung nach Kisimbani aufzugeben.

Mein letzter Aufenthalt in Sansibar

Wenige Tage später befand ich mich an einem mondhellen Abend gegen acht Uhr auf dem Dache meiner neuen Wohnung in der Stadt, welche mir Abd il Wehab besorgt hatte, und plauderte mit einer früheren Bekannten, welche nun meine Nachbarin geworden war, als Selim kam und mir den Besuch Choles anmeldete.

»Ach, Salme, für so schlecht habe ich dich nicht gehalten!« waren ihre Begrüßungsworte. »Guten Abend, Chole, was habe ich dir denn Böses getan?« fragte ich verwundert, während ich sie zur *Tekje*, dem Ehrenplatz führte. »So? Du hast mir also nichts getan? Ist denn das gar nichts, daß du Bububu zugunsten Madschids und des gottlosen *Kafer* (Engländer) abgetreten?« »Aber liebe Schwester«, entgegnete ich, vielleicht etwas beleidigt, »das ist doch schließlich meine eigene Angelegenheit, und überdies habe ich dir doch die Sache schon neulich in meinem Briefe auseinandergesetzt.« »Du hast dich wohl damit bei dem Verfluchten (damit meinte sie Madschid) einschmeicheln wollen, nicht wahr?« »Nein, damit bist du völlig im Irrtum; einzuschmeicheln brauche ich mich bei keinem Menschen, das weißt du ja selber schon längst.« »Ja, weshalb hast du ihm aber den Gefallen getan?« fuhr sie immer heftiger und erregter fort; »wie ich gehört habe, ist er auch daran Schuld, daß du hier in diesem Hause und nicht in Bet il Tani wohnst. Ist dem so?« »Nein, er war nicht die nächste Veranlassung dazu, sondern Abd il Wehab, Hamdan und Dschemschid baten mich so sehr darum.« »Ah, ich sehe jetzt, daß du gegen uns bist; nun gut«, rief sie aufstehend und die vom Diener gereichten Erfrischungen zurückweisend, »von nun an hast du zwischen Bargasch und mir einerseits und dem Knechte des Engländers andererseits zu wählen! Adieu!« Mit diesen Worten verschwand sie.

Seit jenem Tage habe ich Chole niemals wieder gesehen, obschon ich noch einige Jahre nach diesem Auftritt mit ihr in einer und derselben Stadt wohnte, und erst nach meinem Weggang begann sie versöhnlicher zu werden. Immer und immer wieder fragte ich mich, ob ich sie denn wirklich beleidigt haben möchte, und stets konnte ich mir die beruhigende Antwort geben, daß ich an eine wissentliche Beleidigung niemals gedacht, daß ich mit der Abtretung von

Bububu keinen anderen Zweck gehabt, als mein belastetes Gewissen ein wenig zu erleichtern. Und nun sollte ich gar mich haben einschmeicheln wollen, welch ein abgeschmackter Vorwurf! Doch Chole war überhaupt so erregt, als sie an jenem Abend ihrem Grolle Luft machte, daß sie zu jeder ruhigen Überlegung unfähig erschien.

Bisher hatte ich weder Madschid noch Chadudsch wieder gesehen und jetzt nahm ich mir um so fester vor, beide unbedingt zu meiden, damit Choles Verdacht nicht doch noch begründet erscheine. Allein es sollte anders kommen, denn kaum befand ich mich vierzehn Tage in der neuen Wohnung, als – Madschid selbst mit großem Gefolge mich aufsuchte. »Guten Morgen, Salme«, rief er mir entgegen, »du siehst, obwohl ich älter bin als du, komme ich doch zuerst zu dir, um dir meinen Dank dafür auszusprechen, daß du mich nicht vor dem Engländer hast blamieren wollen.« »O Bruder, das war ja gar nichts, ganz und gar nichts«, stammelte ich hervor, denn niemand war über den Besuch mehr überrascht, als ich selbst. Mild und edel, wie Madschid sich überall zeigte, erwähnte er auch bei dieser Gelegenheit mit keiner Silbe des Geschehenen, sondern suchte meine unüberwindliche Verlegenheit durch allerlei Erzählungen zu beseitigen.

»Nicht wahr, du kommst nächstens und besuchst Chadudsch?« »Ja gewiß, ich werde kommen«, war meine ganz natürliche Antwort. »Auch unsere Tante Asche, die dich so herzlich liebt, wohnt seit einiger Zeit bei uns und wird sich freuen, dich wiederzusehen.«

Etwa eine Stunde verweilte Madschid bei mir und wir schieden versöhnt voneinander. Noch an demselben Tage wurde der Besuch allgemein bekannt und auch an Chole berichtet.

Nachdem, was ich früher für unmöglich gehalten, der um so viel ältere Madschid zuerst zu mir gekommen war, blieb mir, selbst wenn ich wirklich ganz unversöhnlich gegen ihn, den Guten, gestimmt gewesen wäre, nichts übrig, als ihm, Chadudsch und unserer Tante Asche meinen Gegenbesuch zu machen. Daß mir dieser einfache Akt der Höflichkeit so teuer zu stehen kommen sollte, konnte ich damals freilich nicht ahnen. Denn heute noch rechnet man mir diesen Schritt als größtes Verbrechen an, wogegen meine Teilnahme an dem verhängnisvollen Bunde und alles, was ich dabei geleistet und gelitten, wie im Handumdrehen vergessen ist.

Solche Eifersucht mag unbegreiflich erscheinen und doch war sie, wie ich selbst zu spät erkannte, in unseren damaligen Familienverhältnissen nur zu wohl begründet. Ich durfte also meinem Bruder keinen Gefallen erweisen, durfte Bruder, Schwester und Tante nicht besuchen, noch vollends näheren Umgang mit ihnen pflegen, ohne sofort bei den anderen Geschwistern für immer in Ungnade zu fallen!

Die beiden Parteien bestanden nach wie vor, und intrigiert wurde ebenso, nur mehr im Stillen und weniger geräuschvoll, als vor der Verschwörung. Es geschah nicht selten, daß bei einer unliebsamen Begegnung am dritten Orte die eben ankommenden Gäste sich sofort wieder entfernten oder die bereits Anwesenden schleunigst aufbrachen, nur um nicht mit der Feindin unter einem Dache bleiben zu müssen. Dabei befand sich immer die Wirtin in der unangenehmsten Lage, da sie gezwungen war, vollständige Neutralität zu bewahren und sich jeglicher Einmischung zu enthalten. Was half es mir, daß ich mir fest und heilig versprach, mich in Zukunft nie wieder in Parteiumtriebe hineinziehen zu lassen? Das Verhängnisvolle war geschehen und durch nichts mehr zu ändern. Besonders schwer zu ertragen wurde die Feindseligkeit der Parteien dadurch, daß man allseitig seiner Gesinnung ganz offen Ausdruck verlieh.

Der Orientale ist von Natur sehr offenherzig und ganz unfähig, sich in gewissen Beziehungen zu verstellen, wie man es hier so meisterhaft versteht. Daß er jemanden für seinen ausgesprochenen Feind und Widersacher ansieht, daraus macht er selten ein Hehl, und es ist ihm vollkommen gleichgültig, ob er demselben durch einen Blick, eine Gebärde oder ein Wort eine bittere Kränkung zufügt. Er versteht es eben nicht, sich anders zu benehmen, als er wirklich fühlt und denkt; die konventionelle Höflichkeit, welche alles nach der Schablone behandelt, ist ihm fast fremd. Ja, schon der Versuch, sich zu verstellen, der bei unserer natürlichen Heißblütigkeit überdies nur selten gelingen möchte, gilt für eine Feigheit. Unzählige Male seit jenem Tage vernahm ich in unserem großen Hause die Worte: »Weshalb soll ich mich anders zeigen, als ich fühle? Liegen nicht alle meine Gedanken und Empfindungen offen und übersichtlich vor dem Herrn, meinem Gotte, da? Weshalb soll ich mich denn vor dem kleinen Menschenkinde verstellen oder gar mich fürchten?«

Die Verlobungen und Hochzeiten zweier meiner Schwestern mit zweien unserer Vettern brachten zur Freude vieler eine fröhliche Abwechslung in unser Leben und der ewige Streit und Hader in unserem Familienkreise schien auf einige Monate verstummen zu wollen. Die beiden Schwestern haben, obwohl sie zwei Brüder heirateten, wie das im Leben so häufig begegnet, ein ganz verschiedenes Los gezogen. Die Unglückliche bekam Kinder und der Glücklichen blieb trotz allem heißen Verlangen dieses Glück versagt. Wer mag nicht dabei an eine Art Kompensation der höheren Macht denken, die so weise und gnädig für jeden einzelnen sorgt?

Eine ganze Anzahl von Verwandten, welche wegen der bedrängten Lage unserer Brüder in Oman von dort zu uns einwanderten, vermehrte unseren Kreis und ich hatte das Glück, noch einmal des vollen Behagens im Familienkreise mich erfreuen zu können.

Eine Freundin namentlich bleibt mir unvergeßlich. Ich kann ihren Namen nicht nennen und darf nichts Ausführlicheres über unser Verhältnis und über unsere Trennung mitteilen. Ich will nur andeuten, daß, als ich im Begriff stand, meine Heimat unter ganz besonderem Wagnis für immer zu verlassen, jene treue Freundin bis zuletzt bei mir blieb. Da sie mein ganzes Hauswesen kannte, so konnte ihr nicht entgehen, was ich vorhatte; aber dennoch harrte sie aus, bis ich sie endlich, ihrer eigenen Sicherheit wegen, eine halbe Stunde vor meinem Aufbruch mit sanfter Gewalt entfernte. »Hoheit«, sprach sie beim Abschied, »der Herr des Weltalls möge dich beschützen. Ich weiß, daß ich binnen zwölf Stunden mein Leben hingeben muß; das ist aber für dich nimmermehr zu viel!« Ihre Worte klingen noch in dieser Stunde in meinen Ohren und ich kann wohl mit voller Überzeugung ausrufen: »Wohl dem, der auf gute und getreue Freunde sich verlassen kann!«

Wenn man je eine aufrichtige und wirklich selbstlose Freundschaft kennenlernen will, so muß man nach dem Orient gehen. Nicht als ob eine solche nur im Orient und bei den Orientalen möglich wäre; aber es ist eine Tatsache, daß der Araber, wenn er einmal liebt, mit solcher Zähigkeit und Aufopferung an dem geliebten Wesen hängt, daß er jede äußere Rücksicht unbedingt außer Augen läßt. Obgleich die Abstufung der Menschheit nirgends so schroff durchgeführt ist, als im Orient, so spielt der Standesunterschied bei einer wirklichen Freundschaft dort gar keine Rolle. Ein Prinz verkehrt so herzlich mit dem ihm lieb gewordenen Sohne eines armen Stallmeisters, wie mit einem anderen Freunde von vornehmer Abstammung, ohne den geringsten Unterschied dabei zu machen. Und eine Prinzessin gibt sich ebenso freundschaftlich den Frauen und Töchtern eines einfachen Plantagenverwalters hin, wie einer vornehmen Araberin. Meine Schwester Meje zum Beispiel, welche sich eng an eine solche Verwalterstochter angeschlossen hatte, lud dieselbe einfach ein, zu ihr in ihren Palast zu ziehen, und es bestand zwischen ihr und dem armen, bescheidenen, aber sehr klugen Wesen ein außerordentlich inniges Verhältnis, welches nur der Tod zu trennen vermochte.

Nicht selten kommt es auch vor, daß eine vornehme Dame mit einer fremden Sklavin, natürlich aber nicht mit einer Negerin, sondern nur mit einer Tscherkessin oder Abessinierin eine enge Freundschaft unterhält. Das pflegt dann für die Sklavin noch ein besonderes Glück zu sein, indem sie von ihrer vornehmen Freundin um den fünf- oder zehnfachen Preis gekauft, oder, wenn die Herrschaft mit derselben verwandt ist, von ihr geschenkt wird, damit sie von ihrer Gönnerin die Freiheit erhalten kann. Diese Freilassung geschieht stets gerichtlich, so daß keine dritte Person der Befreiten je wieder etwas anzuhaben vermag.

Wird jemand ins Gefängnis geworfen, so ist es ganz selbstverständlich, daß sein Freund sich täglich mehrere Stunden mit ihm einsperren läßt. Einen Verbannten begleiten seine Getreuen oft überall, wohin er seine Schritte lenkt. Verunglückt oder verarmt jemand, so stehen ihm seine Freunde mit allem ihrem Vermögen treu zur Seite und man braucht deshalb nie sich an die öffentliche Mildtätigkeit mit Sammellisten zu wenden. Man ist an alles das von Jugend auf gewöhnt und in solchen Anschauungen erzogen, so daß es sich ganz allgemein von selbst versteht.

Große Wandlungen

In dieser trüben Zeit, wo Verstimmung und Uneinigkeit in unserer Familie herrschten, fühlte ich mich durch die Zuneigung eines jungen Deutschen beglückt, welcher als Vertreter eines Hamburger Handelshauses in Sansibar weilte. Von den für mich so bedeutungsvollen Ereignissen, welche sich hieran knüpften, sind schon oft unrichtige Darstellungen in die Öffentlichkeit gelangt, so daß ich das Bedürfnis fühle, den ganzen Zusammenhang in Kürze zu berichten. Unter der Regierung meines Bruders Madschid erfreuten sich bei uns die Europäer einer sehr geachteten Stellung; sie waren in seinem Hause sowie auf seinen Besitzungen gern gesehene Gäste und erfuhren bei allen Gelegenheiten das aufmerksamste Entgegenkommen. Auch meine Stiefschwester Chole und ich standen zu den Europäern Sansibars in freundschaftlichen Beziehungen, welche sich in mancherlei kleinen Aufmerksamkeiten äußerten, wie sie die Sitte des Landes gestattete. Waren europäische Damen in Sansibar anwesend, so besuchten sie meist nur Chole und mich.

Meinen späteren Gatten lernte ich bald nach meiner Übersiedlung von Bububu kennen. Mein Haus lag unmittelbar neben dem seinigen; das flache Dach desselben lag unterhalb des meinen und von einem Fenster des oberen Stockwerks aus war ich oftmals Zeuge von fröhlichen Herrengesellschaften, die er, um mir die Art der europäischen Mahlzeiten zu zeigen, arrangiert hatte. Unsere Freundschaft, aus welcher sich mit der Zeit eine innige Liebe entwickelte, wurde bald in der Stadt bekannt und auch mein Bruder Madschid erfuhr davon; eine Feindseligkeit seinerseits, oder gar eine Einkerkerung, von welcher man gefabelt hat, habe ich dieserhalb nicht zu erfahren gehabt.

Selbstverständlich hegte ich den Wunsch, meine Heimat, in welcher eine Vereinigung mit dem Geliebten ganz unmöglich gewesen wäre im Stillen zu verlassen. Ein erster Versuch in dieser Hinsicht mißglückte; bald aber fand sich eine bessere Gelegenheit. Durch Vermittlung der mir befreundeten Gemahlin des englischen Arztes und damaligen Konsulatsvertreters Mrs. S. wurde ich in einer Nacht von dem Kommandanten des englischen Kriegsschiffes »Highflyer«, Mr. P., in einem Boote abgeholt. Als ich an Bord angekommen, wurde sofort Dampf aufgemacht und nach dem Norden gesteuert. Wir gelangten wohlbehalten nach Aden, dem Ziele unserer Fahrt. Hier fand ich Aufnahme bei einem spanischen Ehepaar, welches mir von Sansibar her bekannt war, und wartete in Geduld, bis mein Verlobter, welcher noch einiger Monate bedurfte, um seine Angelegenheiten in Sansibar zu ordnen, ebenfalls in Aden eintraf.

Inzwischen hatte ich Unterricht in den Lehren der christlichen Religion empfangen. Meine Taufe, bei welcher ich den Namen Emily erhielt, fand in der englischen Kapelle zu Aden statt und unmittelbar danach auch unsere Trauung nach englischem Ritus. Als die Feierlichkeit beendigt war, schifften wir uns über Marseille nach Hamburg ein, der Vaterstadt meines Mannes, woselbst uns von dessen Eltern und Angehörigen die liebevollste Aufnahme zuteil wurde.

Ich gewöhnte mich bald in die fremdartigen Verhältnisse ein und lernte mit Eifer alles, was für mein neues Leben nötig war. Mein unvergeßlicher Gatte verfolgte mit lebhaftem Interesse die verschiedenen Stufen meiner Entwicklung, und ganz besondere Freude bereitete es ihm stets, die ersten Eindrücke zu beobachten, welche das europäische Leben und die Gebräuche der zivilisierten Welt auf mich machten; ich habe dieselben in pietätvoller Erinnerung aufgezeichnet und nehme vielleicht später Gelegenheit, auch hiervon zu berichten.

Unser sorgloses, glückliches und zufriedenes Zusammenleben sollte nur von kurzer Dauer sein. Wenig über drei Jahre waren seit unserer Übersiedlung nach Hamburg verflossen, als mein geliebter Mann das Unglück hatte, beim Abspringen von der Pferdebahn zu fallen und überfahren zu werden. Nach dreitägigen, schweren Leiden hauchte er sein teures Leben aus. Ich stand nun einsam in der großen, fremden Welt, mit drei kleinen Kindern, von denen das jüngste nur drei Monate zählte. Eine Zeitlang dachte ich daran, nach meinem Heimatlande zurückzukehren; doch das Schicksal wollte, daß zwei Monate nach jenem schweren Schlage auch mein unvergeßlicher Bruder Madschid starb, welcher immer so gut gegen mich gewesen war. Er hatte nach meiner Abreise meinem Verlobten kein Haar gekrümmt und ihn ganz ungehindert seine Geschäfte in Sansibar abwickeln lassen.

Auch mir hat er später mein heimliches Entweichen in keiner Weise nachgetragen; als frommer Muslim glaubte er an göttliche Vorausbestimmung und war überzeugt, daß nur eine solche mich nach Deutschland geführt habe. Einen rührenden Beweis seiner fortdauernden brüderlichen Gesinnung gab er mir noch kurz vor seinem Tode, indem er einen Dampfer mit Sachen aller Art befrachten ließ, welche mir in Hamburg zum Geschenk übergeben werden sollten. Das Schiff befand sich noch auf der Reise, als der großmütige Geber plötzlich aus diesem Leben schied. Von den mir zugedachten Gegenständen habe ich nie etwas zu sehen bekommen; ich hatte überhaupt zu jener Zeit gar nichts von Madschids edelmütiger Absicht erfahren und hörte erst später, daß seine gütige Absicht durchkreuzt, und ich hintergangen worden war. Man hatte in Hamburg das Gerücht verbreitet, das Schiff sei nur zur Reparatur im Hafen eingetroffen. Erst neun Jahre später erzählte mir ein Freund, welcher Madschids Schiff in Gibraltar besichtigt und den Kapitän gesprochen hatte, daß die Ladung desselben für mich bestimmt gewesen! Die dunkelfarbige Bemannung jenes Fahrzeuges wußte mich, trotz aller Verheimlichung, in meinem Hause in Hamburg aufzufinden. Die armen Burschen waren überglücklich, als ihnen dies gelungen und bezeigten mir in rührender Weise ihre Anhänglichkeit.

Noch zwei Jahre verlebte ich in Hamburg; ich wurde hier fortdauernd vom Unglück verfolgt. Durch fremde Schuld verlor ich einen beträchtlichen Teil meines Vermögens und mußte nun daran denken, die Führung meiner Angelegenheiten in eigene Hand zu nehmen. Der Aufenthalt an der Stätte meines vormaligen Familienglückes war mir nun gründlich verleidet, zumal ich in manchen Kreisen jener Seestadt nicht so viel Rücksichtnahme fand, wie ich erwarten zu dürfen glaubte.

Ich siedelte nach Dresden über und erfuhr hier in allen Kreisen das freundlichste Entgegenkommen. Von hier aus unternahm ich eine Reise nach London, über welche das nächste Kapitel ausführlich berichten soll. Als später in mir der Wunsch entstand, an einem ruhigen Orte zu leben, zog ich mich für einige Jahre nach dem idyllischen Rudolfstadt zurück. Auch in der dortigen Gesellschaft wurde mir sehr viel Liebe und Freundschaft, namentlich auch von den fürstlichen Herrschaften, entgegengebracht. Ich erholte mich hier bald wieder, so daß ich daran denken konnte, nach

Berlin überzusiedeln, um hier meinen Kindern eine gute Erziehung angedeihen zu lassen. Auch hier lernte ich manche lieben Freunde kennen, die mir den Berliner Aufenthalt angenehm zu gestalten suchten; selbst bei den allerhöchsten Herrschaften fand ich die huldvollste Anteilnahme, an welche ich mich stets mit Liebe erinnern werde.

Sejjd Bargasch in London

Mit meiner Heimat stand ich stets in brieflichem Verkehr und die Hoffnung, dieselbe einst wiederzusehen, hatte ich nie aufgegeben. Der starre Sinn meines Bruders Bargasch jedoch hatte jede Annäherung bisher unmöglich gemacht. Als Grund seiner Unversöhnlichkeit ist indessen keineswegs Fanatismus, sondern Eigensinn und gehässige Nachträglichkeit anzusehen; er konnte es mir eben nie verzeihen, daß ich wieder in freundliche Beziehungen zu seinem vormaligen Gegner Madschid getreten war! Die Sehnsucht nach meinen Lieben in der fernen Heimat wurde jedoch hierdurch nicht vermindert und ich hoffte immer noch im Stillen auf eine Aussöhnung mit ihnen.

Da verbreitete sich durch alle Zeitungen – es war im Frühling des Jahres 1875 eine Nachricht, welche mein ganzes Denken und Fühlen aufs Tiefste erregte: mein Bruder Bargasch, nach Madschids Tod der Herrscher von Sansibar, sollte im Begriff stehen, London zu besuchen!

Anfänglich verhielt ich mich diesen Gerüchten gegenüber ganz untätig und ließ noch nichts von meiner Unruhe merken; ich hatte bereits allzu viele Enttäuschungen erfahren, um sofort wieder Mut fassen zu können. Es bedurfte der eindringlichsten Beredsamkeit meiner treuen Freunde, mich zu tätigem Vorgehen zu bewegen. Ich entschloß mich endlich, nach London zu reisen, und der damalige Minister von Bülow stellte mir die diplomatische Unterstützung des Botschafters Grafen Münster in Aussicht, welche mir leider nur wenig helfen sollte.

Die knappe Zeit, die mir bis zu meiner Abreise verblieb, verwandte ich zum Erlernen der englischen Sprache, um meine ohnehin schon große Hilflosigkeit wenigstens etwas zu mindern. Oft saß ich in diesen sechs bis acht Wochen bis in den frühen Morgen hinein über den Büchern, einen englischen Dialog nach dem andern hersagend, oder Vokabeln lernend. Dazu kam die immer mehr wachsende Sorge um meine drei kleinen Kinder, von denen ich auf unberechenbare Zeit mich zum ersten Male trennen sollte.

Diese und ähnliche Gedanken durchschwirrten mein ohnehin schon ermüdetes Hirn, als ich über Ostende meine Fahrt nach der Riesenstadt antrat. Hinfällig und fieberhaft aufgeregt erreichte ich glücklich mein Ziel, wo mich ein durch meine Freunde bestelltes Zimmer im Hotel aufnahm. Keine sterbliche Seele kannte ich in ganz London, außer diesen Eheleuten, und auch sie hatte ich nur ein einziges Mal kaum eine Stunde gesehen, als sie auf ihrer Hochzeitsreise uns, oder vielmehr meinen seligen Mann besuchten. An sie hatte ich mich in meiner Not gewandt, ich habe diesen Schritt nie zu bereuen gehabt, sie haben beide aufopfernd für mich gesorgt.

Etwa acht Tage vor meinem Bruder traf ich in London ein und benutzte diese Frist, um mich in die neuen und zugleich komplizierten Verhältnisse hineinzufinden. Vor allem besuchte ich Graf Münster, der mich nochmals seiner Hilfe versicherte.

Als ich am fünften Tage nach meiner Ankunft, von trüben Gedanken erfüllt, im Salon des Hotels saß, wurde plötzlich meine Zimmernummer ausgerufen, ein Zeichen, daß man mich suchte. Man präsentierte mir die Visitenkarte von Dr. P., M. P., dem Bruder eines lieben Freundes von mir.

Ganz fremd stand ich ihm und seiner nunmehr auch verstorbenen Gemahlin gegenüber, um in ihnen die edelsten Wesen kennenzulernen, die alles taten, um mir das Leben dort zu erleichtern. Sie kamen, mir ihre Dienste anzubieten und mir den sehr willkommenen Vorschlag zu machen, mein Quartier fortan in ihrem Hause aufzuschlagen. Ich mußte sofort mit ihnen spazierenfahren, mit ihnen das Diner einnehmen und am andern Tage ganz zu ihnen übersiedeln. So begann denn doch das Leben in London sich für mich erfreulicher zu gestalten, und ich schöpfte frischere Hoffnung.

Meine Freunde in Deutschland hatten mir keine Ruhe gelassen, bis ich ihnen fest versprochen, so vorsichtig wie nur möglich zu handeln und vor allem mir für meine Angelegenheiten die Unterstützung der englischen Regierung zu verschaffen. Nachdem mir im Laufe der Zeit viel Herzeleid zugefügt und nachdem mein Dasein durch meine Unkenntnis der europäischen Sprachen, Sitten und Gebräuche namenlos erschwert worden, war ich glücklich zu der Einsicht gelangt, daß man in allen schwierigen Verhältnissen sich nur auf Gott und auf sich selbst verlassen soll. Ich hatte darum anfänglich auch jetzt ganz auf eigene Hand handeln wollen, indessen schließlich doch den Bitten meiner Freunde nachgegeben. Meine Befürchtung, man könnte mich mit diplomatischen Höflichkeiten und Redensarten hinhalten und mein Anliegen dann einfach zu den Akten legen, wurde bei Weitem übertroffen. Ich sollte bald genug erfahren, daß ich mich in einer Welt befand, wo Lug und Trug fast zur Tugend gehörten.

Bald nachdem ich in dem liebenswürdigen P.-schen Hause so freundlich Aufnahme gefunden, wurde mir der Besuch von Sir Bartle Frere, dem späteren Generalgouverneur von Südafrika, gemeldet, einer Persönlichkeit, die mir bis dahin nur dem Namen nach bekannt war. Wenn je eine Ahnung mich nicht getäuscht hat, so war es an diesem Tage, an welchem meine sehnlichste Hoffnung und die Zukunft meiner Kinder zu Grabe getragen ward. Ein unbeschreibliches Mißbehagen befiel mich, als ich des großen Diplomaten ansichtig wurde, der meine Heimat nach Belieben tyrannisierte und Sansibar und meinen Bruder sozusagen in seiner Tasche hatte.

Nach den üblichen Begrüßungsformeln begann Sir Bartle sich nach meinen Angelegenheiten und speziell nach der Ursache meines Aufenthalts in London zu erkundigen. Obwohl er bereits in dieser Hinsicht vollkommen genau unterrichtet zu sein schien, teilte ich ihm alles mit, was ich bezweckte; viel war ja nicht zu erzählen, da ich nur einen einzigen Gedanken: die Versöhnung mit den Meinen hatte.

Wer beschreibt mein Erstaunen, als darauf Sir Bartle einfach die kühle Frage hinwarf, was mir vor allem am nächsten liege, die Versöhnung mit den Meinen, oder – die Sicherstellung der Zukunft meiner Kinder! Ich fühle mich heute noch viel zu schwach dazu, meine damaligen Gefühle wiedergeben zu können. Auf alles andere war ich eher gefaßt, als auf eine solche Frage. Man werfe mir keine Mutlosigkeit und Inkonsequenz vor, wenn ich im entscheidenden Augenblick ins Schwanken geriet; das Wohl meiner Kinder mußte mir höher stehen als meine persönlichen Wünsche.

Nachdem die erste Verwirrung ob dieses ganz unerwarteten diplomatischen Schachzuges überwunden war, bat ich mein Gegenüber um Motivierung und Erläuterung seiner Frage. Vor allem erklärte mir nun Sir Bartle entschieden, daß die englische Regierung in keiner Weise gesonnen sei, als Vermittler zwischen mir und meinem Bruder aufzutreten;

sie betrachte denselben vielmehr ganz als Gast und wolle ihn mit keiner Unbequemlichkeit belästigen lassen. (Es ist nun allerdings zu bezweifeln, was dem Sultan unbequemer gewesen wäre: die Sklaventraktate zu unterzeichnen, wozu man ihn fast mit dem Revolver in der Hand nötigte, und somit indirekt das englische Protektorat anzuerkennen oder einer reumütigen Schwester die Hand zur Versöhnung zu reichen.)

Wollte ich dagegen, so lautete sein positiver Vorschlag, versprechen, so lange mein Bruder in London sich aufhalte, in keiner Weise, weder schriftlich noch mündlich mich ihm zu nähern, dann werde die englische Regierung materiell für die Zukunft meiner Kinder sorgen.

Tief betrübt und enttäuscht fühlte ich mich wie ein Schmachtender, welcher nach meilenlangem Marsch einen Labetrunk von der kühlen Quelle erhofft, der ihn für alle Mühseligkeiten und Qualen des Weges entschädigen soll und der den ersehnten Brunnen zwar noch vorfindet, aber verschlossen von einer mächtigen Hand. Mir war die Wahl gestellt, entweder selbständig und ohne jede Hilfe der englischen Regierung zu handeln, und dies noch dazu mit der festen Überzeugung zu versuchen, daß man mir allenthalben unüberwindliche Hindernisse in den Weg legen würde, denen meine schwachen Kräfte bei weitem nicht gewachsen waren, oder die gebotene Hand der englischen Regierung im Interesse meiner Kinder anzunehmen. Eingedenk des Versprechens, welches ich meiner mütterlichen Freundin, der mir unvergeßlichen Baronin von T. in Dresden gegeben, nicht allein und unvorbereitet zu meinem Bruder zu gehen, obwohl ich persönlich niemals daran zweifelte, daß derselbe die englischen Gesetze überall, und vor allem in England, streng respektieren würde, und obwohl ich kein Bedenken gehabt haben würde, ihm plötzlich gegenüberzutreten, nahm ich das Anerbieten der englischen Regierung an.

Bereits damals erregte das Vorgehen Englands mancherlei Mißtrauen. Als ein Freund von mir Sir Bartle Frere offen befragte, wie denn eigentlich die englische Regierung dazu komme, so plötzlich für mich sorgen zu wollen, gab der gewandte Diplomat nicht weniger als drei Gründe an, und zwar folgende: 1. wir erzeigen hierdurch dem Sultan eine Gefälligkeit, 2. wir behalten die Prinzessin eine Zeitlang ruhig und 3. nehmen wir dem Reichskanzler Fürsten Bismarck jede Gelegenheit vorweg, sich etwa später in diese

Dinge einzumischen. Das klang alles sehr einleuchtend und beruhigend.

Um nun jede wissentliche Begegnung mit meinem Bruder zu vermeiden, sei es in öffentlichen Instituten, wo jeder für sein Geld Zutritt findet, oder im Hyde Park und auf den Straßen, studierte ich alltäglich genau die Zeitungen, in denen seine beabsichtigten Ausflüge stets genau verzeichnet waren, um mich darnach zu richten. Ich bat meine liebenswürdige Wirtin, mich auf ihren Spazierfahrten nicht mehr mitzunehmen, denn ich wollte lieber zu Hause bleiben, nur damit ich meinem Versprechen in keiner Weise untreu würde; dieselbe erklärte mir indessen sehr bestimmt, meiner Gesundheit wegen müsse ich wie bisher mit ihr ausfahren, sie wolle schon die geeigneten Wege einschlagen. Und so fuhren wir denn, wenn der Sultan im Westen war, nach Osten und umgekehrt. Eine solche Vorsicht war leider für mich ganz unumgänglich notwendig; ich zweifelte, ob ich bei einer plötzlichen Begegnung auch Herrin meiner Gefühle geblieben wäre und im kritischen Augenblick nicht mein gegebenes Wort vergessen hätte. Die Gefahr, von ihm erkannt zu werden, war hingegen fast völlig ausgeschlossen; in meiner jetzigen Tracht würde mich meine eigene teure Mutter, wenn sie noch lebte, kaum wiedererkennen, geschweige denn einer meiner Brüder, die uns nur selten ohne Maske zu sehen Gelegenheit hatten.

Am liebsten hätte ich die Stadt schleunigst verlassen, wo ich meine Sehnsucht und Hoffnung vernichtet sah und wäre sobald als möglich nach Deutschland zurückgekehrt. Doch auch dieser Wohltat sollte ich nicht teilhaftig werden. Fern von meinen Kindern und immer in Angst und Sorge um sie, mußte ich nach Wochen voll namenloser Qual in dem Orte verbringen, welcher mir nur Kummer und Enttäuschung brachte; so wollte es Sir Bartle Frere haben, da noch ein ausführliches Promemoria ausgesetzt und eingereicht werden sollte.

Ganz unvertraut mit solchen geschäftlichen Angelegenheiten und geistig so herabgestimmt, daß ich fast mehr einem Automaten als einem denkenden Menschen glich, nahm ich gern das Anerbieten meiner aufopferungsvollen Freunde an, die Denkschrift für mich abfassen zu wollen, und lebte der festen Zuversicht, daß dieselbe nur gute Früchte für mich zeitigen könne. Erst nach fast siebenwöchigem qualvollen Aufenthalt konnte ich endlich England verlassen und zu meinen Kindern nach Deutschland zurückkehren. Mit welchen Gefühlen und in welcher Stimmung dies geschah, ist wohl unschwer zu erraten.

Da Sansibar damals schon sicher als eine zukünftige englische Kolonie angesehen wurde, sollte meine Eingabe erst noch an das indische Gouvernement, also nach Ostindien, gesandt werden. Einige Monate gingen darüber hin, bis ich eines Tages durch die Ankunft eines Briefes aus London schmerzlich überrascht wurde; er enthielt die Abschrift eines Dokumentes, welches die englische Regierung dem Grafen Münster zur Übermittlung an mich übersandt hatte und das nichts weiter enthielt, als eine kurze Ablehnung auf jenes mir von Sir Bartle Frere so dringend anempfohlene Promemoria. Als Grund der Ablehnung gab das Schriftstück an: ich hätte einen Deutschen geheiratet, wohne in Deutschland, und so hätte die deutsche Regierung viel eher ein Interesse daran, für mich einzutreten.

Diese abgeschmackte Wendung war um so lächerlicher, als ich weder die eine noch die andere Regierung jemals um ein Almosen angegangen, vielmehr hier wie dort lediglich um moralischen Beistand gebeten hatte. Sir Bartle Frere selbst war ja der Vater des Promemorias gewesen, derselbe Diplomat, der kurz zuvor mir durch die Zusicherung der Sicherstellung meiner Kinder jenes Versprechen entlockt hatte, mich meinem Bruder nicht zu nähern! Damals konnte ich nicht anders glauben, als daß die Abfassung dieses Schriftstückes nur noch eine bloße Form wäre und daß, wenn ich mein Versprechen hielte, die andere Partei sich auch an das ihrige gebunden halten würde. Unerfahren wie ich war, konnte es mir doch nie in den Sinn kommen, daß man selbst hilflose Witwen so schmählich und hinterlistig um ihre ganze Hoffnung zu bringen imstande wäre.

Ob ein solches Verhalten einer unglücklichen Frau gegenüber einer Macht wie England würdig ist, überlasse ich jedem, der billig denkt, zu beurteilen; nur eine Frage möchte ich noch aufwerfen. Hat die englische Regierung, hat Sir Bartle Frere, als sie sich mir mit ihren Anerbietungen näherten, etwa nicht gewußt, daß mein Mann ein Deutscher gewesen, daß also auch ich die deutsche Staatsangehörigkeit besitze? Hat man diesen Punkt überhaupt erwähnt, als man mir jenes Versprechen entlockte? Und habe ich an dem Übereinkommen nicht ebenso fest gehalten und mein Versprechen nicht ebenso peinlich erfüllt, als wenn ich in

London wohnte und Mrs. Brown hieße? Ja freilich, als ich in der Lage war, mich meinem Bruder, sei es auf diesem oder jenem Wege, zu nahen, da war ich nicht die Deutsche, für welche der Engländer keine Spur von Interesse zu haben brauchte, sondern die Schwester des Sultans, die englischem Interesse hätte schaden können, und nun, nachdem mein Bruder längst in unsere Heimat zurückgekehrt, als man mich nicht zu fürchten hatte, da spielte man jene wahrscheinlich absichtlich zurückgehaltene Karte aus, um sich meiner für immer zu entledigen. Es war ein allzu schnöder Vorwand, um sich von einem Abkommen loszumachen, das man selbst von Anfang an nur widerwillig eingegangen war!

Nachträglich ist es mir genauer bekannt geworden, warum man in London gerade damals es sehr ungern gesehen hätte, wenn die von mir so heiß ersehnte Versöhnung mit meinem Bruder zustande gekommen wäre. Da der Sultan weder einer europäischen Sprache mächtig ist, noch sich auf die Raffiniertheiten der europäischen Diplomatie versteht, so wünschten die Engländer nur zu gern, ihn in dieser vollständigen Unkenntnis zu belassen, damit er nicht noch zuguterletzt bei der Unterzeichnung gewisser Traktate Schwierigkeiten mache. Und falls ich mich mit ihm wirklich versöhnte, nahmen sie an, daß ich ihm mit meiner immerhin etwas größeren Kenntnis europäischer Dinge vielleicht über dies und jenes eine Auskunft würde erteilen können, welche für ihn und Sansibar allerdings vorteilhaft, desto mehr aber den Wünschen der englischen Regierung zuwider sein würde. Ich war also, ohne es zu ahnen, einfach das Opfer dieser »humanen« Politik geworden.

Es würde jedoch eine große Undankbarkeit von mir sein, wollte ich nicht hierbei die englische Regierung und die englische Gesellschaft scharf auseinander halten. Denn während ich der ersteren mein Elend verdanke, ja durch ihre Hinterlist den wahren Glauben und das Vertrauen an die Menschen verloren, habe ich von der letzteren nur Liebes und Gutes zu erfahren gehabt. Bis in die höchsten Kreise hinauf bekundete man in England eine warme Teilnahme für mein Geschick, und ich fühle mich sehr vielen für ihre Güte mein ganzes Leben hindurch außerordentlich verpflichtet.

Das Wiedersehen der Heimat nach neunzehn Jahren

Als ich vor einigen Jahren das vorstehende Kapitel geschrieben, konnte ich noch kaum an die Möglichkeit der Erfüllung eines Wunsches glauben, in welchem doch mein ganzes Denken und Fühlen, mein ganzes Dasein aufging. Die für mich so ereignisvolle Zeit, welche verstrichen war, seit ich meine geliebte Heimat zum letzten Male sah, war für mich eine Zeit, wie sie stürmischer und drangvoller kaum gedacht werden kann. Die wunderbarsten Wandlungen hatte mein Leben inzwischen durchgemacht; ich hatte Situationen durchlebt, die selbst der Grausamste seinem Feinde nicht wünschen würde. Eine Reihe von Jahren hindurch konnte ich vermöge meiner ziemlich festen Konstitution dem keineswegs leichten Leben und dem rauhen Klima des Nordens Trotz bieten; doch auch das wurde mir jetzt immer schwerer.

Es ist gerade zwei Jahre her, als ich eines Abends zu meinen beiden Töchtern sagte: »Kinder, es geht mir schon lange der Gedanke durch den Kopf, ob es nicht gerade jetzt an der Zeit wäre, an eine Rückkehr nach Sansibar zu denken.« Ich setze ihnen meine Ansichten hierauf ausführlicher auseinander. Die eine erinnerte mich an den über uns schwebenden Unstern und an die früheren Mißerfolge und meinte, auch diesmal würden wir nur unnütze Aufregung und Enttäuschung davon haben, während die andere eifrig einfiel: »Nein, Mama, du darfst in dieser Hinsicht nichts unversucht lassen; du könntest dir sonst später Vorwürfe machen, daß du gerade den rechten Augenblick versäumt hast.« Sie sprach nur aus, was ich dachte.

Ich tat vertrauensvoll die nötigsten Schritte und fand auch freundliches Entgegenkommen bei den maßgebenden Personen; doch wollte lange Zeit hindurch die Angelegenheit nicht recht vorwärts gehen. Nach mehrfachen Enttäuschungen und nachdem es bisweilen geschienen, als ob die Sehnsucht nach meiner Heimat keine Befriedigung finden würde, erhielt ich eines Tages vom Auswärtigen Amt die Aufforderung, mich binnen kurzem zur Abreise nach Sansibar fertig zu halten. Von dieser Nachricht war ich so mächtig erregt, daß ich nicht sogleich zur rechten Freude über das langersehnte Glück gelangte. Nächst Lob und Preis für Gottes wunderbare Führung empfand ich zuvörderst eine tiefe Erkenntlichkeit gegen unseren geliebten, allverehrten Kaiser und seine hohen Regierungsorgane, denen ich mit meinen Kindern stets eine unauslöschliche Dankbarkeit bewahren werde.

Es ist hier nicht der Platz, zu erzählen, wie diese Angelegenheit im einzelnen sich entwickelt hat, und ich kann um so eher hierüber hinwegsehen, da in den Tagesblättern zur Genüge über die gleichlaufenden politischen Vorgänge berichtet worden ist.

Am zwölften Juli 1885 sollte ich in Port Said eintreffen; am ersten Juli verließ ich in Begleitung meiner Kinder Berlin und fuhr über Breslau und Wien nach Triest, wo wir am dritten wohlbehalten eintrafen. Meine Kinder waren entzückt von dem Neuen und Schönen, das sie sahen; ich fühlte mich noch allzu abgespannt, um lebhaften Anteil nehmen zu können.

Am fünften Juli morgens liefen wir in Korfu ein. Eine mehrstündige Spazierfahrt machte uns mit den hauptsächlichen Schönheiten des lieblichen Eilandes bekannt; höchst befriedigt bestiegen wir am Nachmittage unseren Dampfer wieder, der uns an dem kahlen Ithaka an der Südspitze Griechenlands und an der hochragenden Insel Kandia vorüber bis Mittwoch den Achten nach Alexandrien führte.

Beim Betreten dieser Stadt mit ihren Palmen und Minarets überkam mich ein wonniges Heimatgefühl, ein Gefühl, welches nur empfunden und nicht beschrieben werden kann, das nur der zu verstehen und zu würdigen imstande ist, welcher unter ähnlichen Verhältnissen lange seiner Heimat entfremdet gewesen. Seit neunzehn Jahren hatte ich den eigentlichen Süden nicht wieder zu sehen bekommen und Winter für Winter hatte ich während dieser Zeit am warmen Ofen in Deutschland verbracht. Wenn ich auch im Norden ansässig war und den vielen Pflichten einer deutschen Hausfrau zu obliegen hatte, so waren meine Gedanken doch immer weit, weit von hier entfernt. Keine bessere Unterhaltung und Zerstreuung gab es für mich, als wenn ich allein und ungestört über einem Buche sitzen durfte, das den Süden schilderte. Was Wunder, wenn ich beim Anblick von Alexandrien fast außer mir war und wie im Traume dem Getreibe der Menge in dem Hafen zuschaute!

Beim Zollhause wurden wir angehalten, um uns zu legitimieren. Entschlossen, nur im äußersten Notfall mich zu erkennen zu geben, bat ich meine Reisebegleiterin, ihr Glück mit ihrer Visitenkarte zu versuchen, die wunderbarerweise auch als genügender Ausweis angesehen wurde. Von lärmendem Volke förmlich umlagert, hatten wir die größte Mühe, uns in eine Droschke zu retten, die uns nach einem Hotel bringen sollte. Einige zwanzig Menschen sammelten sich um uns, welche alle zu gleicher Zeit ihre Dienste aufdrängten und nur durch das Einschreiten eines Polizisten verscheucht wurden. Dann erst vermochte unsere Droschke sich in Bewegung zu setzen, wobei es einer sich trotzdem nicht nehmen ließ, hinten aufzuspringen und unterwegs uns noch fortwährend seine Geschicklichkeit als Dolmetscher anzupreisen. Daß ich selbst Arabisch sprach und somit keine weitere Hilfe brauchte, wollte ihm anfänglich gar nicht einleuchten.

Die zwei Tage, welche wir hier in dem teuren und unsauberen Hotel zubrachten, flogen für mich nur zu rasch dahin. Am liebsten suchte ich das arabische Viertel auf, wo ich das bunte Volksleben stundenlang zu beobachten nicht müde wurde. Sobald ich nur mit den Leuten, die anfangs mißtrauisch schienen, arabisch zu sprechen begann, klärten sich ihre Gesichter auf und ihre Augen fingen an vor Freude zu leuchten. »Mutter«* riefen mir dann die Leute von rechts und links zu, »wo hast du unsere Sprache so schön gelernt? du bist gewiß in Bagdad gewesen; wie lange hast du da gewohnt?«

Unser arabischer Droschkenkutscher, namens Muhammed, schloß uns bald so in sein Herz, daß er mich schließlich himmelhoch bat, ihn als Diener mitzunehmen; er wolle, wie er mir versicherte, uns treu bis an sein Lebensende dienen – und niemals über unsere Weinflaschen gehen. Am anderen Morgen, als er auf die Minute mit seiner Droschke vorfuhr, um uns wieder nach dem Hafen zu bringen, war er sichtlich niedergeschlagen und ich hatte ordentlich Mühe, den armen Menchen zu trösten.

Die einst so schöne Stadt liegt heute noch in Trümmern – ein Denkmal englischer »Humanität«. Bis auf den Vizekönig von Ägypten und einige seiner Minister, welche in Wirklichkeit nur Kreaturen Englands sind, hassen alle Ein-

---

* »Mutter« hat hier etwa die Bedeutung, wie in Deutschland vielfach »Base«.

geborenen die Briten von ganzem Herzen. Ich habe mehrere Male persönlich Gelegenheit gehabt, in Läden sowohl wie auf der Straße die Leute sich untereinander sehr schlecht über die Engländer aussprechen zu hören. Mich fragte man wiederholt, ob ich eine Engländerin wäre, und wenn ich dann erwiderte, ich sei eine Germaniye (*German* und *Nemsa* bedeutet im Orient »Deutschland«), so machte das jedesmal einen guten Eindruck. Die in Alexandrien ansässigen Europäer sind ebenso nicht minder schlecht auf England zu sprechen.

In angenehmster Weise schwand so die kurze Frist unseres Aufenthaltes in Alexandrien dahin. Nach einer Fahrt von achtzehn Stunden befanden wir uns in Port Said, wo wir den Tender »Adler« des ostafrikanischen Geschwaders vorfanden und uns noch am selben Abend an Bord desselben begaben. Port Said ist eine kleine Hafenstadt; doch kann man hier fast alles haben; und die Läden bergen große Reichtümer von allem, was sich der Mensch nur wünschen mag.

Sieben Tage dauerte die Fahrt bis Aden und fünf Tage mußte wir bei gleicher Hitze hier liegen bleiben, ehe der »Adler« den Befehl erhielt, die Reise fortzusetzen. Wer war froher als ich; in acht Tagen endlich sollte ich meine Heimat nach langer Trennung wiedersehen.

Bis Aden hatten wir von der See soviel wie gar nichts gelitten; kaum hatten wir die felsige Stadt hinter uns, als wir in den furchtbarsten Südwestmonsun gerieten. Wir kamen in jene so gefährlichen Regionen, wo einige Wochen zuvor S. M. S. »Augusta« untergegangen war. Eines Morgens um acht Uhr, gerade als wir an Deck zusammen mit den Offizieren beim Frühstück saßen, schlug die erste Welle über das Deck und scheuchte die versammelte Gesellschaft auseinander. Jetzt war es mit unserer Ruhe und Gemütlichkeit zu Ende, denn plötzlich brach der heftigste Sturm los, den ich bis jetzt erlebt hatte. Tag und Nacht war das Schiff als Spielball der grimmigen See preisgegeben; der Gischt der mächtigen Wogen schlug unaufhörlich über die beiden Schornsteine hinweg, so daß die letzeren nach dem Sturme, als das Salzwasser verdampft war, anstatt schwarz ganz weiß aussahen. Wer nie eine solche See gesehen hat, der vermag sich keine richtige Vorstellung davon zu machen. Unsere Lage war recht unbehaglich; hatten wir am ersten Tage infolge des fürchterlichen Stampfens und Rollens sehr durch

Aden um die Mitte des 19. Jahrhunderts

die Seekrankheit gelitten, so waren wir die nächsten Tage durch die Aufregung und die schlaflosen Nächte ganz elend. In alle Räume drang Wasser; die Kojen waren so naß, daß wir uns nicht hineinlegen konnten; der Gefahr wegen kleideten wir uns drei Nächte nicht aus, sondern lagerten uns in dem kleinen Salon bei den Herren, oft mit aufgespanntem Regenschirm, da das Wasser selbst durch das Deck sickerte. Die Fensterluken und das Oberlicht waren ganz dicht verschlossen, ja über letzteres wurde noch eine Persennig, ein geteertes Segeltuch, gedeckt; wie schlecht die Luft da sein mußte; kann man sich leicht vorstellen. Wir Frauen sahen in dieser Zeit ganz erbärmlich aus, wir vermochten weder uns richtig zu waschen noch zu frisieren; unsere sämtlichen Kleidungsstücke in den Schubfächern waren naß geworden und wir konnten deshalb die vollständig durchnäßten Sachen, die wir trugen, nicht mit trockenen vertauschen; unser Schuhzeug war total ruiniert, so daß ich mir aus Mangel an trockenen Morgenschuhen solche von unserm Kommandoführer Herrn von D. zu borgen genötigt war.

Nach drei Tagen endlich legte sich der Sturm und schlugen auch öfters noch Wellen über das Deck, so konnten wir doch einige Stunden auf einem erhöhten Platz zubringen, wo der Kommandoführer ein Zelt für uns hatte errichten lassen.

Am zweiten August bekamen wir die Insel Pemba in Sicht; oh! welches Wort für mich, denn von hier beträgt die Entfernung bis Sansibar nur noch dreißig Seemeilen, eine Fahrt, die sehr bequem in drei Stunden zurückgelegt werden konnte. Der einbrechenden Dunkelheit halber aber fuhren wir nur bis zum Nordkap von Sansibar, weil die Einfahrt in den Hafen zur Nachtzeit wegen mehrerer Sandbänke allzu gefährlich ist.

Während der Nacht trieb unser Schiff langsam unweit des Leuchtturms. Als ich am frühen Morgen das Deck betrat, begrüßten mich schon von weitem die Palmen meiner Heimat! Was konnte ich bei deren magischem Anblick anders tun, als schleunigst mich in meine Kabine zurückziehen und dem Allmächtigen danken für seine große Güte! Die Ereignisse meines Lebens sind allzu mannigfaltig und danach sind auch meine Gefühle und Empfindungen zugeschnitten. Der Mensch ist zu einem großen Teile nur das, was Leben, Erfahrung und die gebietenden Verhältnisse aus ihm machen: ich verließ meine Heimat als vollkommene Araberin und als gute Muhamedanerin und was bin ich heute? Eine schlechte Christin und etwas mehr als eine halbe Deutsche!

In diesem Augenblick aber schien es mir, als ob meine ganze Jugend noch einmal wiederkehre, um die vielen drang- und kummervollen Jahre gutzumachen. Alles stand jetzt lebhaft vor meiner Seele, und die heiteren Bilder der Vergangenheit stiegen eines nach dem andern vor meinem geistigen Auge auf.

Es mochte wohl der erste Eindruck auch auf meine sonst von Natur so heiteren und lebhaften Kinder sehr ernst gewirkt haben; alle drei konnten mich heute nicht genug liebkosen und immer hingen ihre Augen still und ernst an mir.

Bei unserer Annäherung an die Stadt fanden wir zu unserem Leidwesen, daß das deutsche Geschwader noch nicht eingetroffen war. Da nun der »Adler« einen Teil desselben bilden sollte, so blieb ihm nichts anderes übrig, als bis zum Eintreffen desselben zurückzudampfen und sich an der Ostseite der Insel treiben zu lassen. Elf Tage dauerte diese neue Zeit des Wartens. Da, am elften August, kurz vor vier Uhr, meldete der auf der Rah postierte Matrose: »Schiff in Sicht!« Wir vermuteten einen Passagierdampfer und beachteten die Meldung kaum. Bald indes bemerkten wir, daß das signalisierte Schiff auf uns zusteuerte; wir gingen deshalb unter Dampf, zeigten unsere Flagge und signalisierten unseren Namen. In kurzer Zeit erfolgte das Kontresignal und in wenigen Minuten erkannten wir den Tender »Ehrenfels«, der sich bald darauf längsseit unseres Schiffes legte und durch Signale mitteilte, daß er uns im Auftrage des Kommodore seit dem Morgen suche, um uns den Befehl zu bringen, in den Hafen einzulaufen, wo das Geschwader sich schon seit vier Tagen befände. Wir nahmen sofort den Kurs nach dem Hafen auf, konnten aber aus Mangel an Dampfkraft und der einbrechenden Dunkelheit wegen nicht mehr einlaufen und mußten wiederum eine Nacht beim Feuerturm am Nordkap zubringen.

Am nächsten Morgen waren wir schon gegen sechs Uhr munter. Am Horizont tauchte der Mastenwald des Hafens auf. Zum zweiten Male fuhren wir dicht am Lande an herrlichen Palmenhainen, in denen kleine Negerdörfer zerstreut liegen, vorbei. Unter beständigem Signalisieren wurde uns beim Herankommen vom »Flaggschiff« der Ankerplatz angewiesen, den wir jedoch nach einer halben Stunde wieder wechseln mußten. Wir sahen vier deutsche Kriegsschiffe: S. M. S. »Stosch«, »Gneisenau«, »Elisabeth« und »Prinz Adalbert«; zwei englische Kriegsschiffe, fünf Dampfer des Sultans und mehrere Segelschiffe.

Der Herr Kommodore Paschen hielt es für notwendig, mich vorläufig als eine »sekrete Ladung« zu betrachten, eine Bezeichnung, welche bei den Offizieren des Geschwaders ganz besondere Heiterkeit erregte. Sobald aber der liebenswürdige und schneidige Admiral Knorr mit S. M. S. »Bismarck« anlangte, änderte sich die Sache, und ich konnte nach Belieben an Land gehen. Abgesehen von den Gefühlen, welche mich seit dem Wiedersehen meiner Heimat bestürmt hatten, machte noch der Umstand, daß ich jetzt am hellen Tage und von Herren begleitet auf den Straßen ging, was ich früher nur verschleiert und in der Nacht tun durfte, einen besonders eigentümlichen Eindruck auf mich. Von den beiden Gefühlen war dies das stärkere. Man sollte meinen, daß, nachdem ich neunzehn Jahre in Europa wohnte, ich über dergleichen hätte hinwegsehen können, das tat ich auch längst, aber in Sansibar wurde mir seit vielen Jahren zum ersten Male wieder recht klar bewußt, welche Wandlungen ich im Laufe der Zeit durchzumachen gehabt hatte. In Ägypten, wo ich doch schon zweimal gewesen, empfand ich nichts dergleichen, sondern erst auf meinem heimatlichen Boden.

Bei unserem ersten Besuch in der Stadt glaubte ich aus den Blicken der um uns gescharten Bevölkerung unverkennbares Erstaunen zu lesen. Rechts und links drängte sich die Menge um uns, mir im Arabischen wie im Suahili: »Wie geht's dir, meine Herrin?« zuzurufen. Gingen wir in einen Laden, um Einkäufe zu machen, so sammelte sich in der engen Straße eine unabsehbare Menschenmenge an, die aber bei unserm Heraustreten respektvoll Platz machte. Von Tag zu Tag wuchs unsere Begleitung auf der Straße und die Bewillkommnung der Bevölkerung wurde täglich herzlicher. Das verdroß nun natürlich den Sultan und seinen Ratgeber, den englischen Generalkonsul, nicht wenig; ersterer fühlte sich veranlaßt, eine Anzahl aus dem uns begleitenden Volke hinterher durchpeitschen zu lassen. Er sowohl wie der englische Generalkonsul fühlten sich veranlaßt, ob dieser zunehmenden, herzlichen Demonstrationen der Bevölkerung mir gegenüber, eine Beschwerde beim Geschwaderchef zu erheben. Als ich dies erfuhr, glaubte ich den Leuten raten zu müssen, uns nicht mehr zu begleiten; sie gaben mir aber zur Antwort, daß sie sich trotz der voraussichtlichen Bestrafung nicht abhalten lassen wollten, mir ihre Freude zu bezeugen. Oft drängten sich einige Sklaven mit größter Vorsicht an mich heran, um mir die Grüße ihrer Herrschaft zu übermitteln; diese ließen mich bitten, an ihrer Treue und Anhänglichkeit nicht zu zweifeln; sie wünschten sehnlichst, mich an Bord besuchen zu dürfen, ihre Häuser ständen mir jederzeit zur Verfügung. Auch Briefe, welche aus Mangel an Kleidertaschen von den Sklaven unter dem Käppchen getragen werden, wurden mir im Stillen zugesteckt. Manchmal fand ich beim Passieren der Häuser einige Damen hinter der Haustür versteckt, die auf unsere Ankunft zu warten schienen. Sobald ich vorüber kam, wurde ich von den Betreffenden angeredet; oft riefen sie nur einen kurzen Gruß, wie zum Beispiel: »Gott sei mit dir und gebe dir gute Gesundheit!« Meine Geschwister, Verwandte und frühere Freunde ließen mich wiederholt bitten, sie zu besuchen; aber keiner Aufforderung leistete ich Folge, nicht aus persönlichen Gründen, denn dazu waren meine Gefühle doch zu stark, als daß ich ein persönliches Bedenken hätte aufkommen lassen, sondern weil die obwaltenden Umstände mich zu dieser Rücksicht zwangen.

Fuhren wir mit Ruderbooten vor dem Palais, oder gingen wir unter den Fenstern des Haremgebäudes vorüber, immer konnte man die Frauen des Sultans an den Fenstern bemerken, welche uns freundlich begrüßten. Da wir unsere Ausflüge stets in freundlicher Begleitung der Marineoffiziere unternahmen, mußte ich die Herren bitten, das Wiedergrüßen im Interesse der Frauen ja zu unterlassen; ich selbst vermied es, um die kurzsichtigen Schönen nicht unnütz ins Verderben zu stürzen, da mir berichtet wurde, daß ihr Herr und Gebieter sich oft im Hause an einem Platze versteckt halte, von welchem er das Meer und die Straße übersehen und also die Ahnungslosen leicht entdecken könne, um sie grausam zu bestrafen. Das ist keine bloße Vermutung; es ist bekannt und die Europäer in Sansibar wissen davon zu erzählen, daß kaum vor einem Jahre, als der Sultan aus seinem Versteck hervorsah, er bemerkte, wie ein auf dem Wasser vorbeifahrender Portugiese seine Favoritin, eine schöne Tscherkessin, grüßte und den Gegengruß erhielt. Diese Sitte ist keineswegs neu; schon vor dreißig Jahren, als ich noch ein Kind war, wurden wir immer von den Europäern, besonders von den englischen und französischen Marineoffizieren, welche unsere Insel nicht selten besuchten, und von den ansässigen Kaufleuten gegrüßt und erwiderten stets den höflichen Gruß; unsere Männerwelt hatte das stets geduldet und niemand fand etwas darin. Bargasch aber sah die Sache anders an und peitschte seine Tscherkessin ob ihres schweren Vergehens eigenhändig mit solcher Härte, daß sie einige Tage darauf ihren Geist aufgab. An ihrem Sterbebette soll er um Verzeihung gefleht haben, doch vergebens; noch jetzt läßt er regelmäßig an ihrem Grabe beten.

Bei unseren Ausflügen ins Innere begegneten wir häufig Eselreitern auf der Landstraße; stets stiegen die Leute, um ihren Respekt zu bezeigen, einige Schritte vor uns ab, führten das Reittier an uns vorüber und saßen dann erst wieder auf. Trotz aller Züchtigungen seitens des Sultans wollte das Volk von seiner Anhänglichkeit nicht lassen, und das laute Rufen: »*Kuaheri, Bibi! Kuaheri, Bibi*«*!* (Lebewohl, Herrin! Lebwohl, Herrin!), das fast unmittelbar unter seinen Fenstern erscholl, wenn wir uns wieder nach unserem Schiffe zurückbegaben, konnte ihn nicht angenehm berühren. Man erzählte mir, die Leute benutzten jedesmal, wenn unsere Boote in Sicht kämen, eine leere Cakesbüchse als Signaltrommel, um dadurch das Volk aufmerksam zu machen.

Erklärlicherweise fehlte es auch nicht an Spionen, welche uns umlauerten, meist Hindu, zu deren großem Ärger wir unter uns nur deutsch sprachen. Noch am letzten Abend vor der Abreise wurde ich von zwei Getreuen, die im Schutze der Dunkelheit an Bord gekommen waren, um mir Lebewohl zu sagen, auf eine dunkle Gestalt aufmerksam gemacht, die schon oft als Verkäufer unser Schiff mit ihrem Besuch beehrt hatte und nur ein gewandtes Werkzeug des äußerst einflußreichen dereinstigen Lampenputzers und Hofbarbiers, des Kaufmanns Madoldschi Pera-Daudschi war.

Dieser Pera-Daudschi, ein überaus verschmitzter Hindu, hat sich zum Faktotum des Sultans emporgeschwungen; er, der frühere Lampenputzer, dient dem Beherrscher von Sansibar in den höchsten und in den niedrigsten Stellungen. Alle diplomatischen Verhandlungen gehen durch seine Hand und dieselbe Hand hat die Gäste des Sultans bei Tische zu bedienen. Dafür bezieht er ein hohes Gehalt; ganze dreißig Dollars monatlich. Wie man mich versicherte, hütete sich in Sansibar jeder wohlweislich, es mit dem allmächtigen Pera-Daudschi zu verderben; von ihm soll unendlich viel abhängen. Natürlich kann er bei seiner kostbaren Tracht mit dreißig Dollars nicht auskommen und muß sich auf andere Weise die nötigen Einnahmen verschaffen. Der Hofjuwelier des Sultans, der es ablehnte, dem Lampenputzer von dem Verdienst bei allen Bestellungen des Sultans gewisse Prozente abzugeben, verlor hierdurch diese ganze Kundschaft; Pera-Daudschi beglückte einen gefügigeren Nebenbuhler mit jenen Aufträgen.

Eigentümlich traf es sich, daß ich in diesen kurzen Tagen gerade meinen Geburtstag beging; zum ersten Male feierte ich ihn in meiner Heimat, wo man sonst dergleichen nicht kennt. Die Herren vom Geschwader boten alles auf, um mir diesen Tag zu einem rechten Freudentag zu gestalten, und es ist ihnen vollständig gelungen; ich kann ihnen nicht dankbar genug sein für alle ihre Freundlichkeit. Eins berührte mich dabei ganz besonders eigentümlich: mir, der geborenen Muhamedanerin zu Ehren, ließ der liebenswürdige Kapitän des »Adler« in meiner dem Islam treu anhängenden Heimat ein Schwein schlachten. Hätten neunzehn Jahre vorher die bewährtesten unserer einheimischen Wahrsager mir dies prophezeit, ich würde bei allem Aberglauben ihnen ins Gesicht gelacht haben. Welch unwillkürlicher Humor offenbart sich nicht oft in den schwersten Schickungen unseres Lebens!

Der Eindruck, welchen diesmal die Stadt Sansibar von der See aus auf mich machte, war der gleiche wie früher, eher noch etwas freundlicher; es sind viele neue Häuser erstanden und der vor dem Palais sich erhebende Leuchtturm mit seinem elektrischen Licht nimmt sich recht stattlich aus. Die Offiziere nannten denselben stets den »Weihnachtsbaum« des Sultans, wegen der mehrfachen Lichterkränze, welche denselben umziehen. Weniger gefiel mir die innere Stadt selbst.

Ich mag wohl nach dem langen Aufenthalt in Deutschland der heimatlichen Verhältnisse mich zu sehr entwöhnt haben, jedenfalls fand ich die innere Stadt in einer wahrhaft traurigen Verfassung. Von Haus zu Haus fast streckten sich Trümmerhaufen längs der engen und nichts weniger als rein gehaltenen Straßen hin. Überall erblickte man Ruinen, wo das Unkraut gedieh, ja große Bäume sich ungestört entwickeln konnten. Niemand kümmerte sich darum; jeder ging mit der gleichgültigsten Miene von der Welt vorbei, den Wassertümpeln und Steinhaufen ausweichend. Aschen- und Müllgruben sind ganz unbekannt; die offene Straße vertritt dieselben. Die Kunst einer geregelten Stadtverwaltung muß doch nicht ganz leicht sein, sonst hätte der Sultan, welcher in Bombay, in England und Frankreich die Annehmlichkeit, auf sauberen Straßen zu gehen, hinreichend kennengelernt hat, schon längst Abhilfe geschafft. Hat er doch Eisfabrikation, elektrisches Licht, eine sogenannte Eisenbahn und was weiß ich noch alles in Sansibar eingeführt, von französichen Köchen und ihrer Kunst ganz zu schweigen.

Der offenbare Verfall der inneren Stadt berührte mich unbeschreiblich wehmütig. Noch ahnte ich nicht, in welchem Zustande ich mein ehrwürdiges Bet il Mtoni und das noch kaum vollendet gewesene Bet il Ras wiederfinden würde. Als wir zum ersten Male nach dem Hause gingen, wo ich das Licht der Welt erblickt hatte, da war ich tief erschüttert. Welch ein Anblick für mich! Anstatt eines Hauses sah ich eine vollständig zerfallene Ruine; kein Laut und kein Geräusch wollte mich aus den bedrückenden Empfindungen befreien, welche bei diesem so ganz unerwarteten Bilde mich durchzuckten; ich vermochte mich lange nicht zu fassen; eine Treppe fehlte ganz, die andere war hoch bewachsen und hinfällig, so daß man sie nicht ohne Gefahr ersteigen konnte.

Mehr als die Hälfte des Hauses lag in Trümmern, ganz wie es hingestürzt war; die einst so begehrten und immer von fröhlichen Menschen erfüllten Bäder haben fast sämtlich ihre Dächer verloren; die Lage einzelner verrät ein bloßer Schutthaufen; die noch stehenden Teile waren gleichfalls der Dächer oder der Fußböden beraubt. Alles zerfallen oder im Zerfall begriffen! Im ganzen Hofraum wucherten Gräser aller Art. Nichts läßt den unbefangenen Beschauer auch nur das Geringste von dem einstigen Glanze dieses Palastes ahnen.

Wie ganz anders sah und fühlte ich bei diesem Anblick, als meine Begleiter! Meine eigenen Kinder schienen mir in diesem Augenblick für meine Gefühle und Empfindungen viel zu fröhlich, und wenn ich die Verwüstung mir so vorgestellt hätte, so würde ich am liebsten meinen ersten Besuch hier allein abgestattet haben. Aus jeder schiefhängenden, des Sturzes gewärtigen Tür, aus den morsch übereinanderliegenden Balkenmassen, ja aus den berghohen Schutthaufen glaubte ich die Gestalten der früheren Bewohner hervortreten zu sehen. Auf kurze Zeit war ich der drückenden Gegenwart entrückt, und mein Geist lebte wieder ganz in den schönen Jugendjahren. Die freundlichen Bemerkungen der Offiziere, die Stimmen meiner Kinder, welche mit für mich beängstigender Behendigkeit die verschiedenen Teile der Ruine durchmusterten, weckten mich aus meinen trüben Betrachtungen auf.

Mir ist manchmal schon die irrtümliche Anschauung entgegengetreten, daß die Araber aus Pietät für die Toten deren einstige Wohnungen zerfallen lassen. Das ist unrichtig; nicht Pietät wirkt hierbei zum Verfall mit, es ist nur das bekannte »Sich-gehen-lassen« des Orientalen. Nur selten läßt der Araber sein Haus renovieren, und so kann die Witterung, welche namentlich den schlechten Kalk der Insel schnell zersetzt, ungestört ihren verderbenden Einfluß weiter üben. Wird das Haus gar zu baufällig, so errichtet man ein neues und läßt die halbe Ruine liegen. Der bloße Baugrund hat so gut wie gar keinen Wert.

In einem Teile des Hauses, welcher einige noch verhältnismäßig gut erhaltene Zimmer umfaßte, hatte mein Neffe Ali bin Suud, Zuenes Sohn, noch bis zu seinem Tode zugebracht, nur aus Anhänglichkeit an dem alten Stammsitz unserer Familie. Hier war er auch erst vor zwei Jahren verschieden.

Bei unserem Eintreten in diesen Flügel wurden wir von zwei arabischen Soldaten begrüßt, die erst seit einigen Monaten aus Oman gekommen waren. Ihre Familien hatten sie daselbst zurückgelassen, um in dem reicheren Sansibar etwas zu verdienen; aber sie standen sich so schlecht, daß sie ihre Reise aufrichtig bedauerten und sobald als möglich nach Muskat heimzukehren entschlossen waren. Beide klagten mir ihr körperliches Leiden und baten mich inständig, sie zu kurieren. Dem einen taten die Augen weh und der andere litt an einem Magenübel.

Auf meine etwas verwunderte Frage, weshalb sie überhaupt in der Ruine wohnten, erfuhr ich zu meinem größten Erstaunen, daß sie nicht allein hier wären, sondern nur einen Teil der Besatzung bildeten, welche, so unglaublich es klingt, die Ruine scharf zu überwachen hätte. Diese Maßregel kann kaum vom militärischen Interesse geboten sein; vielmehr will es mir scheinen, als ob dabei der böse Geist wieder einmal im Spiele ist. Indessen seit neunzehn Jahren stehe ich diesem Aberglauben und seinen Anhängern fern, kann mich also auch irren.

Einige Gräser, ein paar Blätter und einen Stein, welcher auf der Nische stand, wo mein guter Vater zu beten pflegte, nahm ich als Andenken mit.

Beim Verlassen des Hauses kam uns ein gut gekleideter, sehr distinguiert aussehender Araber entgegen, der sich als erster Offizier der Besatzung vorstellte. Er verweilte längere Zeit bei uns und begleitete uns zuletzt zu unserem Boote. Auf diesem kurzen Wege aber erblickten wir noch einen ehrwürdigen Greis, der im Mtoni stand, um die Gebetswaschung vorzunehmen. Als wir näher herangingen, bemerkten wir, daß er vollständig erblindet sei. Seit meiner Ankunft in Sansibar hatte ich es streng vermieden, jemanden zuerst zu grüßen, um ihm nicht Unannehmlichkeiten zuzuziehen; hier, dem Blinden gegenüber, gebot mir die Pietät, eine Ausnahme zu machen. Ich ging auf den Greis zu und bot ihm auf Arabisch guten Abend. Ich tat selbst das nicht ohne Bedenken; als Christin durfte ich ihn ja am allerwenigsten bei seiner heiligen Handlung stören und ich rechnete auch höchstens auf eine mürrische Erwiderung meines Grußes; denn daß wir Europäer waren, mußte er bereits von weitem aus unserem fremd tönenden Gespräch entnommen haben.

Wie erstaunte ich aber, als er mir beide Hände entgegenstreckte, meine Hand an seine Lippen zog und eine Zeitlang auf sein Gesicht drückte. Ich war außerordentlich betroffen und wollte mich möglichst schnell von dem peinlichen Zweifel befreien, daß er mich am Ende doch mit einer anderen Person verwechsele. »Kennst du mich denn?« fragte ich ihn. »Ob ich dich kenne!« gab er mir zur Antwort, »o, du bist ja meine Herrin Salme, die ich in früheren Jahren, als du noch ein Kind warst, so oft auf meinem Schoß getragen habe. O wie haben wir uns gefreut, zu erfahren, daß du wieder hier seiest. Gott behüte und beschütze dich, du unsere Teure!« So und ähnlich waren die aus vollem Herzen kommenden Abschiedsworte des armen, hilflosen Blinden. Der arabische Offizier, welcher Zeuge dieses Beweises von treuer Anhänglichkeit gewesen war, berichtete mir, der langbärtige Greis sei der Muezzin der Ansiedlung von Bet il Mtoni und habe zugleich vom Sultan den Auftrag, auf dem Grabe des (von demselben bei seinen Lebzeiten bitter angefeindeten) Ali bin Suud zu beten.

Letztere Bemerkung fiel mir besonders auf; wußte ich doch genau, wie lieblos und zugleich kindisch Bargasch sich gegen Ali bin Suud und meine älteste Schwester Raje benommen hatte. Raje, die richtige Schwester von Alis Mutter, war schon in ziemlich hohem Alter, als sie vor mehreren Jahren von Muskat nach Sansibar übersiedelte, wo ihr der Sultan ein Haus und eine Apanage zur Verfügung stellte. Als nun der von Bargasch ohne rechten Grund bitter gehaßte Ali sterbenskrank in Bet il Mtoni lag, ohne die Fürsorge von Frau und Kindern, nur auf die Barmherzigkeit seiner Sklaven angewiesen, was war da natürlicher, als daß seine rechte Tante Raje zu ihm ging und ihn pflegte? Diese Handlungsweise fand indessen Bargaschs Beifall in keiner Weise, es ging ihm jedes Verständnis für den Samariterdienst und das Mitleid, welches Raje beseelte, ab. Um sie seinen Zorn fühlen zu lassen, entzog er ihr nicht nur die Apanage, sondern, o Schmach! jagte sie, seine bejahrte Schwester, die recht gut seine Mutter sein könnte, rücksichtslos aus dem ihr eingeräumten Hause. Zum Begräbnis Alis erschien er nicht, eine Rücksichtslosigkeit, welche man doch sonst seinem bittersten Feinde kaum zuteil werden läßt. Und jetzt läßt er am Grabe des Neffen beten! Sonderbarer kann wohl kaum jemand handeln.

Da ich einmal von dem Haupte unserer Familie in Sansibar spreche, fühle ich mich versucht, auch noch von einer anderen Geschichte aus dem inneren Leben desselben den

Schleier wegzuziehen. Es tut mir bitter weh, etwas Böses über mein eigenes Blut der großen Welt preiszugeben; denn trotz all der Jahre, welche ich von den Meinen geschieden gewesen bin, trotz der Herzlosigkeit und Härte, welche mir derselbe Bargasch bewiesen, für dessen Interesse ich seinerzeit Leben und Eigentum aufs Spiel gesetzt habe, ist mir das Gefühl unauslöschbarer Zusammengehörigkeit mit den Meinen geblieben. Sejjid Bargasch ist aber ein Mann, der weder seine Untertanen noch sein eigenes Blut zu schonen geneigt ist.

Es ist in Sansibar allgemein bekannt, daß Bargasch, sobald er 1870 den Thron bestiegen, unseren nächstjüngeren Bruder Chalife urplötzlich und ohne jede Veranlassung in den Kerker warf. In schweren eisernen Fußringen, die mit Ketten belastet waren, mußte der Arme drei lange Jahre im Gefängnis schmachten! Und warum? Kein Mensch vermochte es zu sagen. Man mag wohl gefürchtet haben, daß Chalife, als der dem Throne am nächsten Stehende, gegen ihn ebenso verräterische Pläne anspinnen werde, wie er selbst einst gegen Madschid versucht.

Erst als eine gleichfalls von ihm gekränkte Schwester zur Pilgerfahrt nach Mekka sich anschickte, fühlte Bargasch sich in seinem Gewissen beunruhigt und ging zu ihr, um sie um Verzeihung zu bitten; er wollte nicht einen in der heiligen Stadt des Propheten ausgesprochenen Fluch auf sich laden. Allein die Schwester vergab ihm nicht eher, als bis er dem unschuldigen Chalife die Freiheit wiedergab.

Nichtsdestoweniger spürte er demselben und seinen Freunden stets eifrig nach. Da erfuhr er denn, daß Chalife einen treuen Freund besaß, welcher mit Glücksgütern dieser Welt reich gesegnet sei. Wieder dachte er der Zeit, da es ihm selbst von größter Wichtigkeit schien, sich mit reichen Häuptlingen zu alliieren, und er beschloß, dem Thronfolger eine solche Stütze um jeden Preis zu entziehen.

Er ließ Chalifes Freund holen und redete ihn kurz etwa folgendermaßen an: »Ich habe gehört, daß du die Absicht hast, deine Plantagen zu verkaufen; sage mir, wieviel du dafür haben willst, denn ich möchte dieselben erwerben.« »Das ist wohl ein Irrtum«, erwiderte jener, »ich habe nie beabsichtigt, mein Eigentum zu verkaufen.« »Aber es ist für dich von Vorteil, wenn du sie mir verkaufst; jetzt gehe und überlege dir die Sache.«

Nach einiger Zeit wurde der Unglückliche nochmals vorgeladen und vom Sultan mit den Worten empfangen: »Nun sprich, wieviel kosten deine Plantagen?« »Hoheit, ich habe niemals daran gedacht, dieselben zu verkaufen.« »Nun, was du denkst, ist mir ganz gleichgültig. Ich zahle dir für dieselben 50 000 Dollar. Hier ist die Anweisung für die gedachte Summe; gehe hin und laß sie dir auszahlen.«

Tief betroffen schlich der Arme sich aus dem Gesichtskreis dessen, der in dieser Weise als »Vater seines Volkes« wirkt. Aber eine noch schmerzlichere Überraschung wartete seiner; als er die 50 000 Dollars erheben wollte, wurde ihm klar gemacht, daß diese Summe erst binnen zwanzig Jahren zahlbar sei; er werde nur alljährlich eine Rate von 2 500 Dollars ausgezahlt erhalten. Der Mann war also ruiniert; aber das eben hatte der Sultan nur gewollt.

Es möge noch eine andere Begebenheit folgen, bei deren Erwähnung mir die Schamröte ins Gesicht steigt und tiefstes Mitleid mich erfüllt. Eine böswillige Verleumdung hatte man über eine meiner Schwestern verbreitet; sie sollte jemanden lieben, den Bargasch nicht zum Schwager zu haben wünschte. Als er davon hörte, ging er selbst zu ihr, um sie zur Rede zu stellen. Umsonst beteuerte sie, daß sie von der ganzen Angelegenheit nicht mehr wisse, als jedermann; der zärtliche Bruder verabreichte der leiblichen Schwester eigenhändig fünfzig Stockschläge. Infolge der brutalen Behandlung mußte die Arme über einen Monat lang das Bett hüten und hatte später noch lange an deren Folgen zu leiden. Ich zweifle indessen keineswegs, daß er nach ihrem Tode ebenso an ihrem Grabe beten lassen wird, wie an dem seiner Frau und Ali bin Suuds.

Sehr oft hört man, daß Europäer die Liebenswürdigkeit des Beherrschers von Sansibar rühmen; wie es in Wirklichkeit damit steht, mag man aus dem Vorstehenden beurteilen. Jedenfalls ist es sicher, daß Bargasch im Grunde seiner Seele von jeher nichts mehr gehaßt hat, als schon den bloßen Namen eines Europäers.

Und wie steht es mit seinen Freundschaftsversicherungen gegen Deutschland? Ich meine, die deutschostafrikanische Gesellschaft hat Material genug, um das Gegenteil beweisen zu können. Hat doch die Gesellschaft erst in der letzten Zeit noch manche unangenehme Erfahrung machen müssen, hauptsächlich in betreff der sogenannten Sultansempfehlungsbriefe.

Daß ich für meine persönlichen Ansprüche nicht viel von

ihm erwarten durfte, ist erklärlich. Die Zeitungen haben seinerzeit die Fabel verbreitet, daß ich im vollen Besitz meiner Erbschaften, bestehend aus dem Erlös von nicht weniger als 28 Häusern, nach Deutschland zurückgekehrt sei. Das ist vollständig falsch; ich habe keinen Pfennig empfangen, und meine Ansprüche, welche selbst der englische Generalkonsul für berechtigt erklärte, – was ja sehr viel sagen will –, sind heute noch unerledigt. Die gewaltige Summe von 6 000 Rupees (gleich ca. 9 600 Mark), welche mein reicher Bruder mir als einmalige Abfindungssumme anbieten ließ, habe ich dankend zurückgewiesen. Was wollte das besagen im Vergleich zu dem, was ich zu fordern berechtigt bin. Seit Bargaschs Regierungsantritt sind fünf meiner Brüder, fünf Schwestern, meine Tante Asche, drei Nichten, ein Neffe und eine sehr begüterte Stiefmutter gestorben, und von allen diesen Erbschaften darf ich beanspruchen, einen Teil zu erhalten. Der Sultan lehnte die seitens der deutschen Regierung befürwortete Versöhnung mit mir unter nichtssagenden Redensarten ab und muß sich nicht wenig zufrieden gefühlt haben, als meine persönlichen Interessen durch die politischen in den Hintergrund gedrängt wurden.

Es ist mir sehr peinlich, noch eine Sache hierbei zu berühren; jedoch die Übergehung derselben möchte man mir leicht anders deuten. Jeder, dem die Verhältnisse in Sansibar bekannt sind, weiß genau, daß der Sultan nur in kleinen Sachen der Herrscher ist, während im großen der englische Generalkonsul alles regiert. Daß derselbe einer der geschicktesten Diplomaten ist, gestehen seine Feinde selbst offen zu. Wäre ich nun in diplomatischen Künsten und Schachzügen noch so gänzlich unerfahren wie vor zehn Jahren, und nähme ein jedes freundlich klingende Wort für bare Münze, so würde ich mich sicher sehr gefreut haben, als einer der hohen Offiziere des Geschwaders mir mitteilte, dem englischen Generalkonsul tue es ungemein leid, so gar nichts in meinem Interesse tun zu können; er bedauere außerordentlich, keine Gelegenheit gefunden zu haben, mit dem Sultan zusammenzukommen und ihm meine Wünsche ans Herz zu legen.

Es war recht gut für mich, daß ich solchen Versicherungen keinen Glauben schenkte; es hätte mir dies nur eine Enttäuschung mehr bereitet. Gar bald erfuhr ich, daß der Herr etwa vierzehn Tage vorher mehrere Tage lang, trotz der Abgeschlossenheit des Haremlebens, der Gast des Sultans auf einer von dessen Plantagen gewesen war. Man erzählt sich auch, daß ein vielgebrauchtes Telefon das englische Generalkonsulat mit dem Palast des Sultans verbinde.

In Deutschland besteht meines Wissens ein Gesetz, welches das unbefugte Öffnen fremder Briefe mit harter Strafe bedroht. Ob auch in England ein solches Verbot existiert, weiß ich nicht; jedenfalls hat es nur für das Mutterland Geltung, und im heißen Afrika – die Post in Sansibar ist eine englische – sieht man darüber hinweg. Als ich im März 1885 zufällig im »Berliner Tageblatt« einen Artikel las: »Deutschland, England und Sansibar«, in welchem es hieß: »... Lange, ehe an deutsche Kolonien zu denken war, wurde der Sultan vor jeder Verbindung dieser Art gewarnt und behütet; lange, ehe das schwarze Kreuz im weißen Felde vor Sansibar wehte, war es die stete Sorge der englischen Konsuln und Offiziere auf der Insel – denn auch die Armee hat englische Instrukteure –, ob nicht Briefe von ›Germany‹ den Hof erreichten...«, glaubte ich nicht, daß darin in der Tat eine Wahrheit läge. Zu meinem eigenen Schaden bin ich leider eines anderen belehrt worden.

Alles setzte man von maßgebender Stelle aus in Bewegung, um das Volk gegen mich zu hetzen. Einige Offiziere baten mich, ihnen Schmucksachen für ihre Angehörigen in der Heimat aussuchen und kaufen zu helfen, und so begaben wir uns mehrere Male zu einem Goldschmied, der zufällig, ohne daß wir es wußten, auch für den Sultan arbeitete.

Sobald der Sultan dies durch sein Faktotum Pera-Daudschi, der ihm alle Neuigkeiten zu übermitteln hat, erfuhr, ließ er den Juwelier kommen und schüttete die volle Schale seines Zornes über ihn aus, daß er sich unterstanden hätte, uns überhaupt etwas zu verkaufen. Doch der sonst so zahme Geschäftsmann gab dem Erzürnten ruhig zur Antwort, er würde sich schämen, die Schwester seines Gebieters aus seinem Laden zu weisen. Das gefiel dem Sultan durchaus nicht, und er drohte mit Entziehung seiner sehr einträglichen Kundschaft. Der Goldschmied ließ sich indessen auch hierdurch nicht einschüchtern; er erwiderte, daß ihn Sansibar schon ohnehin verleidet sei, er zöge es deshalb vor, sobald als möglich nach seiner Heimat zurückzukehren. Um sich allen Unannehmlichkeiten zu entziehen, da er nun einmal nicht unfreundlich gegen mich sein mochte, schloß er lieber für den Rest seines Aufenthalts in Sansibar seine Werkstätte.

In ähnlicher Weise glaubte man mich hart zu bestrafen, indem man den Eigentümern von Eseln streng untersagte, uns ihre Tiere zu vermieten. Einige meiner früheren Sklaven, welche aus alter Anhänglichkeit zu mir zu kommen wagten, wurden für diesen Beweis ihrer Treue eingesperrt.

Solche und ähnliche abgeschmackte Maßregeln waren nicht selten, machten aber gerade den entgegengesetzten Eindruck. Das Urteil der Menge sprach sich in den Worten aus: *pija kana kasi ja watoto, Bibi,* zu deutsch etwa: »Er benimmt sich ganz wie ein kleines Kind, o Herrin!«

Als ich mich Sansibar näherte, war ich in großer Ungewißheit, welche Aufnahme ich finden würde. Daß mein Bruder die Wünsche Deutschlands zu respektieren nicht lange zögern würde, daran konnte ich nicht zweifeln, und dies hat sich ja auch bestätigt. Daß er mir persönlich kaum freundlich gegenübertreten, höchstens aus Rücksicht für Deutschland gute Miene zum bösen Spiel machen würde, darauf war ich ebenfalls gefaßt. Denn die schlechte Behandlung, welche er meinen übrigen Geschwistern zuteil werden ließ, war wahrlich nicht dazu angetan, mich ein freundliches Entgegenkommen seinerseits erwarten zu lassen. Anders stand es mit der Frage: Wie wird die Bevölkerung mein plötzliches Erscheinen aufnehmen? Zu meiner größten Freude kann ich nur wiederholen, daß ich die herzlichste Aufnahme fand. Araber, Hindu, Banjan und Eingeborene sprachen mir immer wieder die dringendste Bitte aus, ich möchte doch fortan in Sansibar bleiben.

Das bestärkte mich von neuem in dem Glauben, daß von einem Religionshaß betreffs meiner Person in keiner Weise die Rede sein könnte. Eines Tages begegnete ich zwei Arabern, mit denen ich ins Gespräch kam. Als ich von einem Dritten erfuhr, daß es Verwandte von mir seien – ich hatte sie nicht erkannt – sagte ich ihnen, wenn ich das gewußt hätte, so würde ich sie keineswegs angeredet haben, da ich ja nicht wüßte, wie meine Verwandten unter den jetzigen Umständen gegen mich gesinnt wären. Beide fielen sofort ein: sie dächten gar nichts anderes von mir, als daß ich noch immer die Tochter meines Vaters sei. Und als ich dann der Religion Erwähnung tat, erwiderte der eine, dies Schicksal sei mir von Anbeginn der Welt bestimmt gewesen. »Ja, der Gott, welcher dich und uns von der Heimat getrennt hat, ist derselbe Gott, den alle Menschen anbeten und preisen; sein mächtiger Wille ist es gewesen, daß du wieder zu uns gekommen, und wir freuen uns alle darüber: Nicht wahr? Du bleibst nun mit deinen Kindern für immer bei uns?«

Solche Beweise der Liebe und Anhänglichkeit haben, nächst dem beglückenden Gefühl, die Heimat noch einmal wiedergesehen zu haben, mir über manche schwere Stunde hinweggeholfen, sie haben meine Reise doch zu einer mein Leben lang mich beglückenden gemacht, und ich kann dem Allmächtigen für seine Güte nur immer wieder Lob und Dank sagen!

Nicht ohne Weh im Herzen schied ich zum zweiten Male von meiner Heimat, und gleiche Gefühle hatten meine Lieben, die ich von neuem verlassen mußte. Ich kann mein Buch nicht besser schließen, als wenn ich einen aus solcher Stimmung aus dem Kreise meiner Freunde an mich nach Europa gerichteten arabischen Abschiedsbrief mitteile, der freilich in der wortgetreuen Übersetzung unendlich viel von seiner Zartheit und von der Ursprünglichkeit seines Ausdrucks verliert. Er lautet:

»Sie sind gegangen und haben mir nichts davon gesagt;
Das zerriß mein Herz und erfüllte mein Inneres mit verzehrendem Feuer.
O, daß ich mich um ihren Hals geklammert hätte, ganz unabreißbar, als sie uns verließen!
Sie hätten auf meinem Kopf sitzen können und gehen auf meinen Augen!

Sie wohnen in meinem Herzen, und da sie gingen
Haben sie meiner Seele Leid zugefügt, wie ich es noch nie erfuhr.
Mein Körper ist abgemagert und meine Tränen sind unaufhaltsam;
Eine nach der anderen rollt über meine Wangen, wie die Wogen des Meeres.

O, Herr des Weltalls! Führe uns zusammen vor unserem Tode,
Und sei es auch nur einen einzigen Tag vorher.
Wenn wir leben, werden wir zusammen kommen!
Und wenn wir sterben, bleibt der Unsterbliche.

O, wäre ich ein Vogel, ich würde sehnsuchtsvoll mich ihnen nachschwingen;
Aber wie kann ein Vogel fliegen, dem sein Gefieder beschnitten ist?«

Tür des Hauses der Deutsch-Ostafrikanischen Gesellschaft in Sansibar

Nachwort von Annegret Nippa

Als Salme, »geborene Prinzessin von Oman und Sansibar«, getaufte und verehelichte Emily Ruete, im Sommer 1867 in Hamburg ankam, war dort bereits einiges über sie bekannt.

»Sansibar, d. 13ten August 1866

Werther Herr O'Swald,
 ... Von hier habe ich Ihnen eine interessante Geschichte zu melden.«

schrieb John Witt[1], Agent der seit 1849 in Sansibar ansäßigen Hamburger Handelsfirma O'Swald & Co, wenige Wochen, nachdem er seinen Posten angetreten hatte. Für gewöhnlich beschäftigten sich seine Briefe ausschließlich mit dem Warenverkehr und den Handelsgewohnheiten der konkurrierenden Firmen aus Europa und Amerika. In einem Brief vom 27. Juli 1866 berichtete er, daß ein gewisser Ruete – Agent einer anderen Hamburger Firma, Hansing & Co – Leute aus der Agentur O'Swald mit einer besseren Bezahlung abgeworben hatte. Im darauffolgenden Brief erwähnte er neben den geschäftlichen Angelegenheiten auch noch seine »kleine Frau«, die sich mit Whist die tropische Hitze und Langeweile zu vertreiben suchte und eine der Schwestern des Sultans empfangen hatte. Leider erfahren wir nicht, um welche der Schwestern es sich handelte. Zwei Wochen später veränderte sich der Ton jener Briefe, John Witt berichtete eher aufgeregt von jener »interessanten Geschichte«, die sich für das Konkurrenzunternehmen Hansing & Co als schädliche Klatschgeschichte erweisen sollte.

»Den 9ten d. Ms verließ die ›Mathilde‹ den Hafen, ankerte bei Bububu. Des Abends 9 Uhr kamen C. und B. von Seyd Madschid gesandt, und verlangten, ich müsse verhindern, daß die Schwester des Sultans, Bibi Salume, nicht in der Mathilde von hier ginge, welches ihre Absicht sei. Da nun Bibi Salume noch in ihrem Hause war, der Sultan dasselbe bewachen ließ, so war es nicht möglich. Auf Wunsch des Sultans schrieb ich an den Capitän. Die Mathilde segelte den freitag morgen, ging aber bei Kokotoni zu Anker. Bibi Salume soll von Ruete schwanger sein, wie es von allen Seiten behauptet wird. Ich zweifele nicht, daß dieselbe mit der Mathilde von hier wollte, wohin ist frei ungewiß. Bibi Salume hat sämtliche Sachen verkauft. Ruete hat die Shambas auf seinen Namen, auch hier im Sekretariat, registrieren lassen; ihre Goldsachen sollen an Bord der Mathilde sein, sie hat jetzt nur eine alte Frau als Wärterin, sämtliche Hausklaven sind weg. Ihr Haus hat nur leere Wände, da Spiegel usw. alles von ihr vorher verkauft ist. Der Sultan ist wüthend... Was Ruete will, weiß kein Mensch. Er scheint ruhig zu sein, jeder zieht sich von ihm zurück. Die Araber sind furchtbar aufgebracht... Solche Geschichte ist gewiß sehr nachteilig für alle Europäer, es wäre gut, wenn Hansing es wüßten, denn wenn Ruete etwas passiert, braucht man sich nicht zu wundern.«

Einen Monat später folgte die Fortsetzung:

»Sansibar, 9ten September, 1866

Werther Herr O'Swald,

Meinen Brief vom 13ten werden Sie empfangen haben. Bibi Salume ist mit dem Highflyer von hier fort. Des Nachts 2 Uhr waren Böte vom Kriegsschiff am Strande, Ruete hatte seine Geliebte bis zum Boot geleitet, und eine Sklavin ist mit, eine andere lief, wie sie ins Boot steigen sollte, fort. . . .

Seyd Madschid ist wütend, die Sklavin hat alles ausgesagt, und so ist die Geschichte bis ins Einzelne bekannt. Ruete hält sich im Hause, keiner will etwas mit ihm zu tun haben. Ich finde es schändlich, daß er nicht von hier geht. Die Sache verhält sich genau so wie ich Ihnen geschrieben habe. Der Sultan wollte Ruete erst ausweisen, doch sagte er mir, ›Er wird sich den Kopf schon festrennen‹«. Aus seinen Äußerungen zu schließen, wird er nie eine Sache von Ruete annehmen – alles nicht sehr angenehm für Hansing & Co.

. . . durch dieses leiden wir alle sehr mit, denn der gewöhnliche Araber & Neger versteht keinen Unterschied. Wäre Bargash Sultan, ich glaube fest, daß Ruete schon ermordet wäre. Bargash sprach vor einigen Tagen mit mir auf seiner Shamba von dieser Angelegenheit. Er sagte: »Die Bibi, sie ist für uns verloren, wir kennen sie nicht, aber die Schande, die bleibt. Denn diese geht nun von Muscat nach Hamburg, und wird bekannt werden, wo Muhammedaner leben.

Bitte senden Sie für Seyd Madschid und Seyd Bargash Geschenke, ich glaube, es wird zweckmäßig sein. . . .

J. Witt«

Die Prinzessin war fort. Das englische Kriegsschiff ›Highflyer‹ brachte sie nach Aden. Während sie auf ihren Geliebten, Heinrich Ruete, wartete, der noch auf der Insel weilte, lebte sie im Hause einer mit dem englischen Konsul auf Sansibar befreundeten Familie. Sie wurde im christlichen Glauben unterrichtet und am Tage ihrer Hochzeit getauft.

Die Aufregung über ihre Flucht schien sich bald gelegt zu haben, zumindest ging John Witt in seinen Briefen über viele Monate nicht mehr darauf ein. Offensichtlich hatte er keinen persönlichen Kontakt zu Ruete und nahm dessen Abfahrt erst durch ein offizielles Schreiben des Sultan zur Kenntnis:

»Sansibar, d. 20ten Mai 1867

Werther Herr O'Swald,
 Vom Seyd Madschid hatte ich vor drei Tagen einen Brief, worin er mir die Anzeige macht, daß H. Ruete jetzt fort sei, ich wüßte wie schlecht er gehandelt hätte, und daß er, der Sultan, niemals erlauben würde, daß Ruete wieder in sein Land käme. Es ist das erste offizielle Schreiben, welches ich in dieser Angelegenheit vom Sultan habe.
 . . .

J. Witt«

Für John Witt bedeutete die Legalisierung des Verhältnisses – die Ehe zwischen der arabischen Prinzessin und dem deutschen Kaufmann – das Ende dieser Geschichte. Was für die einen ein *happy end*, war für die anderen erneuter Anlaß zur Empörung:

»Sansibar, 3ten July, 1867

Werther Herr O'Swald,
 Vor einigen Tagen kam von P. die Nachricht, das Ruete die Bibi geheiratet hat, und mit ihr nach Europa gegangen ist. Ganz gegen meine Erwartung sind die Araber deshalb in großer Aufregung.
 . . .

J. Witt«

Mit dem Einsetzen des Nord-West-Monsun, der jeden Sommer Handelsschiffe aus dem Norden zur Insel trieb und damit die vom Handel bestimmte Sommerzeit einleitete, endete das öffentliche Interesse an dieser Affaire, und die Nachrichten versiegten. Die Art, in der John Witt darüber berichtete, bestimmt zum Teil bis heute die Einschätzung der Geschehnisse. Es war eine Klatschgeschichte, deren Quellen Gerüchte und nachträgliche, offizielle Erklärungen waren. Den Verfasser der Briefe interessierte der genaue Ablauf der Ereignisse ebensowenig, wie die Beweggründe der Beteiligten. Beides kann durch verschiedene Quellen rekonstruiert werden, und hin und wieder gibt eines der in staatlichen und privaten Archiven gesammelten Dokumente darüber Auskunft.

In seiner Heimat, der Hanse- und Hafenstadt Hamburg, angekommen, befand sich der junge Kaufmann Ruete in zwielichtiger Position: Er galt als verantwortungsbewußt, da er aus seiner Liebe kein Abenteuer hatte werden lassen – und zugleich als waghalsig, verantwortungslos, weil er gerade damit die Interessen der hamburgischen Handelshäuser tangierte, die alle auf das Wohlwollen des Sultans und der Sansibarer angewiesen waren. Die Mitglieder der Hamburger Gesellschaft erwarteten ihn mit einer Mischung aus Neugierde und Vorsicht. Er schien in den folgenden Jahren Schwierigkeiten im Geschäft gehabt zu haben. Wiederholt stellte er beim Sultan den Antrag auf erneute Einreise- und Residenzerlaubnis, die dieser ihm allerdings verweigerte. Zu dieser Zeit führte das Paar ein nicht ganz gewöhnliches, durch gesellschaftliche Abgeschiedenheit bestimmtes Familienleben. Salme lernte deutsch, liebte ihre Kinder und sehnte sich mit ihrem Mann nach Sansibar. Es war sicher nicht nur der Hamburger Regen, weshalb sie sich in der neuen »Heimat« nicht wohlfühlte. Über persönliche Erfahrungen mit Hamburgern wissen wir wenig, ebenso wenig ist bekannt, wie sie sich in der Familie fühlte, in die sie eingeheiratet hatte. Allerdings ist ein Brief ihres Schwiegervaters an seine Cousine Georgine Susemihl[2] vom 6. 10. 1869 erhalten:

»Im Juni 1867 ist nämlich mein Sohn erster Ehe, Heinrich, nach zwölfjähriger Abwesenheit in Afrika, wo er als Kaufmann ein Vermögen erworben hat, zurückgekehrt mit der Schwester des Sultans von Zanzibar, Suleima, Prinzessin von Maskat in Arabien, jetzt Emily getauft. . . . Übrigens ist sie gegen mein Erwarten eine tüchtige Hausfrau und mir eine so liebenswürdige Schwiegertochter geworden, wie ich sie mir nur wünschen konnte. Auch hat sie mich schon durch eine Tochter und einen Sohn zum Großvater gemacht.«

Bald darauf verunglückte Heinrich Ruete tödlich; er wurde von einer Pferdebahn überrollt. Wir erfahren nicht, ob und wie sich seine Familie der jungen Witwe und Mutter von nunmehr drei Kindern angenommen hatte. Salme verließ einige Zeit später die Stadt und kehrte nie mehr zurück.

In seinem Brief zeigte sich der Schwiegervater »gegen sein Erwarten« von ihr überrascht. Vermutlich hätte er gar nicht genau sagen können, was er von einer Prinzessin aus Sansibar erwartete. Denn in jener Zeit war über die Ostküste Afrikas wenig und über das Leben am Hof eines Sultans fast gar nichts bekannt.

Frühe französische Darstellungen jener Region erfolgten im Rahmen systematischer Erforschung des Westteils des Indischen Ozeans auf der Suche nach Gebieten, in denen eine Landnahme sinnvoll erschien. Die ersten englischen Veröffentlichungen stammten von reisenden Kolonialbeamten und Missionaren. Die einen waren auf der Suche nach Stützpunkten ihres Erdteile umspannenden *Empire*, die anderen versuchten, ein die Welt umspannendes Reich Gottes zu errichten. Nahezu alle Missionare, die in Sansibar Station machten, rühmten die Gastfreundschaft des Sultans Said; er hatte mit herrschaftlicher Geste sogar Land für ihren Missionsaufbau zur Verfügung gestellt. Trotz dieser Großzügigkeit waren die Missionare eifernd bestrebt, den Heiden und Muhammedanern in Afrika die »wahre Gesittung« bringen zu müssen.[3]

Die in Sansibar und Ostafrika stationierten Kaufleute unterschiedlicher Herkunft gingen ihren Geschäften nach und lieferten in regelmäßiger Folge Wirtschaftsberichte an ihre Handelshäuser in der Heimat. Nur selten schrieb einer von ihnen mehr als seine kaufmännischen Rapporte oder gar für ein breiteres Publikum. Otto Kersten, der über viele Jahre auf Sansibar gelebt und sich auf den Handel mit Häuten spezialisiert hatte, war eine Ausnahme. Er hatte sich einigen der Expeditionen Carl Claus von der Deckens angeschlossen und die Ergebnisse nach dessen Tod veröffentlicht. Ein Jahr nach Salmes Ankunft in Hamburg erschien sein Buch.[4] Auf über hundert Seiten berichtete er von Sansibar: Er beschrieb die Insel, listete den natürlichen Reichtum und ihre unterschiedlichen Bewohner auf und erzählte Geschichten von dort. So wurde sein Buch im deutschsprachigen Raum das erste und wichtigste, das dem Namen Sansibar einen bis auf den heutigen Tag wirkenden schwärmerischen Klang verlieh.

Kersten verzichtete nicht darauf, auch die Liebesgeschichte der Prinzessin und des Kaufmanns »wie im Märchen« nachzuerzählen. In dieser, wie in seinen anderen Erzählungen, lieferte er nicht eigentlich falsche Daten, allein die Absichten, welche er bei Männern und Frauen aus dem

Palast vermutete, entsprachen seiner, nicht ihrer Art. Die Beziehung der beiden Schwestern Salme und Chole etwa deutete er schlicht als ein Konkurrenzverhältnis und nannte Holli, Chole, die in Salmes Erinnerungen einen wichtigen Platz einnahm, die »stiefschwesterlich gehaßte Nebenbuhlerin«. Bei seinem Versuch, die Anfänge der Liebesgeschichte in Szene zu setzen, gibt es viele Ungereimtheiten. Er stellte sich vor, wie junge deutsche Kaufleute zunächst auf dem Dach ihres Hauses, welches tatsächlich in direkter Nachbarschaft zum Palast stand, zusammenkamen, sich gegenseitig die Heimat beschrieben und – wie die Prinzessin »hinter Gittern« lauschte. (Wie sie die auf deutsch geführte Unterhaltung verstehen konnte, erfährt man von Kersten allerdings nicht!) Denn »ihr klarer Verstand ließ sie das Schöne und Gute der europäischen Sitten bald erkennen«, dachte Kersten. »Diese Erkenntnis aber rief in ihr eine Sehnsucht nach der Ferne wach, welches nur noch eines Anstoßes bedurfte.« Und erst nachdem in ihr der Wunsch, den engen Palast und die kleine Insel zu verlassen, gewachsen war, trat Heinrich Ruete auf den Plan – Anstoß und Mittel zum Zweck.

Kleinlich, selbstsüchtig und zielstrebig erscheint Salme durch diese Art der Interpretation, die sich bis heute auf peinliche Weise auch in der sogenannten wissenschaftlichen Literatur hält.[5]

Als Heinrich Ruete im Winter 1870 starb, hatte Salme gerade genügend deusch gelernt, um über die Dinge des häuslichen Alltags zu reden. Von nun an mußte sie allein für ihre drei Kinder, für Antonie (geboren 1868), Rudolph (geboren 1869), den sie später nur noch Said nannte, und Rosalie (geboren 1870), sorgen.

Das Hamburger Eherecht, das zu jener Zeit keiner Frau die eigenständige Verwaltung des Erbes gestattete, hielt Salme zunächst für eine besondere, allein auf sie, die Afrikanerin, gerichtete Maßnahme. Sie, die in ihrer Heimat eine eigene Plantage, einen eigenen Haushalt mit vielen Sklaven geleitet hatte, wurde gewissermaßen für unmündig erklärt und erhielt zwei Vormunde. Durch diese erzwungene Unmündigkeit wurde sie auf die Widersprüche aufmerksam, die zwischen europäischer Selbstdarstellung und der mehrschichtigen Wirklichkeit dieser Gesellschaft lagen: Gleichheit und christliche Nächstenliebe, stolz vorgetragene

Prinzipien der europäischen Zivilisation sind eher Theorie als verläßliche Regeln für den Alltag. Die Situation rechtlich verordneter Abhängigkeit machte ihr ihre Einsamkeit deutlich. Sie sah das Leben nicht länger mit den Augen einer geliebten und geschützten Frau und erhielt ohne diesen Schleier Einblicke hinter die Fassaden bürgerlicher Beziehungen. Mögen Frauen in Europa außerhalb des Hauses freier auftreten können als Frauen in Sansibar, so sind sie doch in anderer Hinsicht unfreier.

Einsamkeit und ungewohnte Beschränkung brachten Salme auf den Weg zu neuen Einsichten. Gezwungenermaßen begab sie sich auf die Suche nach den Regeln unserer Gesellschaft, in der sie mit ihren Kindern leben wollte.

Ökonomische Probleme zwangen sie, sich um ihren Lebensunterhalt zu kümmern. Sie zog von einer Stadt in die andere: Darmstadt, Dresden, Rudolstadt, Berlin und Köln waren kürzere oder längere Stationen der rastlosen Jahre zwischen 1870 und 1885. An einigen Orten versuchte sie, mit Arabischunterricht Geld zu verdienen. Nicht allein Mangel an Lernwilligen verhinderte jedoch eine Karriere, auch die Neugierde ihrer Schüler an ihrem aristokratischen Status verletzte ihr Schamgefühl – so zumindest begründete sie, warum sie diese Arbeit bald wieder aufgab. Die Fragen nach ihrer Herkunft trafen einen wunden Punkt: Wie konnte sie, Frau Emily Ruete, hier das sein, was sie, Bibi Salme, dort gewesen war?

Ihr Dasein als Witwe und Mutter von drei Kindern mit wenig Geld war schwierig genug. Warum erzählen, wessen Tochter, wessen Schwester man ist – wenn dem nichts weiter folgt als Staunen. Was ist eine »arabische Prinzessin« schon anderes als eine Märchenfigur, mußte sie gedacht haben, nachdem sie ihre eigene Geschichte in einem populären Journal mit dem sinnigen Namen *Daheim*[6] gelesen hatte. Dort wurde sie 1871 unter der Rubrik »Am Familientisch« als »Eine afrikanisch-europäische Liebesgeschichte« nacherzählt. Die am Geschehen Beteiligten erscheinen als vertraute Märchenfiguren: eine arabische Prinzessin, ein junger, tatkräftiger und willensstarker Kaufmann, ein edler Sultan, ein biederer, aber unerschrockener englischer Kapitän, der zur Flucht verhalf etc.. Auf dem Hintergrund dieser Fiktion war es Salme unmöglich, ihre Herkunft, ihre Geschichte zum Thema zu machen. Zu der rechtlichen und ökonomischen Beschränkung gesellte sich eine persönliche. Gegen diese

Reduktion, dieser rein literarischen Existenz als Märchenfigur wehrte sie sich, zuerst indem sie schwieg, später indem sie schrieb. Über lange Zeit hatte sie auch ihren Kindern ihre exponierte Herkunft verschwiegen. Als eines Tages die Mädchen aus der Schule kamen und aufgeregt fragten, ob sie wirklich eine arabische Prinzessin sei, begann ein neuer Abschnitt der Auseinandersetzung mit ihrer Herkunft. Sie fing an zu erzählen und ließ die Erinnerung zu. In gewisser Weise erging es ihr wie ihrer eigenen Mutter und den Müttern ihrer Halbgeschwister. Von weither kommend, lebten auch die Mütter am Hof des Sultans von Sansibar getrennt von ihren Verwandten unter dem Schutz eines Mannes, den sie sich allerdings nicht gewählt hatten. Die Erinnerung dieser Mütter war geprägt von gewaltsamer Trennung und der Unmöglichkeit zurückzugehen. Die erzählenden Mütter waren wie ihre zuhörenden Töchter unfrei, und so enthielten auch ihre Geschichten keine Geheimnisse, welche zu entschleiern gewesen wären. Sie beschrieben Orte und Ereignisse als räumlich und zeitlich vom augenblicklich geführten Leben weit entfernt – und eben unerreichbar. Es waren »anspruchslose« Erinnerungen, die mit keiner Forderung an die vergangene Zeit, an die ferne Herkunft verknüpft werden konnten. Das Leben jener Mütter bestand aus in sich geschlossenen Zuständen, ihre Geschichten waren schön und resignativ: Früher war es *so* – heute ist es *so*. Die Veränderungen wurden nicht zum Thema gemacht und die Gegenwart nicht an der Vergangenheit gemessen – zumindest nicht in den Geschichten. Salme hingegen erzählte ihre Geschichten – ohne den Gleichmut ihrer Mutter – in Hinblick auf das andere; sie wollte erklären.

Keine der Frauen im Palast des Sultans war für ihre Situation verantwortlich. Anders Salme, die eben nicht verheiratet worden war, sondern sich verliebt und die gesetzten Grenzen des Harem überschritten hatte – sie mußte die Konsequenzen nun tragen. Statt dem Geliebten zu folgen, hätte sie, wie schon einmal, die Stadt verlassen und sich auf ihre Plantage zurückziehen können, um dort die Folgen ihrer Liebe zu verbergen. Was sie tat, war in ihrer Gesellschaft, in welcher Ehen nach vorgegebenen Regeln geschlossen werden, zwar unüblich, aber durch unzählige, die Liebe verherrlichende Gedichte bekannt.

Liebe ist kein Ideal, sie ist eine Sehnsucht. Liebe ist Rausch, Verzückung und bedeutet die Aufhebung, die Zerstörung gesellschaftlichen Regelwerks. Eine solche Liebe, die sich nicht im Laufe einer Ehe einstellt, sondern die die Fügung bringt, ist tragisches Glück, an dessen Ende für die Liebenden der Wahnsinn steht. So lehrt das im Orient wohl allen bekannte Epos von *Leila und Madschnun*. Die Zeugen einer derartig ungebundenen Liebe reagieren mit gemischten Gefühlen. In diesem wie auch in ähnlichen aus der Literatur bekannten Fällen, fordert die Gesellschaft eine öffentliche Verurteilung, richtet sich eine »freie« Liebe letztlich gegen die Regeln dieser Gesellschaft. Die Haltung der Einzelnen ist privat je nach Stellung zu den Betroffenen von Fürsorge oder Neid bestimmt.

Es ist nicht überliefert, welche Gefühle Salmes Bruder, Sultan Madschid, hegte, als er von der verbotenen Liebe und den möglichen Folgen hörte. Allein, bereits dem englischen Konsul fiel auf, was den deutschen Kaufleuten entging: Erst einige Tage, nachdem Salme auf einem englischen Kriegsschiff geflohen und damit in Sicherheit war, reichte der Sultan ein offizielles Protestschreiben ein.[7] Das war das Mindeste, was er als Repräsentant der islamischen Gemeinde den Arabern von Sansibar schuldig war. Es ist zu vermuten, daß Madschid erleichtert war, seine Schwester in Sicherheit zu wissen. Immerhin gab er für den englischen Kapitän der ›Highflyer‹ bei dessen Rückkehr einen prunkvollen Empfang. Und er ließ Ruete weder töten noch ausweisen; er nahm ihn offiziell nicht zur Kenntnis. Erst als Ruete endlich abgefahren war, setzten die offiziellen Proteste ein.

Madschid wußte, daß Liebende »besessen« sind, eben wie Madschnun, der bekannteste »verrückt« Liebende der arabischen Dichtung. Da Liebende Besessene sind, können sie wie diese nicht zur Rechenschaft gezogen werden. Dennoch muß ein Sultan zur Bestätigung gesellschaftlicher Regeln den Vorfall öffentlich verurteilen. Salme, die wie Madschid erzogen war, wußte um die Haltung ihrer Landsleute und um die zu erwartenden Sanktionen. Sie aber liebte, fürchtete sich nicht und folgte dem Geliebten.

Als Heinrich plötzlich starb, verließ sie dieser Mut und sie wurde schwermütig. Da es niemanden gab, mit dem sie verständig über ihre Heimat hätte reden können, schwieg sie. Erst nach Jahren gelang es ihren Kindern mit Fragen ohne Vorurteil, die Vergangenheit wieder anzusprechen, und die Mutter zum Erzählen zu bewegen. Und wie ihre eigene Mutter erzählte Salme von der fernen Heimat.

Anders jedoch als bei den Plaudereien der Teegesellschaften in Berlin oder andernorts über dies »bei uns« und das »bei Ihnen in Afrika« brauchte sie ihren Kindern gegenüber nichts zu verteidigen, wohl aber mußte sie einiges erklären, was den Kindern mit Sicherheit unvertraut war. Die Kinder wollten nur, daß sie erzählte. Salme geriet ins Schwärmen und in der Rede über die verlorene Heimat wurde sie ihrer Heimatlosigkeit gewärtig. Es begann eine Zeit tiefer Gemütskrankheit, verbunden mit Kopfschmerzen, Melancholie, Gliederschmerzen und Schwächezuständen. Oft blieb sie über mehrere Tage im verdunkelten Zimmer und ließ die Kinder, die nun schon größer geworden waren, ihre Korrespondenz erledigen. Salme litt und wußte sich keinen Rat. Persönliche Briefe unterschrieb sie immer häufiger nicht mehr mit E. Ruete, sondern mit »Salme« und wenn sie ihren christlich-bürgerlichen Namen offiziell nennen mußte, fügte sie »geb. Prinzessin von Oman und Sansibar« hinzu.[8] Diese namentliche Selbstbehauptung konnte ihr Elend nicht beheben. Sie selbst hatte sich damals, 1867, mit allen Konsequenzen von ihrer Herkunft gelöst. Jetzt lebte sie in Deutschland, hatte drei Kinder und wußte, das ihre Handlung nicht rückgängig zu machen war. Ihre Existenz war zerrissen zwischen ferner Herkunft und fremder Heimat.

Mit einigen Schwestern in Sansibar tauschte sie Briefe. Sie schrieb über sich, über ihre Kinder und über ihre Sehnsucht. Jede Nachricht von daheim regte sie zu weiteren Beschreibungen an. Erzählte sie am Anfang eher assoziativ, ordnete sie später die Flut ihrer Erinnerungen – nicht chronologisch, sondern systematisch. Sie trennte die Erinnerungen vom Moment des Gefühls und gliederte sie in Kapitel. So entstand das Buch.

In gewissen Abständen forderten ihre Schwestern sie auf, in die Sonne, in die Familie und die Sicherheit zurückzukehren. Salme wußte, daß dies ohne die Einwilligung des Sultans, des Familienoberhauptes, nicht möglich war. Sie kannte ihre Verfehlungen: Daß sie nicht standesgemäß geheiratet hatte, war nicht so gravierend und kam häufiger vor; nicht annehmbar dagegen war ihr Übertritt zum Christentum, mit dem sie sich aus Familie und Gemeinschaft gelöst hatte.

Da sie ihren Anspruch auf Familiensolidarität verwirkt hatte, griff sie zu anderen Mitteln: Sie appellierte an die Großzügigkeit, zu der das Sultansamt verpflichtet. Als erstes versuchte sie 1875 ihren Bruder, Sultan Bargasch, auf dessen Englandreise in London zu treffen, um sich dort mit ihm auszusöhnen. Dies scheiterte an der Intervention der englischen Regierung. Salme begriff, daß für europäische Regierungsbeamte die Art ihrer Bitten weder eindrücklich genug noch hinreichend war und beschränkte im folgenden ihre Erklärungen, warum sie den Kontakt zu ihrem Bruder aufnehmen wollte, auf den Hinweis, noch Erbansprüche in Sansibar zu haben.

Das leuchtete ein. Es wurden sowohl in England als auch in Deutschland diverse Akten über den »Fall Ruete« angelegt, und gelegentlich fand sich auch jemand bereit, diesen Anspruch beim Sultan vorzubringen. Das blieb allerdings völlig wirkungslos, da der Sultan darauf verweisen konnte, daß seine Schwester nach islamischem Recht mit ihrer Konversion alle Ansprüche auf ein Erbe verwirkt habe. Vermutlich hatte Salme dies im vornherein geahnt oder gewußt. Aber es entspricht arabischer Tradition, in heiklen Situationen einen unbeteiligten Vermittler einzuschalten. Es ging ihr nicht um das Geld, sondern um die Wiederaufnahme familiärer Beziehungen. Aus demselben Grunde bat sie das Auswärtige Amt in Berlin um die Erlaubnis, nach Sansibar fahren zu dürfen. Sie versuchte »allerhöchsten Orts« vorstellig zu werden und den Kaiser für ihre Interessen zu gewinnen. Das vermochte wohl preußische Beamtenseelen zu erschüttern, nicht aber Menschen ihrer Tradition. Dort berichten sogar Märchen davon, daß in größter Not der Sultan, der Kalif, das Oberhaupt der Gemeinschaft zuständig ist. Sie verwechselte den Kaiser mit dem Sultan; sie war nicht anmaßend, sondern folgte einer in Europa unpassenden Vorstellung. Ebenso falsch wurde ihre Idee interpretiert, mit einem deutschen Geschwader in Sansibar zu landen. Ihr ging es nämlich darum, nicht als Bettlerin zuhause anzukommen, sondern als Bittstellerin, deren Auftreten zeigt, daß man sich ihrer nicht zu schämen brauchte.

Sie wollte ihre Heimat wiedersehen, sie ihren Kindern zeigen und wissen, wo sie und wo ihre Kinder hingehörten. Wäre es nur um Geldschulden gegangen, hätte sie diese besser alleine eingeklagt, um der Gefahr zu entgehen, ihre Kinder zu Zeugen einer möglichen Zurückweisung ihrer Person zu machen. Aber sie wollte sie in anderer Hinsicht zu Zeugen machen.

Sie ging in der ehemaligen Heimatstadt spazieren, sie

sprach in ihrer Vatersprache, kannte sich aus und wurde gekannt. Sie zeigte, daß sie hier zuhause war. Doch das Haus ihrer Kindheit, ihrer Familie, in die sie geboren war, durfte sie nicht betreten. Es blieb ihr nur die Familie, die sie selbst zur Welt gebracht hatte.

Zehn Tage dauerte diese Demonstration der Zerrissenheit. Dann befahl Bismarck ihre Abreise. Er hatte seine Gründe – sie die ihren, darauf einzugehen.

Nach Deutschland zurückgekehrt, entschloß sich Salme, ihre »Memoiren« zusammenzustellen, ihnen ein Schlußkapitel hinzuzufügen und sie der Öffentlichkeit zu übergeben. Das Problem ihrer Identität war nicht geklärt, aber die Suche danach beendet. Salme gehörte zu denen, die schreiben, um zu leben. Ist die Bedrohung erst in Worte gefaßt, endet das Schreiben.

Ihre Erinnerungsarbeit gleicht einer Selbstanalyse und war zugleich Therapie einer leidvollen Fremdheit. Daher die schnörkellose Sprache, die im 19. Jahrhundert das an leichte Memoirenliteratur gewöhnte Publikum befremdete, daher die eher in die ethnographische Literatur passende Abhandlung verschiedener Institutionen und nicht nur das Nacherzählen vordergründig faszinierender Ereignisse. Stattdessen erstaunlich viele Details: Alles, was sie erinnert, wird wichtig; die Geschwister, deren Mütter, die Farben der Kleider, Familienanekdoten, die Einrichtungsgegenstände der Häuser. Jede Erinnerung wird überprüft und mit Momenten des Lebens in Deutschland verglichen. Sie kämpft um das Bestehen beider Lebensweisen. Manchmal erscheint ein Brauch aus Sansibar dem Menschen angemessener, manchmal ein deutscher. Wie für viele Menschen bleibt auch für Salme der Ort der Kindheit der geliebtere, selbst im Angesicht häßlicher oder trauriger Begebenheiten, die sie nicht scheut, mit derselben Detailtreue zu beschreiben wie die schönen.

Das Erinnern diente einem Bekenntnis und führte zu einer bewußten Haltung gegenüber der eigenen Herkunft. Die Frage ihrer Zugehörigkeit konnte sie nicht klären. Die Entscheidung darüber stand den anderen zu: Als ihre Kinder heirateten, erhielt auch Emily Ruete über ihre Schwiegerkinder eine Familie in Deutschland. Ihren Lebensabend verbrachte sie in Jena im Hause der Schwiegereltern einer ihrer Töchter.

In ihren meines Wissens nie publizierten Erinnerungen an

die Jahre in Deutschland, den sogenannten Briefen an die
Heimat, quälte sie sich mit der Frage, was mit den Kindern
geschehen sollte, wenn sie, ihrer Sehnsucht folgend, nach
Sansibar zurückkehrte. Sie kam zu dem Schluß, das sie ihren
Kindern nicht dieselbe Zerrissenheit einer doppelten Identität zumuten wollte, die sie selbst durchlitten hatte. Ihre
Kinder, so hoffte sie, sollten »richtige Deutsche« werden,
denn: ». . . ich verließ meine Heimat als vollkommene Araberin und als gute Muhamedanerin und was bin ich heute?
Eine schlechte Christin und etwas mehr als eine halbe Deutsche.«

Deutschland und Sansibar

In den neunziger Jahren des letzten Jahrhunderts wurde
Emily Ruete, »geb. Prinzessin von Oman und Sansibar«, in
die hektische Kolonialpolitik Deutschlands verwickelt. Es
gab keine klare politische Linie, nur eine Anzahl von unter
anderem auch auf Sansibar zielende Aktivitäten – zum Teil
von Privatpersonen und verschiedenen Vereinigungen angeregt –, die aber letztlich alle im Auswärtigen Amt der jungen
Reichshauptstadt besprochen, bekräftigt oder verworfen
wurden.[9]

Um die reichsstaatlichen Überlegungen Bismarcks bei den
Ereignissen der Jahre 1884 und 1885 verständlich zu machen,
muß an das sogenannte Pariser Abkommen von 1862 erinnert werden, in dem England und Frankreich Sansibar die
Unabhängigkeit zusicherten und damit gewissermaßen einen neutralen Ort zwischen ihren jeweiligen Interessengebieten schufen. Jeder wie auch immer geartete Machtanspruch auf das Sultanat Sansibar mußte daher zwangsläufig
in einen Konflikt mit England und Frankreich münden. Carl
Peters, ein von der kolonialen Idee verwirrter Privatmann,
gründete 1884 mit Gleichgesinnten die Gesellschaft für deutsche Kolonisation, um in Ostafrika dasselbe zu tun wie
Lüderitz im Jahr zuvor in Südwestafrika. Seit 1883 war das
Auswärtige Amt in Berlin mit Vorschlägen für eine neue
Afrika-Politik befaßt, von denen eine große Anzahl auf Privatinitiativen zurückgingen. Bismarck ließ sich in kurzen
Abständen über die verschiedenen Ideen und Ansichten un-

terrichten und empfing einen Afrikakenner nach dem andern. Was er in Europa zu tun hatte, war ihm klar und an der Europapolitik maß er die verschiedenen afrikanischen Projekte. Zögernd und vor der Öffentlichkeit geheimgehalten, schloß er sich einem der Projekte an und machte es zu seinem eigenen. Bereits im Mai 1884 befahl er Rohlfs, einem jener von ihm konsultierten Afrikareisenden: »Da wir größere Dinge in Afrika vorbereiten, werden Sie mir Ihren Beistand leisten, in Afrika oder hier.«[10] Im Oktober wurde Rohlfs als erster deutscher Berufskonsul nach Sansibar geschickt, wo er am 29. Januar 1885 eintraf. Wenige Wochen vor seiner Abreise waren Männer der *Gesellschaft für deutsche Kolonisation* nach Ostafrika aufgebrochen und hatten bereits im November zwölf Verträge mit Häuptlingen aus dem Hinterland geschlossen. Diese hatten fest ihre Unabhängigkeit vom Sultan von Sansibar behauptet, der darüber allerdings anderer Ansicht war. Keine drei Monate später, im Februar 1885, reklamierte die Gesellschaft für ihre privaten Verträge offizielle Schutzbriefe des Reichs, die ihnen zwei Wochen später gewährt wurden.

Kaum hatten die Engländer von den »November-Verträgen« gehört, erinnerten sie Bismarck an das sogenannte Pariser Abkommen mit der empörten Frage, ob er gedenke, aus Sansibar ein deutsches Protektorat zu machen? Denn wie den Deutschen war auch den Engländern klar, daß jene Gebiete im Hinterland für jede weitere Kolonisation nur sinnvoll sind, wenn der Zugang zur Küste gesichert war. Das wußte erst recht der Sultan, der Herr der Küste, die der Insel Sansibar gegenüber liegt. Auf die Bekanntgabe der deutschen Schutzbriefe antwortete er dem deutschen Konsul Rohlfs entsetzt: »Sie werden nun auch Türen und Fenster haben wollen«, das heißt eben solche Orte an der Küste wie Tanga, nach welchem später die deutsche Kolonie Tanganyika (das ist Swahili und heißt Hinterland von Tanga) ihren Namen erhielt, oder wie Bagamoyo, das eine Weile Hauptstadt der Kolonie war.

Mit Wissen und Unterstützung seines englischen Beraters telegraphierte Sultan Bargasch an den deutschen Kaiser Wilhelm I. und brachte seinen Anspruch auf die Küstengebiete in Form einer Bitte, Gerechtigkeit walten zu lassen, zum Ausdruck. Das Telegramm traf Ende April 1885 ein, wurde öffentlich als Beleidigung »unseres allerhöchsten Herrn« durch einen »eingeborenen Häuptling«[11] diffamiert und offiziell als Anlaß für die nun folgenden Aktionen genommen. Eine Woche später – im Mai – begannen in Berlin die Vorbereitungen für eine Flottendemonstration an der ostafrikanischen Küste.

Da sich dergleichen nicht verheimlichen läßt, beruhigte Bismark im Laufe der Vorbereitungen England unaufgefordert mit einem Vorschlag: Sollte es den Engländern gelingen, den Sultan zur Anerkennung der deutschen Schutzbriefe zu bewegen, garantiere er, Bismarck, die weitere Unabhängigkeit Sansibars. Damit hatte er die Engländer in sein Spiel als Mitspieler deutscher Interessen verwickelt. Soweit Bismarcks Programm. Caprivi, der zu dieser Zeit noch Chef der Admiralität war und Bismarck im Amt erst fünf Jahre später ablösen sollte, dachte an eine gewaltsame Eroberung Sansibars und anderer wichtiger Küstenorte. Wenige Tage nach Bismarcks beschwichtigendem Angebot an England bereiste Kapitän a. D. Herbig die Küste Ostafrikas, schickte dem Auswärtigen Amt neben Lageplänen auch Vorschläge zur Belagerung wichtiger Orte und nannte die günstigsten Stellen für eine Bombardierung![12]

Zur gleichen Zeit versuchte Rohlfs, der, von den Berliner Absichten selten in Kenntnis gesetzt, für gewöhnlich nur über die vollendeten Tatsachen informiert wurde, seinem Auftrag, den Sultan deutschfreundlich zu stimmen, gerecht zu werden und erreichte, was angesichts der Situation zu erwarten war: nichts. Die von Bismarck geforderte »klare Haltung« dem Sultan gegenüber konnte bei den widersprüchlichen Aufträgen und Meldungen aus Berlin niemand durchhalten: Rohlfs war freundlich, großmäulig, verbindlich, aggressiv; er scheiterte. Kurz nachdem Herbigs Spionage-Bericht in Berlin eingegangen war, berief Bismarck Rohlfs aus Sansibar zurück. Kapitän a. D. Herbig blieb auf der Insel, ging mit Frau Rohlfs spazieren und wartete die kommenden Ereignisse ab.

Einen Monat später, am 7. August 1885, erreichte das deutsche Geschwader die Insel. An Bord waren unter anderen Emily Ruete und ihre drei Kinder. Gut ein Jahr zuvor hatte Emily Ruete an Bismarck geschrieben und ihn gebeten, sie auf einem deutschen Kriegsschiff nach Sansibar fahren zu lassen. Im Auswärtigen Amt wartete man dann auf einen günstigen Moment, dieser Bitte nachzukommen, das heißt, sie im politischen Schachspiel möglichst geschickt einzusetzen. Bismarck soll sogar mit dem Plan gespielt haben, die

Engländer gänzlich auszubooten, indem er an die Einsetzung einer deutsch-sansibarischen Dynastie mit Emily Ruete als Sultansmutter und Rudolph, ihrem Sohn, als Sultan dachte. Für einen Preußen war der Wechsel von der Vater- zur Mutterlinie in der dynastischen Erbfolge nichts ungewöhnliches, doch einer arabischen Prinzessin mußte diese Idee höchst seltsam erschienen sein.[13]

Salme war keine Königin, mit der man einen gewaltigen Schachzug tun konnte. In diesem Spiel war sie nicht viel mehr als ein »Bauer«, der, an der richtigen Stelle geopfert, den Gegner dennoch sehr wohl in eine schwache Position bringen konnte. So wurde denn in Berlin ein anderer Gedanke bevorzugt: Sollte die Prinzessin aufgrund ihrer früheren Verfehlungen in Sansibar verhaftet werden, gäbe das einen schönen Vorwand, die Stadt zu bombardieren, um die deutsche Staatsbürgerin zu befreien. »Frau Ruete ist für uns lediglich ein Anlaß zu Forderungen dem Sultan gegenüber«, notierte Bismarck zu einem Bericht seines Afrika-Beraters Rohlfs. »Für ihr Schicksal und ihre beaux yeux können wir die Reichsinteressen nicht einsetzen. Nötigt uns der Sultan durch sein sonstiges Verhalten zu militärischer Gewalt, so ist die deutsche Bürgerin Ruete mit ihren Rechten ein nützliches Argument für uns, um Gewalt zu rechtfertigen.«[14] Ob man überhaupt so weit gehen mußte, hing vom Verhalten Englands ab. Gelang es, den Sultan zur Unterzeichnung deutsch-sansibarischer Verträge zu bewegen, waren militärische Maßnahmen nicht nötig.

Neben dem staatlichen Schachspiel beherrschte Bismarck auch das private Spiel mit doppelten Karten: »Ich habe Ihnen abgeraten«, warnte er am 13. Mai 1885 die Prinzessin kurz vor der Abreise »und tue es noch heute, weil dem Sultan, ihrem Bruder gegenüber ich Ihnen den Schutz des deutschen Reiches nicht unter allen Umständen in Aussicht stellen kann.«[15] So beruhigte er sein Gewissen und wusch seine Hände in Unschuld.

Das Ende dieser Affaire ist schnell erzählt. Den englischen Konsul im Ohr und die deutschen Kriegsschiffe vor Augen unterschrieb Bargasch innerhalb weniger Tage die Anerkennung der deutschen Schutzbriefe. Erst danach und auch nur unter strenger deutscher Begleitung durfte die Prinzessin an Land. Nach der Unterschrift ihres Bruders erschien ihre Anwesenheit eher störend, und Bismarck telegraphierte, daß es jedem Mitglied der deutschen Mission verboten sei, sich für die nun wieder als privat geltenden Belange der Prinzessin einzusetzen. Auf Befehl aus Berlin verließ sie am 4. Oktober mit einem französischen Schiff die Insel. Im Januar, nachdem weitere Verträge mit dem Sultan geschlossen worden waren, zog auch das deutsche Geschwader ab. Fünf Jahre später stand Sansibar wieder im Mittelpunkt des öffentlichen Interesses in England und Deutschland. Nach ähnlichem Muster wiederholten sich 1890 die Ereignisse und führten dieses Mal zu einer klaren Abgrenzung europäischer Machtkämpfe: Tanganyika wurde deutsche Kolonie, Sansibar englisches Protektorat.

Vielen, die versuchen, sich in eine fremde Gesellschaft einzuleben, geht es wie Salme und nicht wie den Fremden unter Said, dem Sultan von Oman und Sansibar, der ihnen Pferde, Nahrung und Land zur Verfügung stellte. Die meisten scheitern, da ein Netz von Mißverständnissen und Abhängigkeiten die Akteure behindert, niemand ist frei und kann sich der Situation entsprechend richtig verhalten. Man blickt nach rechts und links, aber nicht auf den Antragsteller; man hört auf die Stimmen von oben und unten, aber nicht auf die Rede dessen, der bittet. Und wenn, vermutet man dort Absichten, die jener vielleicht gar nicht hat.

Salme war in dieses Netz von Unfreiheit und Unsicherheit verwickelt. Der Sultan, abhängig von England, hatte die einem Sultan angemessene Großzügigkeit verloren. Nach der Demütigung der Vertragsunterzeichnung, zu der ihn Deutsche gezwungen hatten, sah er sich außerstande, seiner von Deutschen »geschützten« Schwester Gastfreundschaft zu gewähren. Vielleicht wäre er ihr gern entgegengekommen, denn bei ihrem zweiten Besuch in Sansibar, 1888, ließ er sie entgegen dem Vorschlag seines englischen Beraters nicht ausweisen. Vielmehr bestellten die Frauen des Palastes Salme, sie solle versuchen, Engländerin zu werden, dann könne sie beim Sultan leichter das Residenzrecht erwirken. Doch der englische Konsul, den sie darum bat, verwehrte es ihr.

Machtansprüche, Gezerre um Einfluß und Selbstdarstellungsprobleme der Vertreter englischer und deutscher Nationen verwehrten dieser persönlich sicher nicht einfachen, politisch aber unbedeutenden Frau eine wirkliche Wahl: Deutschland oder Sansibar – oder – Deutschland und Sansibar.

Anmerkungen

1 Briefe von John Witt, Staatsarchiv der Freien Hansestadt Hamburg. Firmen-Archiv O'Swald & Co Nr. 7 (Privatbriefe).
2 eine Kopie des Briefes im Privatarchiv Devers, Baiersbronn.
3 Johann Krapf, *Reisen in Ost-Afrika*, Stuttgart 1858; *Reisen in Zanguebar in den Jahren 1867 und 1870 von Pater Horner*, hrsg. von Dr. Gaume, Regensburg 1873.
4 *Baron Carl Claus von der Deckens Reisen in Ost-Afrika in den Jahren 1859 bis 1861*, bearb. von Otto Kersten, Leipzig und Heidelberg 1869, S. 112 ff.
5 E. van Donzel, »Sayyida Salme, Rudolph Said-Ruete und die deutsche Kolonialpolitik«, in: *Die Welt des Islams*, XXVII (1987), S. 13–22.
6 *Daheim*, VII. Jahrg., 1871, S. 751.
7 Sir John Gray, »Memoirs of an Arabian Princess«, in: *Tanganyika Notes and Records*, 1954, S. 53, Anm. 14.
8 20 Briefe und Karten Privatkorrespondenz Emily Ruetes an Frau Konsul Wetzstein, Wetzstein-Nachlaß, Staatsbibliothek Berlin, eingesehen mit freundlicher Genehmigung von Frau Hedda Wetzstein, Berlin.
9 zu den Ereignissen s. Kurt Büttner, *Die Anfänge der deutschen Kolonialpolitik in Ostafrika*, Berlin 1959; Maximilian von Hagen, *Geschichte und Bedeutung des Helgolandvertrages*, München 1916; E. G. Jacob, *Deutsche Kolonialpolitik in Dokumenten*, Leipzig 1938; G. Jantzen, *Ostafrika in der deutsch-englischen Politik, 1844–1890*, Hamburg 1934; F. F. Müller, *Deutschland – Sansibar – Ostafrika. Geschichte einer deutschen Kolonialeroberung*, Berlin 1959.
10 Konrad Guenther, *Gerhard Rohlfs, Lebensbild eines Afrikaforschers*, Freiburg 1912, S. 329: Rohlfs an seine Frau am 11. Mai.
11 F. F. Müller, a. a. O., S. 20. Anm. 75 und 76.
12 Bericht des Kapitäns zur See a. D. Herbig über seine Tätigkeit in der Mission nach Sansibar (1885), in: *Reisen nach Nigritien. Bilder afrikanischer Vergangenheit*, Leipzig 1986, S. 249–266, Kommentar S. 207 ff., hrsg. von Heinrich Loth.
13 E. G. Jacob, a. a. O., S. 101, 103; F. F. Müller, a. a. O., S. 209; G. Jantzen, a. a. O., S. 27. Nach Jantzen soll die Idee einer deutsch-sansibarischen Dynastie auf Otto Kersten zurückgehen, und Bismarck sich zögernd verhalten haben.
14 G. Jantzen, a. a. O., S. 42, Anm. 88.
15 G. Jantzen, a. a. O., S. 42, Anm. 89.

Literaturauswahl

Deutsch:

1858 J. Ludwig Krapf, *Reisen in Ostafrika*. 2. Bde. Stuttgart.
1858/59 »Zanzibar als Schlüssel zu Inner-Afrika«, in: *Westermann's Illustrierte Monatshefte*, S. 233 (Verweis auf Burton, 1858, und Krapf a. a. O.).
1860 E. Quaas, »Stadt und Hafen Zanzibar. Die Bewohner Zanzibars«, in: *Zeitschrift für allgemeine Erdkunde*. NF 8, Berlin S. 177–206; S. 331–365.
1866/67 »Die Insel Zanzibar« in: *Westermann's Illustrierte Monatshefte*, S. 553 f.
1869 *Baron Carl Claus von der Decken's Reisen in Ost-Afrika in den Jahren 1859 bis 1861*, bearbeitet von Otto Kersten, Heidelberg und Leipzig.
1873 *Reisen in Zanguebar in den Jahren 1867 und 1870 von Pater Horner*, herausgegeben von Dr. Gaume, Regensburg.

Englisch:

1833 W. F. Owen, *Narrative of Voyages to Explore the Shores of Africa, Arabia and Madagascar*, 2 vols, London.
1835 T. Boteler, *Narrative of a Voyage of Discovery to Africa and Arabia*, 2 vols, London.
1840 E. Burgess, »Probable openings for missionaries at Zanzibar«, in: *Missionary Herald*, vol.31, S. 118 ff.
1842 »Zanzibar«, in: *The London Illustrated News*, 18. Juni.
1846 J. R. Browne, *Etchings of a Whaling Cruise with Notes of a Sojourn on the Island of Zanzibar*. New York
1849 Colonel Sykes, »Notes on the Possessions of the Imaum of Muskat, on the climate and productions of Zanzibar, and the prospects of African discovery«, in: *Journal of the Royal Geographical Society*, vol 23, S. 101–119.
1854 J. F. Osgood, *Notes of Travel; or, Recollections of Majunga, Zanzibar, Muscat, Aden, Mocha and other Eastern Ports*. Salem.
1856 W. F. Owen, »The ivory and teeth of commerce«, in: *Journal of the Society of Arts*, vol. 5, no. 213, S. 65–68.
1858 R. F. Burton, in: *Blackwood's Magazine*.
1860 J. L. Krapf, *Travels, Researches and Missionary Labours in Eastern Africa*, London.
1860 Said b. Habeeb, »Narrative of an Arab Inhabitant of Zanzibar, in: *Transactions of the Bombay Geographical Society*, vol 15, S. 146–148.

1871 H. A. Fraser, »Zanzibar and the slave trade«, in: Fraser (e. a.), *The East African Slave Trade*. London. S. 9–19.

1872 R. F. Burton, *Zanzibar; City, Island and Coast*. 2 vols, London.

Französisch:

1838 F. Albrand, »Extrait d'une mémoire sur Zanzibar et sur Quiloa«, in: *Bulletin de la Société de Géographie*, 2ᵉ Serie, vol. 10, S. 65–84.

1851 Captain Loarer, »L'Ile de Zanzibar«, in: *Revue de l'Orient*, vol. 9, S. 240–299

1856 C. Guillain, *Documents sur l'histoire, la géographie et le commerce de l'Afrique orientale*, 3 vols et album, Paris.

1868 A. Germain, »*Note sur Zanzibar et la côte orientale d'Afrique*«, in: *Bulletin de la Société de Géographie*, 5ᵉ série, vol. 16, S. 530–559.

1869 A. Grandidier, *Notice sur l'Ile de Zanzibar*, (o. O.).

Bildnachweis

Archiv Devers, Baiersbronn (mit freundlicher Genehmigung der Familie Haberland).

L. Grégoire, *Géographie générale physique, politique et économique*, Paris 1876.

C. Guillian, *Documents sur l'histoire, la géographie et le commerce de l'Afrique orientale*, Paris 1856.

R. Hartmann, *Abessynien und die übrigen Gebiete der Küste Ostafrikas*, 1883.

Otto Kersten, *Carl Claus von der Decken. Reisen in Ost-Afrika in den Jahren 1859 bis 1865*, Heidelberg 1869.

F. von Luschan, »Fremder Einfluß in Afrika«, in: *Westermanns Illustrierte Monatshefte*, 1898.

Aus der Geschichte des Hauses Wm. O'Swald & Co., Hamburg 1931.

F. B. Pearce, *Zanzibar: The Island – Metropolis of Eastern Africa*, London 1920.

G. Rohlfs, »Insel und Stadt Sansibar 1885«, in: *Westermanns Illustrierte Monatshefte*, 1887.

R. Said-Ruete, *Said bin Sultan (1791)–1856). Ruler of Oman and Zanzibar*, London 1929.

Stieler Handatlas, Gotha 1907.